## "中小学教师专业发展丛书"编委会

顾　问：赵素文　余建辉

主　任：郭春芳

副主任：林　藩

成　员：（按姓名拼音字母顺序排列）

陈　超　陈秀鸿　黄宇星　林秀春　林颖韬

卢　健　王钦敏　吴新建　肖晓阳　杨文新

应永恒　于文安　周大明

中小学教师专业发展丛书

ZHONGXIAOXUE JIAOSHI ZHUANYE FAZHAN CONGSHU

# 福建省中学名师典型教学案例

FUJIANSHENG ZHONGXUE MINGSHI DIANXING JIAOXUE ANLI

主　编　郭春芳

副主编　林　藩

厦门大学出版社　国家一级出版社
XIAMEN UNIVERSITY PRESS　全国百佳图书出版单位

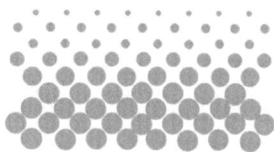

# 序

2008年，福建省人民政府颁发了《关于进一步加强中小学教师队伍建设的意见》，明确提出大力加强福建教育学院建设，进一步强化学院的培训、教研功能以及在全省中小学教师继续教育工作中的引领带动作用，将福建教育学院建设成为全省中小学教师省级培训的主要基地和中小学教师继续教育的政策研究咨询和业务指导中心。根据省政府的指示精神，福建教育学院确立了"为基础教育改革发展服务，为提升中小学教师队伍素质服务，为海峡西岸经济区建设服务"的办学宗旨，明确了进一步发挥"五个作用"（省级基础教育培训"主基地"作用、基础教育科研"主阵地"作用、基础教育资源"主渠道"作用、基础教育服务"主力军"作用、中小学教师继续教育咨询指导的"主功能"作用），着力培育和打造"六个支柱品牌"（培训品牌、基础教育智库品牌、网上福建教育学院品牌、基础教育专项服务品牌、校园文化品牌、函授教育品牌），建设让政府放心、学员满意、教职员工幸福的一流省级教育学院的奋斗目标。

几年来，福建教育学院紧紧围绕发展目标，着力加强内涵建设，以提升培训质量为着力点，以凝练培训特色为突破口，以培训模式改革创新为动力，深入贯彻落实《教育部关于深化中小学教师培训模式改革，全面提升培训质量的指导意见》精神，大力推进培训工作规范化科学化和培训内容主题化系统化，大力推进培训质量工程建设，培训质量稳步提升，服务基础教育改革发展和中小学教师专业成长的能力进一步增强。

一是加强培训制度建设，推进培训的规范化。围绕"办学员满意的培训"这一目标，学院不断加强培训制度建设，先后建立健全了培训需求调研分析制度、培训方案论证审核制度、培训质量评价分析制度、培训项目监控评估制度、培训工作年度报告制度和培训教师下校实践制度等，有效提高了培训的针对性、实效性，推进培训工作规范化、培训管理精细化，以制度规范确保高质量培训的有序开展。

二是优化培训课程设置，提高培训的实效性。培训课程是确保培训质量的重要基础。学院坚持"满足需求、解决问题、引领发展、与时俱进"的课程设置基本要求，按照"注重实践取向、针对问题解决、突出能力提升、服务专业发展"原则，通过政策学习、专家咨询、基层访谈、问卷调查等多种形式深度开展培训课程设置的调研分析，正确处理学员需求和发展需求的关系、共性需求和个性需求的关系，做好培训主题的凝练，推进培训课程主题化、培训内容系统化，确保培训课程设置的系统性和科学性，使培训内容更加突出项目特色和学科特色，更加符合学员发展的要求。

三是推进培训模式改革创新,激发教师参训动力。本着"全新的教学方式从教师培训开始"的理念,以学院承担的3个教育部教师队伍建设示范项目、2个福建省培训改革示范项目和本院确定的15个中小学教师培训模式改革示范项目为抓手,大力推进培训模式改革创新。在培训实践中积极探索基于"教学现场"的课例模式、问题导入研讨析疑模式、小组合作学习模式、工作坊式教师培训模式、基于自主网络平台的培训模式和训后混合式跟踪模式等培训模式,以现场诊断和案例教学的方式解决实际问题,以跟岗培训和情境体验的方式改进教学行为,以行动研究和反思实践的方式提升教育经验,强化培训过程学员的互动参与,增强培训吸引力、感染力和实效性,有效提升了培训质量。

四是推进研训一体,以高水平研究支撑高质量培训。以服务基础教育改革发展为目标,以基础教育领域的应用研究为重点,根据新时期基础教育改革发展的重点任务和教师培训工作的新情况、新问题,注重引导老师深入开展基础教育改革政策研究、中小学学科教学方法和教学模式研究、培训模式改革研究、基础教育专题研究、培训课程体系建设研究等,将问题课题化、课题成果化、成果课程化。鼓励广大教师把基础教育科研论文写进中小学课堂,把科研成果体现在促进福建省基础教育改革发展上,体现在培训课堂上。积极推进研训一体、以研促训,真正做到了研究工作与培训工作的融合,培训工作与服务中小学教师专业发展的融合,培训课堂与中小学课堂的融合,既提升了培训专业化水平,也使培训更接地气,更符合中小学教师的发展需求,促进了培训质量的提升。

五是加强培训管理,促进培训质量的提升。学院大力推进培训质量工程建设,从需求分析、项目遴选、主题确定、课程优化、团队组建、过程监控、评估反馈等各个环节制定了全面提升培训质量的实施意见,进一步加强对培训工作的组织管理。制定了《中小学教师集中培训质量标准》和《中小学教师远程培训质量标准》,对集中培训和远程培训设定了比较系统科学的质量检测指标体系,为培训组织者提供了质量目标,为培训管理者提供了评估的依据。建立了培训项目负责人、学科研修部、培训管理处三道质量管理防线,加大对培训过程的巡查和视导力度,形成层层把关的质量监控格局。研制开发了"福建省中小学教师继续教育管理系统",应用于培训项目目的管理和监测,用信息化手段推进培训管理的科学化,实现了中小学教师继续教育的数据化管理。加强对培训项目的监测与评估,以查摆问题为导向,以案例分析为主要形式,定期召开培训质量分析会,及时进行培训质量总结分析,研究改进培训工作,不断提高培训科学化水平,提升培训质量。根据教育部的监测评估结果,我院承担的"国培计划"所有培训项目的质量和"国培计划"项目的管理绩效连续几年都稳定地位居全国前列。

六是创新培训手段,以先进的平台支持培训。适应信息技术条件下教师专业发展和培训手段创新的要求,学院积极打造先进的技术平台支持培训工作的创新发展,按照"操作简便、功能完善、资源丰富、运行安全"的要求,建成了福建基础教育网、福建省中小学教师远程研修平台、福建省名师网上授课(教研)活动平台;按照"平台的先进性、资源的优质性、机制的创新性和影响的广泛性"和"平台统一、标准统一、资源规划统一"的要求,建设了福建省中小学教师优质资源中心,实现了优质资源的共建共享;建成了福建省中小学教师网络研修社区,为广大老师学习和开展教研活动提供了个人空间和丰富的学习资源。这些平台的建成和使用，突破了培训的时空限制，实现了集中培训与网络研修的"两翼齐飞"，也为信息化背景下的培训模式创新提供了无限可能，注入了新鲜的活力，推动了培训工作的科学发展。

几年来，学院始终把教师队伍建设作为提升办学内涵、办学员满意培训的关键来抓，推动教师队伍素质整体提升，为学院培训主业的健康发展提供了人才保障。广大老师按照"努力做智慧型的培训师、做筑梦人的铺路石、做学员满意的好培训"的要求，克服转型过程中的种种困难，潜心研究培训工作、研究中小学教师专业发展、研究基础教育改革发展、研究中小学教育教学，积极探索和实践着从专门到专业、从专业到专家的成长道路，形成了一批高质量的研究成果。这些研究成果立足于服务基础教育、服务中小学教师、服务培训工作，重点关注了基础教育改革发展的热点问题、中小学教育教学的难点问题和培训工作的关键问题。这些研究成果，体现了理念的先进性、内容的科学性和方法的创新性，既是老师们对培训教学成就的总结提升，是老师们系统思考、深入研究的智慧结晶，也是福建教育学院在教师培训事业发展过程中取得的重要成果。

推广、宣传老师们的研究成果，目的在于更好地服务基础教育的改革发展、服务中小学教师的专业成长、服务培训主业的科学发展，同时也是强化福建教育学院"在全省中小学教师继续教育工作中的引领带动作用"功能的一个重要方面。为此，我们决定组织出版"中小学教师专业发展丛书"，将学院老师关于基础教育改革发展、中小学教师专业成长、中小学教育教学以及培训教学与管理等方面的研究成果整理汇集，力争使丛书成为中小学教师专业发展和教师培训专业领域的学术思想库和研究资源库，以供省内外同行和广大教育工作者研讨交流。

福建教育学院副院长、教授　　郭春芳

2015 年 8 月

# 前　言

　　作为叙事范畴的课例研究一般不强调规律性概括式的结论,而是着力展现从教者的教学过程:教师写出自己是如何上这节课的,从"教学设计"、"教学实录"和"教学反思"等维度展开教学论述,对执教这堂课的背景、设计意图、教学过程和结果等方面平实地加以描绘和反思,引导观者共同体验与借鉴。如邹春盛老师的《定风波》课例,通过剖析问题案例的设计,反映课堂教学从设计到实施的过程。陈中峰老师的《直线与圆》复习课例严密的逻辑性与严谨的课堂表述环环相扣,尽显数学之美。江泽老师的《数学期望与风险型决策》课例,体现了一位名师如何引导学生将学科教育与身边的生活紧密联系,以达到学以致用的目的。刘晓宁老师的"高中英语阅读课文整体教学"主题设计体现了一位教师的教学大局观,结合学校的校情学情,务实地进行教学设计。方颖老师的《近代西方民主政治的确立与发展》自主设计思维导图引导学生学会自主学习,成功运用明线和暗线,达到对学生知识与能力、过程与方法的目标训练与情感、态度、价值观的培养。林建春老师的《生物膜的流动镶嵌模型》课例设计可以看出教师充分运用多媒体动态直观的效果,力争创设形象生动、感性直观的课堂氛围,使学生更好地理解生物膜结构,确立生物体结构与功能相适应的辩证观点。郭卫东老师的《压力的作用效果》教学课例倡导利用学生身边随手可得的物品,师生共同开发出系列低成本实验教具,充实物理课堂实验资源,使广大学生手脑并用地学习,在科学探究过程中体验学习的乐趣。车云老师的《农业区位选择》特色课堂教学案例则以师生动手实验为基础,得出数据和记录,搜集有关家乡的农业生产的资料,指导学生学会搜集资料,并对资料进行有效的提取、综合分析、归纳,培养学生自主学习、合作学习的意识及科学探究意识。吴张宜老师的"篮球课教学"教学设计,根据学生自身发展的需要和学生对技术动作的掌握情况为依据(如学生从篮球的运球,传、接球学起)来进行教学设计。张群林老师的《综合实践活动案例——闽江河口湿地生态研究》通过闽江河口湿地生态研究这个研究性学习的良好平台,让学生自己运用所掌握的知识和科学思维方法对客观事物进行观察、分析、综合,发表自己的感受、看法和创见,提出具有针对性的思路与方案,全面提升素质。在课例研究中我们看到了从教者不断创新的努力与解决教学问题的智慧,感受到了名师们的教育热忱与个性魅力。

编　者

2016 年 10 月

# 目　录

**生物**

**体育**

**信息技术**

**综合实践**

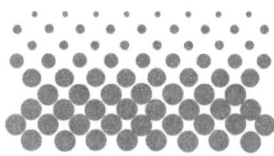

# 语 文

# 《子路、冉有、公西华、曾皙侍坐》教学设计

福州第一中学　郭惠榕

**【教学目的】**

启发引导学生通过文言文词义和语境文脉,理解文句的含义。

了解孔子礼乐治国的思想,了解儒家的"仁"和"礼"。

**【教学重难点】**

字词"哂""浴""风""喟然"在文中的意义。

孔子"与点"原因的探究。

**【预习作业】**

做好书间笔记,发现问题,尝试解疑。

一、导入

《论语》是儒家经典,现行通行的是 20 篇,以伦理教育为主。《论语》多三言两语,言简意赅,发人深省。《侍坐章》是其中篇幅最长、结构最完整、描写最为传神的一章,但也是颇受争议的一章。通过学习这一章,我们可以了解孔子和他的学生们的思想。

二、情景再现(分角色朗读课文)

教师读旁白部分。5 个学生分别扮演孔子、子路、冉有、公西华、曾皙进行朗读。要求读出人物的性格特点。

三、展示学生预习提出的主要问题,聚焦本课学习的焦点"吾与点也"的原因探究。

孔子为什么说"吾与点也"?

曾晳的理想符合"礼"吗?

孔子赞赏点的理想,为什么是"喟然叹曰"?

孔子为什么"哂"子路?

四、探究学习

问题 1:孔子为什么说"吾与点也"?

1."侍坐"就是闲坐,孔子与学生们在闲谈,就像是一次课间闲聊。聊的是什么?是"志"。因此课文写的是问志——言志——评志。"志"指的是理想。四个学生分别谈自己的理想,但老师最赞赏的是曾点的理想,孔子为什么"与点"呢?对此同学们有很多疑问:

曾点的回答更趋于道家的思想,似乎还有一层归隐的愿望在其中。孔子说"吾与点也",是否表示孔子也有归隐的愿望?

孔子希望能为恢复"仁""礼"出力,希望自己的抱负得以实现,却赞同曾晳的悠游自在的出游,这与孔子的政治抱负是否有矛盾?

在预习时提出问题,已经成为我们学习的一个良好习惯了。而且已经学会在感觉有矛盾的地方提出问题,然后进行探究。

2.我们先看看曾点是怎么说他的理想的。请学生描述曾点的理想。

"莫春者,春服既成,冠者五六人,童子六七人,浴乎沂,风乎舞雩,咏而归。"

教师引导学生关注文中的"浴""风""归"等字词。

杨伯峻《论语译注》:"暮春三月,春天的衣服穿定了,我陪同五六位成年人、六七个小孩,到沂水边洗洗澡,在舞雩台上吹吹风,一路唱歌,一路走回来。"杨伯峻训"浴"为洗澡。

钱穆《论语新解》:"遇到暮春三月的天气,新缝的单夹衣上了身,约着五六个成年人、六七个童子,结队往沂水边,盥洗面手,一路吟风披凉,直到舞雩台下,歌咏一番,然后取道回家。"

二人对"风"和"归"二字的训释相同,"风"为迎风当凉,吹风,"归"为归去,回家。钱穆训"浴"为盥洗面手。《论语新解》:"夏历三月,在北方未可入水而浴。或说近沂有温泉,或说浴,盥濯义,就水边洗头面两手。"

王充《论衡·明雩篇》认为曾晳所述是古代在沂水边上的舞雩台举行祭祀仪式的场面,"浴"训为涉水,"风"训为歌唱,"归"训为馈送。用白话试译为:"暮春三月,换穿上春天的衣服,约同五六个成年人、六七个童子(均为雩祭的乐人),涉水过沂水,来到舞雩台上唱歌祭祀,向神灵馈送祭品。"

据杨伯峻《论语词典》,"归"字在《论语》中共出现 10 次,训为馈送、馈赠有两处,一是《论语·阳货》"归孔子豚"句,一是《论语·微子》"齐人归女乐(歌女)"句,后面都带有宾语;"咏而归"句,连词"而"连接的前后两个动作有着承接关系,"归"训释为"归来"较为妥当。

3.教师描述曾点的理想:暮春时节,穿上春天的衣服,五六个成年人,带上六七个童子,来到沂水边盥洗,登上舞雩台,迎着和煦的春风,然后一路歌咏,尽兴而归。

还要注意文中的两个"乎"字。"乎"在这里可以是"于"的意思,解释为"在"。但我们也可以有另一种理解:"浴乎沂,风乎舞雩",把虚词"乎"字放在动词"沐"和"风"之后,而不是像前文中把语气词放在句子的结尾,因而"乎"更强化了一种逍遥的风貌:三五成群,老老少少,沐浴着暮春的水温,迎着扑面的春风,歌唱着,享受着大自然的恩惠,体验着人际的和谐。语文版课本把这一课命名为"沂水春风"。有人说,从整个的精神气质来说,儒家无疑是属于春天的。这个学派充满着温度,无论是其经典,还是儒者的生命。

杨树达的《论语疏证》有:"孔子与曾点者,以点之言为太平社会之缩影也。"

刘盼遂等主编的《中国历代散文选》中则说"全文突出了儒家的礼乐治国的理想。"

4. 孔子的理想是否与曾点一样呢?《论语》中还记载了另一次问志,不仅老师问学生,学生也问老师的理想。

《论语·公冶长第五》子路曰:"愿闻子之志。"子曰:"老者安之,朋友信之,少者怀之。"(老者使他安逸,朋友使他信任我,年轻人使他怀念我。或:老者使他安逸,对朋友有信任,年轻人便关心他)"曾皙所描摹的画面,不正是孔子理想的形象表达吗?

问题 2:曾皙的理想与"礼乐治国"有什么关联?

1. 孔子为什么"哂"子路?

不是因为子路"率尔对曰",而是孔子认为"为国以礼,其言不让",由此可见孔子很重视以礼治国。

2. 孔子思想的核心是仁,礼乐是其外在表现,用礼乐体制来规范行为,达到整个社会的安定和谐。曾皙在言志之前,正在"鼓瑟",体现了曾皙的礼乐修养。所谓大同世界,就是政治稳定,经济发展,人民团结,社会和谐;具体而言,就是路不拾遗,夜不闭户,老有所安,幼有所长,鳏寡孤独皆有所养。曾子给我们描绘的就是这样一幅自得、祥和的幸福图景。当然,所有这一切都离不开"礼乐"。

孔子说:"礼云礼云,玉帛云乎哉?乐云乐云,钟鼓云乎哉?"礼不仅仅是玉帛之类的礼物,乐也不仅仅是钟鼓之类的乐器,"礼"讲究"序","乐"讲究"和","风乎舞雩"正中孔子之怀。

《乐记·乐论》说:乐者,天地之和也;礼者,天地之序也。和,故万物皆化;序,故群物皆别。(乐所表现的是天地间的和谐;礼所表现的是天地间的秩序。和谐,所以万物能化育生长;有秩序,万物井然有别,各得其宜。)

和谐而不混乱,是乐内在的精神;让人欣喜欢爱,是乐有的功能。中正无邪,是礼的本质;庄重恭顺,是礼的职能。至于运用乐器来表现礼乐,声音使礼乐得到传播。

《乐记》把"礼"这种人类社会的秩序看成是天地自然的秩序,把"乐"这种人类社会所创造的情感和谐看成是天地自然的和谐。这种天人合一的境界正是儒家最为推崇的理想世界。

问题 3:既然孔子赞同曾点的理想,为什么在肯定地说"吾与点也"(也,肯定语气)的时候是"喟然叹曰"?

1. "喟然":形容叹气的样子。孔子听到与自己心意契合的回答,应该莞尔一笑,为什么?"喟然叹曰"? 显然是颇有感触。

尽管《论语》中没有交代,史书中也无确切记载,我们还是可以依据史料间接推测,这次问志定不会发生在孔子周游各国期间。因孔子周游时,所到之处都没有曾皙的踪迹;另据

《孟子·尽心下》记载,孔子在陈"思鲁之狂士"中却有曾皙,可见他没有跟随孔子周游列国,故"侍坐"章所述之事不会发生在孔子游历途中。因而,对侍坐的具体时间有两派观点:周游前或是周游后。

钱穆先生在他著作的《孔子传》中说道:"《论语·侍坐》章当在子路为季氏宰之先"。又说,"此章问答应在孔子五十出仕前"。

周游之前,孔子不为当权者所用,他觉得无法实现自己以礼治国的政治理想,才主动辞官,周游列国,寻找明君。这时的孔子,心态是复杂的,失望并希望着。

"喟然与点"是一向热心从政的孔子内心矛盾冲突的集中体现:一方面在礼崩乐坏、战争频仍的时代,他的政治理想无法实现,难免感慨徒有才志,生不逢时,所以只能叹息道:"吾与点也"。喟叹中有无奈,有感伤。

以礼治国,实现大同社会是孔子的终极理想,但要实现太难了。一直到了孟子时代,孟子还在为"五十者可以衣帛矣""七十者可以食肉矣"而努力。而孟子所处的年代,社会更加混乱,这种理想的实现更加的渺茫。

2. 孔子为什么要"问志"呢?

在孔子内心的最深处,他还是希望能够实现自己的政治理想,他的问志是希望弟子们用所学到的知识、本领来拯救、振兴国家。

钱穆《孔子传》中有:"孔门讲学本在用世,故有如或知尔之问。""子路长治军,冉有长理财,公西华长外交礼节,三人所学各有专长,可备世用。"

在"与点"的同时,他也肯定了子路等三人的积极进仕,认为三人治世能力与自言相合,且都可望实现。这在《史记·仲尼弟子列传》中有记载,孔子在季康子面前品评弟子才能时,认为子路"千乘之国,可使治其赋(赋:兵赋,向居民征收的军事费用。管理军事)"(军事才能);冉有"千室之邑,百乘之家,可使为之宰(在内管家为宰。宰:主持、主管)"(经济才能);公西华"束带立于朝,可使与宾客言"(外交才能)。这个评价与三个学生自言其志在观点与语言上是何等相似!对于心怀天下的孔子来说,"虽不吾以,吾其与闻之",虽然不被任用,但积极救世是他的思想的主导方面,他为推行自己的政治主张周游列国,"发愤忘食,乐以忘忧,不知老之将至云尔"(《论语·述而》)。

问题4:课文标题是"子路、曾皙、冉有、公西华侍坐",而下文弟子言志并不是按照这一顺序,这是为什么呢?

《论语》是孔子的弟子"追论夫子之言",追记当年老师的教诲,大多只有只言片语,但"侍坐章"是《论语》中最长的一则,甚至有描写。孔子的学生在记载这一则时应该是有讲究的。

"子路、曾皙、冉有、公西华侍坐"这一句是讲究顺序的,"以齿为序",就是按照年龄的顺序排列,由大到小,这个排列也体现了"礼",礼是讲究序的。但在说的时候却不是按顺序。我们来看看这四人的理想之间有什么关联。

| 子路 | 可使有勇 | 且知方也 | 强兵安民 |
| 冉有 | 可使足民 | 难为礼乐 | 使民温饱 |
| 公西华 | 宗庙会同 | 愿为小相 | 讲求礼乐 |
| 曾皙 | 浴乎沂,风乎舞雩,咏而归 | | 民生和乐 |

子路的"不挨打",属于"强兵",是最大最大的硬道理;冉有讲的是"不挨饿",属于"富国",也是硬道理。他们都没有提到"礼"。公西华讲的是"礼",而且是富起来才有的"礼"。古人说"仓廪实则知礼节,衣食足则知荣辱"(《管子·牧民》)。解决温饱,才能讲礼貌。道德文明建设是软道理。曾皙的道理更软,干脆是享受生活:享受太平,享受富裕,享受文明。它们是建筑在前三位的理想之上:和平是靠子路之志,富裕是靠冉有之志,文明是靠公西华之志。没有和平、富裕和文明,曾皙就逍遥不起来。曾皙的回答本来只是随口一说,但孔子听了,另有想法。他把四子之志,看成互相补充。他欣赏曾皙之志,主要是因为,前面三位讲治国,最后要落实到个人幸福,这是目标性的东西,但他欣赏曾皙之志,并不是否定子路等人,因为过程也很重要。他笑子路不谦虚,但对冉有和公西华也有所保留。因为他们再怎么谦虚,也都是以治国安邦为己任,大国是国,小国也是国,大官是官,小官也是官,过分谦虚和不谦虚,都无改于事实。

清张履祥说,四子之志是讲治道先后(《备忘录》),却值得注意。

——(李零《丧家狗——我读〈论语〉》)

这样的写法是值得我们借鉴的。

五、课后思考

孔子的四位学生各有各的性格特征,再读课文,仔细体会。

深入阅读《论语》,进一步领悟儒家思想。

教学设计说明:

面对一篇课文,学生在自主阅读时,会运用自己的阅读经验和生活经历去获得属于他们自己的阅读感受以及疑惑。学生在预习《侍坐章》后,认为孔子本有行道救世之心,为了理想而四处奔走,但是在文中,孔子却又赞成点的理想,而曾点的理想与道家的归隐有相通之处,这不矛盾吗?孔子的真面目究竟是怎样的?孔子究竟是一个怎样的人?学生的疑惑需要教师来帮助解决。《侍坐章》文本的核心价值是通过对孔子四个学生的表现,尤其是对曾点思想的理解探究,深刻认识孔子的形象,理解孔子"仁"和"礼"的思想。根据学生的学情,结合文本的核心价值,教师设计了一个主问题来展开课堂探究。一个精当的"主问题"设计可以起到以一取十、提挈全篇的作用,可以从不同的侧面进行探究,起到"牵一发而动全身"的作用。主问题的设计也将课堂教学引向以学生课堂思维活动为主的整体性阅读教学,使学生思维的触角深入到文本,使学生充分体会到语文学习中的求索感、创造感、成就感。这堂课上教师和学生的阅读感受通过课堂的互动融合在一起,实现了双主体互动的语文阅读高效课堂。

# 《谈生命》教学设计

三明市梅列区教师进修学校　刘菊春

**【教学目标】**

1. 积累"挟卷、巉岩、惊骇、清吟、荫庇、云翳"等词。

2. 速读,分清文章层次,理清全文思路。

3. 通过背诵"生命又像一江春水……"的部分内容,体会比喻的整体性,欣赏冰心明朗、灵动、有韵味的语言。

4. 仿写"生命又像一棵小草……"

**【教学重点及难点】**

1. 熟读背诵,学习用比喻改写段落。

2. 感受文章明朗、灵动、蕴藉的语言美。

**【教学方法】**

朗读法、品读法、讨论法。

**【教具准备】**

多媒体课件。

**【课时安排】**

2课时。

**【教学过程】**

# 第一课时

**【教学要点】**

1. 朗读课文,扫清字障;

2. 速读课文,分清文章层次,理清全文思路;

3. 熟读一、二层,力求当堂成诵。

**【教学步骤】**

一、导入

1. 我是教研员,负责你们的期末卷命题,我如果出一道作文题《谈生命》,你们会不会大骂我? 为什么? 因为《谈生命》太难写。

先请以你"生命是_____"说一句话。

教师相机导入。那么冰心怎么写？她又是如何谈生命的？

【菊春说明】让学生说,意在打开思路,为第二课时的拓展埋下伏笔。

2. 速读(至多2.5分钟),分清文章层次,理清全文思路。

要求:跳读,划出关键句。

初步感知,理清思路(一边板书,为理出更细致的结构图准备):

生命像什么//像一江春水//像一棵小树//快乐与痛苦相生相成,无论怎样都要感谢生命。(总分总结构)可以多种分法,关键帮助理清写作思路。

【菊春说明】上课时没安排预习,让学生了解文章大概是必须的。速读,且限定时间,就是暗示学生集中注意力,抓住关键,大致把握文脉。

二、熟读第一、二层,力争当堂成诵,在背诵的过程中理解内容,品味语言,在读中扫清字障

(一)背诵第一层:"我不敢说生命是什么,我只能说生命像什么。"

"是什么"与"像什么"有什么差别?为什么对前者"不敢说",而对后者"能说"?

"生命是什么",涉及对生命本质的终极回答,要下定义,着眼于科学性,对散文而言,是个难题,易陷于被动。而"生命像什么"可以有无数的答案,不会授人以柄,只要写出"我"的思考即可,同时"像什么"意味着形象化的描述,更易引起读者的共鸣,着眼于文学性。

【菊春说明】背诵这一句,学生极其容易,但未必领悟这一句对全文的提纲挈领的意义。作者将大难题化作小问题的智慧,需要教师点拨。

(二)背诵第二层"生命像一江春水……我不敢说来生,也不敢信来生。"

1. 引导学生有技巧地背诵:分句子背诵,句句串连;分小层次背诵。

春水的特点是什么？流动向前、量大、曲折。

(1)一背"生命像向东流的一江春水……他享受着他所遭遇的一切",注意一系列的动词运用。体会用词的准确与灵动多变,修饰语的深长意蕴。

如:他聚集起许多_____(A.水流 B.支流 C.细流),合成一股有力的_____(A.洪涛 B.波涛),向下奔注,他曲折地穿过了悬崖峭壁,冲倒了层沙积土,挟卷着滚滚的沙石,快乐勇敢地流走_____(A.忍受 B.享受 C.经受)着他所遭遇的一切。

【菊春说明】一系列的动词,就是水流过程的反映。背诵时积累这些动词,是丰富语汇的功课,不能错过。作者语言的丰富、"蕴藉"绝不是体现在教师直接提供的结论上,而需要师生共同体会。如"细流"与"水流""支流"的比较,"享受"与"忍受""经受"的比较。这样的语言品味,是巷道战,需要文本细读的硬功夫。

(2)二背"有时候他遇到巉岩前阻……轻轻地度过这一段浪漫的行程",注意体会下列词语或短语,体会语言的形象、生动、意韵。

有时候他遇到巉岩前阻,愤激地奔腾了起来,怒吼着,回旋着,前波后浪地起伏催逼,直到冲倒了这危崖,他才心平气和地一泻千里。有时候他经过细细的平沙,看见了夹岸红艳的桃花,他快乐而又羞怯,静静地流着,_____(A.低低地 B.高声地 C.激昂地)吟唱着,轻轻地度过这一段浪漫的行程。

(3)三背"有时候他经过了细细的平沙……浪漫的行程"。注意图画美,叠词的音乐美。

(4)四背"有时候他遇到暴风雨……新生的力量"。注意语言的节奏感,音乐美。

有时候他遇到暴风雨,这激电,这迅雷,使他心魂惊骇,疾风吹卷起他,大雨击打着他,他暂时浑浊了,扰乱了,而雨过天晴,又加给他许多新生的力量。

(5)五背"有时候他遇到了晚霞和新月……仍催逼着他向前走"。注意反复修辞带来的音乐美和对内容的突出强调作用。

有时候他遇到了晚霞和新月,向他照耀,向他投影,清冷中带些幽幽的温暖;这时他只想休憩,只想睡眠,而那股前进的力量,仍催逼着他向前走。

(6)六背"终于有一天……也没有悲哀"。

结合学生的背诵,同时形成结构图。

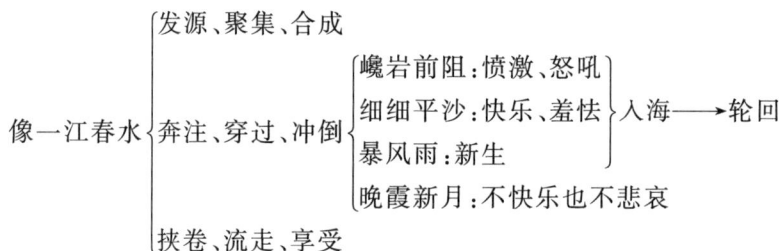

注意背诵的准确,体会作者遣词造句之精致、之意韵。

注意从学生背诵的现状,寻找语言点加以品味。

【菊春说明】结构图的梳理很重要,它是文脉的体现。在背诵的同时板书,理清意脉,利于学生背诵,也积累词语。同时,能完整呈现这节课学习的内容。

(7)理解:"然而我不敢说来生,也不敢信来生!"来生不可期,今生要努力,要奋斗。

2. 小结。

冰心的聪明就在于用比喻这一修辞手法,形象地表现"生命"这样一个难说的大问题。以流水喻写生命的丰富曲折、多姿多彩。而比喻要用得好,就要有合理的联想与想象,所有写的内容,都与喻体相关、相似。"东流水",一定要向前,一定有很多的经历,巉岩前阻、细细平沙、暴风雨、晚霞新月就是自然的联想。当然,你可以有其他的联想,只要合情合理。

生命是花。生命是草。生命是船。生命是云。生命是一段原木。生命只是一根枯枝……都可以这么说。如果让你扩展写一段话,那就考验联想和想象能力。

【菊春说明】小结比喻说理的内在奥秘,是思维的聚焦,也是写作方法的小结。

三、作业

1. 请你当校对:换种角度检测背诵

以下是从网上下载的《谈生命》部分内容,请你当校对。

生命像东流的一江春水,他从生命最高处发源,冰雪是他的前身。他聚集起许多细流,合成一股有力的洪涛,向下奔注,他曲折地穿过了悬岩削壁,冲倒了层沙积土,挟卷着滚滚的沙石,快乐勇敢地流走,一路上他享受着他所遭遇的一切:有时候他遇到巉岩前阻,他愤激地奔腾了起来,怒吼着,回旋着,前波后浪地起伏催逼,直到他过了,冲倒了这危崖,他才心平气和地一泻千里。有时候他经过了细细的平沙,斜阳芳草里,看见了夹岸的桃花,他快乐而又羞怯,静静地流着,低低地吟唱着,轻轻地度过这一段浪漫的行程。有时候他遇到暴风雨,这激电,这迅雷,使他的心魂惊骇,疾风吹卷起他,大雨击打着他,他暂时浑浊了,扰乱了,而雨过天晴,只加给他许多新生的力量。有时候他遇到了晚霞和新月,向他照耀,向他投影,清冷中带些幽幽的温暖;这时他只想休憩,只想睡眠,而那股前进的力量,仍催逼着他向前走……终于有一天,他远远地望见了大海,啊!他已经到了行程的终结,这大海,使他屏息,使他低头,她多么辽阔,多么伟大!多么光明,又多么黑暗!大海庄严地伸出臂儿来接引他,他一声不响地流入她的怀里。他消融了归化了,说不上快乐,也没有悲哀!也许有一天,他再从海上蓬蓬的雨点中升起,飞向西来,再形成一道江流,再冲倒两旁的石壁,再来寻夹岸的桃花。

【菊春说明】请学生当校对的过程,就是促使学生复习文章内容的过程。学生发现用语不同,进而思考何者为优,训练了语言能力。

2. 巩固字词,积累词语,完成课后"读一读,写一写",每词抄写 2 遍,如果让你出题小测同学,你准备哪 5 个应注意字词?

【菊春说明】字词积累是天天的功课,必须完成。"让你出题小测同学,你准备哪 5 个应注意字词?"调动学生当小老师考倒同学的斗志,想考倒别人,自己先得有实力,这就促使学生有意注意某些字词。

3. 练习册 P22,第 1 题。

4. 熟读第三层(至少读 3 遍)。

【菊春说明】熟读第三层,为第二课时准备。

5. 背诵并能默写第四层至少 2 个句子,用红笔订正。

【菊春说明】第四层句子富含哲理,要求背诵,落实单元教学目标,也为第二课时铺垫。要求默写第四层至少 2 个句子,学生必须先读才能选择 2 句,学生读不易错,写却易错,要求默写,训练口读与书写的一致。长期训练,方能形成准确、规范书写的好习惯。

# 第二课时

**【教学要点】**

1. 在学习"生命又像一棵小树……"的基础上,仿写"生命又像一棵小草……"

2. 理解、品味第四层。

3. 小结学习收获。

**【教学步骤】**

一、一读第三层"生命又像一棵小树……"

1. 注意思路:小树发芽、生长,经历春夏秋冬。

像一棵小树 { 破壳出来:吟唱、跳舞 / 长到中老年:宁静、怡悦 / 消融归化:不快乐不悲哀

【菊春说明】背诵有技巧,按作者思路进行,事半功倍。

2. 再次体会比喻的运用:本体与喻体相似,前后一致,所有的语言都指向"中心"——生

命成长壮大,最终归于消亡。

**【菊春说明】**此环节回应"生命像向东流的一江春水",是知识的巩固,能力的反复强化。

二、以"生命像一棵小草"展开,在原文的基础上怎么仿写

**【菊春说明】**此环节体会比喻在段落中的整体运用,所有的描写都与喻体有关。

三、解读课文第四层

抽号检查背诵(昨日作业为:默写第四层 2 句),说说选择它的理由。

"不是每一道江流都能入海,不流动的便成了死湖;不是每一粒种子都能成树,不生长的便成了空壳!"

"生命中不是永远快乐,也不是永远痛苦,快乐和痛苦是相生相成的。"

"愿你生命中有够多的云翳,来造成一个美丽的黄昏。"

注意体会语言富含哲理的特点,与二、三层的形象描写、生动抒情不同。

**【菊春说明】**有作业要求,就应有检查反馈,形成良好的教的习惯与学的习惯。

四、小结

1. 学习文章的突出特点:用比喻形象说明"生命"这样的大命题,联想与想象的合理、创新。化难为易,化虚为实。

每一个人都有自己对生命的认识,这认识有人类的共性,对于作家来说,追求个性。冰心,以形象的比喻来阐释"生命"——生命过程曲折而又丰富,痛苦而又快乐,要感谢生命,这真是聪慧之举,既避免文章出漏洞,又给读者形象感,易引起共鸣。形象大于思想,以形象的比喻来表达深刻的思想,举重若轻。两个比喻各有侧重,从不同的角度说明生命:"像一江春水"侧重于过程的曲折丰富、"像一棵小树"侧重于过程的阶段性,由小到大,由弱到强到衰亡。两个已足以说明了生命的"特征"——诞生、成长、消亡,丰富曲折。

这些,都来自于冰心对生命的思考。

换作别人,不能再这么写。赵丽宏,就换了其他。读读他的文章,拓展一下思路,比较一下差异,就会发现,每位作者一定要表现自己思考的与众不同的东西,作品才有存在的价值。

2. 冰心的语言特点。

语言常常是一个人的名片。好作家的语言一定有个性,有特点。只看文字就能判定作者的文字,才有可能算得上好文字。

冰心散文和语言特点是:柔婉典雅、凝练含蓄、丽而不艳、雅而不古,长短整散,参差错落,富有节奏感和音韵美。

**【菊春说明】**这样的小结,可能有些"高深",但学生必须有这样的初步知识。

五、练习讲评

网文与原文的差异比较

六、检查反馈

学生代表点将上台小测字词 5 个,检查词语积累情况

课后作业：

1. 练习册 P22 课内练习 1～4 题。

2. 读一读作家赵丽宏的《生命》，也许能拓展你的思路，培养你的联想能力哦。如果能背出几句，你就在为自己增添正能量。

**【菊春说明】**

人教九年级下册第三单元教学目标为："欣赏散文要反复朗读，认真品味其中的情思和意蕴；有些精美的篇章和段落要熟读成诵。"背诵是把握文意、品味其中的情思和意蕴的基础，至少要熟读。到了初三下学期，中考在即，多数教师不舍得花时间让学生在课堂背诵，回家背诵往往成敷衍。在学生不熟悉文本，没有感受的情况下急急进入分析，最终，学生仍是云里雾里。基于学情，熟读成诵就是这一课的教学目标，也是教学重点。

冰心《谈生命》的语言"艳而不丽，雅而不古"，明朗、灵动、蕴藉。光对学生讲"生动形象"是不够的。她的语言，与王鼎钧的语言正形成鲜明对比。这是散文学习的一个重点，也是难点。设计可行的活动让学生体会、内化是关键。

这篇文章，通篇用比喻说理，举重若轻。体会整体比喻之妙，还要在实践中学习，加深体会。语文是实践性课程，言语能力要在实践中获得。课文是典型范例，可为实践提供支持。改写"生命像一棵小树"段落为"生命像一棵小草"，可让学生保留可用内容只改动部分使之与"小草"匹配，这降低了难度。如果自写一个比喻段，更能考验学生的智慧，亦可尝试，如"生命像一朵花""生命像一条船""生命像一本书"等。

# 《雨霖铃》教学设计

东山第一中学　王木春

**【教学目标】**

1. 抓住词眼,读懂词。

2. 加深理解情与景结合的意境。(重点)

3. 虚实结合的写法。(难点)

**【教学方法】**

学生自读、师生交流讨论。

**【课时安排】**

1课时。

**【教学过程】**

一、导入

李叔同《送别》歌曲(两分钟),渲染气氛

二、检测预习情况(提早一天发下材料)

读下面几则关于柳永的传记资料,你想向别人介绍柳永的哪一方面?

1. 初名三变,崇安(今武夷山)人。景佑元年(1034)进士。(《词林纪事》卷四)

2. 柳永为举子时,多游狭邪,善为歌辞。教坊乐工每得新腔,必求永为辞,始行于世,于是声传一时。余仕丹徒,尝见一西夏归朝官云:"凡有井水处,即能歌柳词。"(《避暑录话》卷三)

3. 柳词骫骳(wěi bèi 曲折委婉)从俗,天下咏之。遂传禁中。仁宗颇好其词,每对宴,必使侍从歌之再三,三变闻之,作宫词号"醉蓬莱",因内宫达后宫,且求其助。仁宗闻而觉之,自是不复歌其词矣。(《后山诗话》)

4. 尝有《鹤冲天》云:"忍(愿意)把浮名,换了浅斟低唱?"及临轩放榜,特落之,曰:"此人风前月下,好去浅斟低唱,何要浮名?且填词去。"三变由此自称"奉旨填词"。后改名永,方得磨勘(经过相关部门的考核)转官。(《能改斋漫录》卷十六)

5. 永亦善为他文辞,而偶先以是得名,始悔为己累。一西夏归朝官云:"凡有井水饮处,即能歌柳词。"言其传之广也。永终屯田员外郎,死,旅殡润州僧寺。王和甫为守时,求其后,不得,乃为出钱葬之。(《避暑录话》卷三)

(案:曾敏行《独醒杂志》卷四中"柳耆卿风流俊迈,闻于一时。既死,葬于枣阳县花山。远近之人,每遇清明,多载酒肴,饮于耆卿墓侧,谓之吊柳会。"与叶说不同,姑附录于此。)

6. 徐度尝记柳事云:"耆卿以歌词显名于仁宗朝,官为屯田员外郎,故世号柳屯田。其词虽极工致,然多杂以鄙语,故流俗人尤喜道之。其后欧、苏诸公继出,文格一变,至为歌词,体制高雅。柳氏之作,殆不复称于文士之口,然流俗好之自若也。刘季高侍郎,宣和间,尝饭于相国寺之智海院,因谈歌词,力诋(毁谤)柳氏,旁若无人者。有老宦者闻之,默然而起,徐取纸笔,跪于季高之前,请曰:'子以柳词为不佳者,盍自为一篇示我乎?'刘默然无以应。"(《却扫编》卷五)

### 三、学生提问预习中遇到的难解字词

**教师重点解决:**
1. 字词:长亭、念、去去、那堪、便
2. 三个倒装句:对长亭晚/多情自古伤离别/此去经年,应是良辰好景虚设
**联系初中知识:**"七八个星天外,两三点雨山前"。
**王维《山居秋暝》:**"竹喧归浣女,莲动下渔舟"。

### 四、学生朗读

(教师提示:1. 不带感情地宣读;2. 注意关注读音和停顿;3. 一学生读,另一学生纠正)
重点解决:领字"对""念""便"。
联系:1. 什么是领字?在句中起着领起下文主句作用的字,可一字,两字,甚至三个字。
2.《沁园春·长沙》:看、忆。

### 五、理解内容及写法

师:这首词的主题可以在词中找出几个字来表示,请找出来。
生:"伤离别"。(学生如答"凄切",能说明理由,亦可。)
老师:请找出体现"伤"的句子。学生从词中找,并简要分析。教师启发、补充。

主要赏析:

1."寒蝉凄切,对长亭晚,骤雨初歇"
"寒蝉""长亭""骤雨",词人一开头就捕捉到有特征的秋景来渲染气氛,"寒蝉"透着秋意,而蝉的叫声更让人感觉悲凉,骤雨过后天气陡然变凉,更使人感到凄切冷落,所以这首词不仅交代了离别的时间、地点,更是在写心情。

2."念去去千里烟波,暮霭沉沉楚天阔"
"念"字表明下面的景物是想象的虚构的浩渺的烟波,沉沉的暮霭,空阔的楚天这些景物在南方是很平常的。可是这些平常的景物注入深沉的情感之后就变得平常不了。那浩渺的烟波,令人惆怅;沉沉的暮霭让人压抑忧伤,那空阔的楚天与愁绪的无边无际相似。词人对景物的描写达到情景交融的艺术境界。(根据情况,可以插入"虚实结合"手法的分析。)

3."今宵酒醒何处?杨柳岸,晓风残月。"
这一句是千古传诵的名句。有人拿它代表柳词。这没有一个字写情,而没有一个字不写情。李白诗云"年年柳色,灞陵伤别。"自灞桥折柳的故事产生后,杨柳和离别就似乎有必然的联系了。借杨柳抒离情成了常用的手法。如白居易"杨叶比愁眉,愁长比柳丝。"因为有

这种习俗的存在,所以离别的人一看杨柳就会涌起离愁别绪,因而"杨柳岸"三个字明写前景,暗写别时情,显得含蓄而有韵味。词中"晓风残月"也是最能触动人的感情的事物,温庭筠在一首送别词里曾写过:"江上柳如烟,雁飞残月天。"秋月的风是凉的,秋日的早晨的风更凉;月光是清冷的,残月的光更加清冷,而早晨残月就显得特别凄凉。所以晓风残月给人一种特别浓重的凄凉冷落之感。

这样在短短的两句词里,作者集中写了一件最能触动离愁的事物,集中成为一幅鲜明的画面,而这幅凄清的画面又出现在一个特定时刻里——酒醒之后,离人饮酒为的是消愁,然而"举杯消愁愁更愁",更何况是在酒醒之后。(根据情况,可以插入情景结合手法的分析。)

六、主要写作手法(教师课堂补充扩展,控制时间,点到为止)

(一)虚写手法
附补充材料:

# 古诗词中的虚写艺术

宋代著名画家郭熙说:"山欲高,尽出之则不高;烟霞锁其腰则高矣。水欲远,尽出之则不远;掩映断其脉则远矣。"

绘画中的虚笔,音乐中的间歇,篆刻中的残破,小说中的留白等都是运用避实就虚的手法,使虚实相生,收到以无胜有、以少胜多的良好效果。通常我们把从正面直接写某一事物的写法叫实写;而把以此物写彼物,从侧面烘托映衬某一事物的写法称为虚写。

虚写这种手法在古诗词中的运用是非常广泛的。

宋代画院招生考试曾出过一个画题,题目叫作"深山藏古寺"。一个考生画了古寺的全貌,周围是崇山峻岭,这显得太直、太露,没有把"藏"的旨意画出来;有的应试者画了绿树掩映中的古寺一角,旁边是悬崖绝壁,这样的构思就显得含蓄,但还是嫌直白了些;最高明的一个应试者没有画古寺的一砖一瓦,只画了一条通往深山的石径和一个在溪边挑水的和尚。这个考生在"藏"字上做了文章,他虽然没有直接画寺,但人们不难从通往深山的石径和挑水的和尚联想到深山必藏有古寺。画面内蓄丰厚,表达含蓄,真是避实就虚,尽得风流。

避实就虚的手法能充分表达诗人的感情。例如辛弃疾《破阵子·醉里挑灯看剑》中梦中胜利的虚幻之景,让读者体味出诗人空有大志,报国无门的悲哀。苏轼的《江城子·十年生死两茫茫》也是为我们描绘了一幅"夜来幽梦忽还乡,小轩窗,正梳妆,相顾无言,惟有泪千行"的虚幻之景,表达出诗人对亡妻的无限怀念之情。李煜的《虞美人》中"雕栏玉砌应犹在,只是朱颜改",句中"故国"的"雕栏玉砌"存在,但此时并不在眼前,也是虚像,表达出词人家国之思,亡国之痛,颇有故国凄凉、物是人非之感。柳永的《雨霖铃》一词,下片写对别后生活的设想,是虚写;着意描绘词人孤独寂寞的心情,淋漓尽致地写出了离别的依依不舍。

避实就虚的手法能给人无尽的想象。例如古诗《陌上桑》中写秦罗敷的美丽"行者见罗敷,下担捋髭须。少年见罗敷,脱帽著帩头。耕者忘其犁,锄者忘其锄;来归相怨怒,但坐观罗敷。"这段精彩的描写就是虚写,它虽然没有正面直接描写罗敷的美貌,但读者仍能从人们出神仁观,如痴如醉的神态中,想象罗敷那倾倒众人的美貌。例如宋玉的《登徒子好色赋》写美女的标准是"增之一分太高,减之一分太短,施朱则太赤,敷粉则太白",到底多高,容颜怎样,给我们留下了广阔的想象空间。

避实就虚的手法,在表现人的抽象、虚无的情感方面也能产生特殊的艺术效果。例如表现人的愁思,如果按常理进行正面描写的话,很难把它生动形象地表现出来。而运用虚笔,化实为虚却能达到这一效果。中国古典诗词中不乏这样的实例。化实为虚,虚实相生,使愁在李清照的词里"才下眉头,却上心头",繁重至于"只恐双溪舴艋舟,载不动,许多愁"。愁之长是李白的"白发三千丈",愁之深是李颀的"请量东海水,看取浅深愁",愁更是贺铸笔下的"一川烟草,满城风絮,梅子黄时雨"。

避实就虚的手法能把难以表现的音乐变成读者易于感受的具体形象。《琵琶行》里有一段精彩的音乐描写。诗人不正面描写音乐,而是用一连串精妙的比喻来形容。但是,"别有幽愁暗恨生,此时无声胜有声",诗人以无声写有声,以无声衬托有声,用乐曲休止时的余韵来强调乐曲的效果,如同篆刻艺术的"计白以当黑"。李贺的《箜篌引》也是化抽象的音乐为具体可感形象的典范。

古诗词的虚写艺术就是这样给你留有许多的空白,让你发挥许多的想象。古人云:"春之精神写不出,以草木写之;山之精神写不出,以烟霞写之。"草木烟霞为实,而春之精神,山之精神为虚,虚实相生,相辅相成。在鉴赏古诗词艺术的时候,我们务必多注意留白和虚处的美丽,品味虚写高妙的艺术效果。

(二)乐景写哀情(不作为重点)

王夫之:"以乐景写哀,以哀景写乐,一倍增其哀乐。"这种极力渲染与人物情感不相一致的景物描写,就是反衬,它强化了人物情感的抒发,留给读者深刻的印象。

1. 王维的《送元二使安西》:渭城朝雨浥轻尘……

2. 杜甫的《春望》:国破山河在,城春草木深。感时花溅泪,恨别鸟惊心。

3. 马致远的《天净沙·秋思》:小桥流水人家……

4. 崔颢的《黄鹤楼》:

晴川历历汉阳树,芳草萋萋鹦鹉洲。

日暮乡关何处是,烟波江上使人愁。

5. 李煜的《虞美人》。

七、学生朗读

学生有感情地朗诵这首词。

八、再用闽南语朗读一遍,体会闽南语的特色与优势

(闽南语完整地保留了汉、唐、魏、晋及五代时代的古代中原河洛汉音,也就是那时的中原标准音,用闽南语读读古诗词,更具音韵美)。

# 《小狗包弟》课例

安溪第一中学　赵艺阳

**【教学目标】**

1. 阅读文本,理解作者对小狗包弟的感情变化及其原因。

2. 品味文本,感悟作者敢讲真话、敢于自责的精神。

**【教学重点】**

领悟作者深刻的思想和真挚的情感。

**【教学难点】**

理解作者自我解剖、深刻反省及对"文革"的批判。

**【教学课时】**

1 课时。

**【教学步骤】**

一、导入新课

由作家冯骥才的故事引出巴金先生《小狗包弟》课文。

二、推进新课

师:从题目中我们可以看出这篇文章的主角是谁呢?

生:小狗"包弟"。

师:这就奇怪了,按理说,要表现人在"文革"中的遭遇就应该去写人,为什么巴金老人却写一条小狗呢?

生:采用"以小见大"的方法。"文革"中连一条小狗都不能幸免,遭受不公正的待遇;可想而知,人的遭遇就更不用说了。

师:说得好,这位同学善于从写作技巧入手去分析作者意图。

生:以狗为主角更能抒发作者内心的情感。

师:说得太好了,能具体一点吗?

生:我是凭直觉这样认为的,说不出具体理由的。

师:很好,这位同学已能用心灵去与作者进行情感交流了,感悟能力很强。

生:写狗还能把狗的忠心与人的无情进行强烈对照,揭示"文革"中人性的变化。

师:精辟!这位同学又把思维深入一层。祝贺同学们在讨论中碰撞出智慧的火花。

下面请大家快速通读课文,概括一下这篇文章写了几个故事。

生:艺术家与狗的故事、巴金与小狗包弟的故事(小狗包弟的故事、作者的内心感受)

师:题目是"小狗包弟",那跟"艺术家与狗的故事"有何关系?

生:借以引出小狗包弟的故事,而且把狗的忠心和人的冷漠与残忍形成鲜明的对比,能给人强烈的触动。

师:小狗包弟的故事讲了几件事? 三件。

——小狗包弟的来历。(开端2自然段)

——小狗包弟的一些表现。(发展3～6自然段)

——小狗包弟惨遭厄运。(结局7～9自然段)

师:这篇叙事性散文,除了讲小狗包弟的三件事外,第10～13自然段表达了作家的内心感受,作者的忏悔。(尾声)

师:好,那大家谈谈小狗包弟给大家留下什么印象(特点)呢?

生:可爱、聪明、伶俐、有情义、通人性。

师:那巴金老人是用什么描写方法让我们感受到小狗包弟的可爱、聪明、伶俐、有情义、通人性呢?

生:用正面描写与侧面描写相结合的方法。

师:非常准确,现在就请同学们用笔把正面描写的地方画出来,说说该处所表现的特点。(请同学们来展示成果)

生:正面描写为

第2段"狗来了……不停地作揖",这里体现了小狗的可爱。

第3段"它不咬人……引客人发笑",这里表现了小狗的可爱与聪明。

生:侧面描写为

第3段写女士在两年之后仍然对包弟念念不忘,这里表现了小狗的可爱,使日本女作家对它念念不忘。

第5段"听妹妹们说……等候我们出来",这里表现的是小狗的有情义与通人性。

师:好。巴金一家与小狗非常和睦,亲如朋友。为什么可爱聪明伶俐的包弟却成了巴金一家人的包袱,甚至连送都送不出去,或者说巴金怎会为不知如何安排包弟而忧虑?

看来包弟是逃脱不了与艺术家那条小狗相同的命运了。那两条小狗的死有没有不同的地方啊?

生:艺术家的狗是因为护主而死的,表现了狗的忠心;可爱的包弟则是被主人主动送上解剖台的,这表现了人对狗的背叛。

师:见解很深刻啊。狗很有灵性,善解人意的。狗最讲情义的了,它的本性就是忠诚于主人,不见利忘义,也不明哲保身。可人为何就比不上一条小狗,有时为了个人的利益甚至出卖他人?

生:其实,"人之初,性本善",我们还是应该相信人性善良的一面。

文中的巴金甩掉了小狗包弟这个包袱后感情有什么样的波动呢?

生:先轻松后沉重。

师:很好。我们现在把体现巴金忏悔精神的第10段有感情地朗读一遍,谈谈你怎么理解先轻松后沉重的。

三、推进新课

生："轻松"是因为终于把"麻烦"送出去了，是正常人的感觉；"沉重"是源于巴金先生良心的自我发现，对自己"出卖""背叛"包弟、对自己懦弱的羞耻感。

师：非常准确。这个心理变化表现了作者的心灵历程，首先说明作者 勇于解剖自己 ，其次说明所处的时代缺少温情，缺少人性，充斥着残暴、淫威。作者在解剖自己，更是在解剖社会。其中哪一句最能体现巴金先生的自我解剖精神呢？

生："不能保护一条小狗，我感到羞耻；为了想保全自己，我把包弟送到解剖桌上，我瞧不起自己，我不能原谅自己！"

师：巴金老人一直在受煎熬，在油锅里煎熬。失去的永远失去了，而作者还要承受无尽的良心谴责，因为作者所受的是漫长的精神伤害。在受煎熬中，千言万语化为一句话"我怀念包弟，我想向它表示歉意。"这不仅仅是歉意，更是发自灵魂深处的忏悔！是对生命的尊重，是一个有良知的作家反省历史的呼号。（作者于质朴简洁的语言中，道出了自己的真情，毫无保留，毫无掩饰。这体现了他勇于解剖自己、敢于讲出真话的精神。朗读时，"不怕"一词要重读，要表现出坚决、无畏的态度；"表示歉意"要读出深深自责的情感。）

四、创设氛围，延伸课外

师：在解剖中，巴金饱受煎熬，承受着漫长的精神伤害。但作者没有选择痛斥、揭露、声讨、批判、鞭挞等，而是选择了写对一条小狗的歉疚，对自己迫不得已的行为的忏悔。这种自我解剖比其他任何方式更有震撼心灵的力量，是自我反省，呼唤良知，呼唤人性的最深刻的范例。其实，在历史上还有很多伟人都有自我反省和忏悔的精神，请同学们搜索一下记忆找些例子来说说看。

生：鲁迅先生是一位具有反省精神的文学家，他的小说《一件小事》就讲了"我"在车夫面前的忏悔。鲁迅先生说："我的确时时解剖别人，然而更多的是无情面地解剖我自己。"

法国思想家卢梭，他的《忏悔录》就真诚地袒露了自己人生中的一些见不得人的污点。

师：很好，同学们的阅读面很广嘛！

老师补充（关注社会人生——关于忏悔的延伸讨论）：

## 德国的忏悔与日本的靖国神社参拜

1970 年 1 月 25 日，大雪过后东欧最寒冷的一天。刚刚对捷克、波兰进行国事访问后，原西德总理维利·勃兰特冒着凛冽的寒风来到华沙犹太人死难者纪念碑下。献上花圈后，肃穆垂首，虔诚下跪，向二战中无辜被纳粹党杀害的犹太人表示沉痛哀悼，为纳粹时代的德国认罪、赎罪。当时的西德总统赫利同时向全世界发表了著名的赎罪书，消息传来，东西方和平人民无不拍手称赞。1971 年 12 月 20 日，勃兰特荣获诺贝尔和平奖。可历届日本政府，从首相到阁员，从来没间断过参拜供奉着甲级战犯牌位的靖国神社。对此，中国、韩国、朝鲜以及东南亚各国的政府和民间都表示极大的愤慨。

面对"罪过",我们该做什么？反省忏悔,重塑形象。

五、推人及己,深入体悟

师:其实,一个人真诚地解剖自己,把自己曾经有过的卑劣的事情坦白地说出来是不容易的,这需要勇气！这样的反省和忏悔的精神对我们一生会有什么意义呢？

生:时时反省能使人避免再次犯错,从而走向完善。

生:如果每个人都会自我反省的话,那世界上的罪恶灾难都将大大减少。

生:反省能使我们更清醒地认清自己,能让自己的一生过得更有意义。

师:大家各抒己见,都很有道理。这么深沉而又真挚的情感,巴金老人是通过什么样的语言传达给我们的呢？

生:质朴简洁而不事雕琢的语言。

师:这说明好文章不一定要有华丽的辞藻、绚丽的修辞,情至深处自能感人。巴金作为一个受害者却能站出来深刻反省、自我拷问忏悔,这是需要莫大的勇气和力量啊,显示出一个正直的成熟的作家严于解剖自己、敢于说真话的勇气和度量,他的这种忏悔精神在社会上引起了很大的反响,引起读者的深思和自省,引发读者与作者之间心灵的共鸣……

教师小结,并引导学生联系实际进行拓展。

【板书设计】

```
小狗包弟  巴金          以小见大  质朴简洁
  艺术家与狗的故事
  巴金与狗的故事          人性的扭曲
  1.包弟的来历          以狗反衬人
  2.包弟的表现          "文革"带来的改变
  3.包弟的厄运          勇于解剖自己
  4.作者的忏悔
```

# 《定风波》课例

厦门外国语学校　邹春盛

一、三维目标

(一)知识与能力

1. 通过对本词的学习了解掌握宋词的基本特点。

2. 掌握拟人、双关等修辞手法,并在此基础上掌握诗歌文本的解答方法。

3. 了解本词较为复杂的情感线索。

4. 掌握"微冷"、"归去"等词语的深层含义。

5. 领悟本词情景交融、浑然一体的艺术境界。

(二)过程与方法

1. 串讲。教师逐句串讲,重点词语提问学生。

2. 质疑。学生就本词的重难点提出问题,并在小组中交流讨论,在课堂上共享,教师加以总结。

3. 探究。(1)"归去",作者要归于何处?(2)宋诗和本词的对比阅读,深入理解本词的情感线索和情感意蕴。

4. 朗读。拟分为两个阶段,分析前读和分析后读;前者要求读准字音和节奏,后者则要求有所提高,读出情感和意蕴。

**特别指出:本课为层面教学法的尝试课。层次教学分为两个含义:一是文本解读的表层和深层的含义,一是教学内容选择的基本层次和发展层次的含义。即使是朗读,也分为分析前读和分析后读两个层面,前者要求读准字音和节奏,后者则要有提高,读出情感和意蕴。**

(三)情感态度和价值观

1. 通过作品细读,品味中华文字的意蕴之美。

2. 逆境之中处变不惊的高贵品质。

3. 面对不公正待遇的物我两忘、宠辱不惊的境界。

二、教学过程

(一)导入新课

如果我们在路上遇到下雨,又没带雨具,我们一般会怎么办?对,我们一般会小跑避雨。但是,有一人却不但不避雨,反而"吟啸徐行"。这人是谁?他为什么这样特别呢?我们看PPT的三幅图,哪一幅图的作者像最符合本词的意境呢?

(二)分析前的朗读

三个字要读准:蓑,料峭,萧瑟;几处的节奏不能读破。

（三）看注解和题序

苏轼的词多用题序,点明词作的时间、地点、环境和创作动机,这也是苏轼对宋词的一个贡献和创意。注意几点:作品写于黄州,联系上学期学过的《赤壁赋》,请同学回顾一下苏轼到黄州的原因。(根据学情确定教学内容,学生已掌握的知识不必再重复)。"雨具先去"要特别讲清楚,带雨具的人先走了,这个细节在之后的探究题中会涉及。

还有一点特别指出,苏轼去沙湖干什么?准备到此买田终老?有什么可挖掘的?(经过三年的磨洗,苏轼的心境更平和了?)

（四）文字层面的赏析。重点理清两处的修辞

"山头斜照"赋予人的情感,是拟人,夕阳像一位老朋友,在山头等候,给历经"风雨"的苏轼以关怀,以温暖,表达了作者在酒醒之后的惊喜之情。"风雨"是双关,既指现实中的"穿林打叶声",也指人生险途和险致其死地的政治风雨。"微冷"也可理解为双关,酒醒雨淋之后身体寒冷,也是写梦醒后的心理状况,回到现实中的凄苦无奈之情。

（五）情景交融的艺术境界,学生指出三处景致(小组共同完成表格)

表1

| 景致 | 作者的行为 | 作者的情感 |
|---|---|---|
| 1 | | |
| 2 | | |
| 3 | | |

表2

| 景致 | 作者的情感 |
|---|---|
| 1."穿林打叶声" | 漠然视之(关键词"任平生"的"任",即任凭之意,随遇而安的心理) |
| 2.料峭春风 | 无奈(关键词"微冷"既有酒后的冷意,更是回归现实后的内心的凄苦) |
| 3.山头斜照 | 超然视之(对于宦海沉浮的达观态度) |

应该说,赏析一首诗词,到了这个层次,应该说是基本到位了;从教学的角度来说,也是完成了基本层面的教学。但是,我们难道我们仅仅限于此吗?我们能否发现并探究更为深层次的东西呢?或者说,你还觉得有哪些问题讲得不够清楚,不够到位呢?(小组讨论探究)

以下为发展层面:

（六）既然是"雨具先去",苏轼怎么可能穿着蓑衣呢?

要理解这个问题,要留意下阕的"酒醒",也就是说,在此之前苏老夫子是喝了很多酒的,在醉眼蒙胧中,他觉得"竹杖芒鞋"轻巧轻便得很,胜过了的坐骑,这是一个独特感受,这个"轻",在这里分明就有"无官一身轻"的意思啦。他甚至还朦朦胧胧觉得自己是披了蓑衣在雨中徐行的,暂时忘却了官场险恶难测,人世蝇营狗苟,而沉溺于酒后的自我陶醉之中,是"难得浮生半日醉"的自我麻醉,随遇而安。有这样一种解释:"披着蓑衣在风雨里过一辈子,也处之泰然(这表示能够顶得住辛苦的生活)。"(胡云翼《宋词选》)从积极处体会词意,拔高了苏轼当时的思想。但是,醉酒淋雨是要付出代价的,苏老夫子得病了,他在散文《游沙湖》

中有记载:予买田其间,因往相田得疾。闻麻桥人庞安常善医而聋。遂往求疗。

但是,醉酒中的陶醉沉迷总是暂时的,"料峭春风吹酒醒"。料峭的春风无情地把作者吹回到现实之中。这"冷"字要特别注意解读,既是实写,酒醒雨淋之后身体寒冷,也是写梦醒后的心理状况,回到现实中的凄苦无奈之情。但是,苏轼远处山头温暖的夕阳让作者感到了些许暖意,也增添了他战胜逆境的信心。

再深入一层研读,这里涉及诗歌和宋词的艺术特性的细微区别之处。

诗歌以抒发社会性的群体情感为主,诗歌常常把感情浓缩在一个点上,选择最动情的一个短镜头,情感最强烈的一个饱和点。

苏轼《惠州一绝》为例:

> 罗浮山下四时春,卢橘杨梅次第新。
> 日啖荔枝三百颗,不妨长作岭南人。

这里最动情的镜头就是吃荔枝,情感的饱和点就是"长作岭南人"。没有人会去追问为什么这么热爱岭南?更不必担忧荔枝吃太多会使血糖增加得糖尿病。

但词不一样。大家知道,词源于唐代的曲子词,句子有长有短,和乐曲紧密结合在一起,可以歌唱。由于宋代商业发展、城市繁荣,市民数量不断增加,能够歌唱的词比其他形式的文学作品更适应市井娱乐生活的需要,而当时的阶级矛盾和民族矛盾又很尖锐,因此多是句子长短不齐的词,这个时期的词作主要表现的是个体生存的忧患和人生失意的苦闷。

总之,宋词以更加细巧的语言,更加灵动的形式,表达更为细腻的个体情感。

陈日亮先生对《定风波》情感结构有精彩的解读:"从遇雨到徐行,到斜照相迎,再到渴望归去;由泰然处之,到欣然遇之,最后则超然视之,短短的旅途,苏轼经历了一次自我净化的精神洗礼。"(陈日亮:《如是我读》,华东师大出版社 2011 年 1 月第一版)

(七)"归去",作者欲归何处?

1. 归去沙田,那是作者买田终老之处。(结合注解,大抵不错,只是太实了)

2. 成熟了,从此不问官场事物,归隐山林,不问世事,如陶渊明,竹林七贤。(余秋雨式的推断,太虚了,不符合苏轼当时的心境)

3. 归去朝廷,重整旗鼓。(拔高了)

4. 归去江海,寻找心灵的宁静、物我两忘的境界。

(八)分析后的朗读。读出节奏、韵味、情感。

作业:

1. 背诵本词,完成"三维设计"中相关练习。

2. 预习柳永《雨霖铃》,找出词中"过片"的文字,思考虚实结合的手法。

附第六题参考资料:

> "山下兰芽短浸溪,松间沙路净无泥,萧萧暮雨子规啼。谁道人生无再少?君看流水尚能西,休将白发唱黄鸡。"(《游沙田》)

> "且夫天地之间,物各有主。苟非吾之所有,虽一毫而莫取。惟江上之清风,与山间

之明月。耳得之而为声,目遇之而成色。取之无禁,用之不竭,是造物者之无尽藏也,而吾与子之所共适。"(《赤壁赋》)

夜饮东坡醒复醉,归来仿佛三更.家童鼻息已雷鸣。敲门都不应,倚杖听江声。
长恨此身非我有,何时忘却营营?夜阑风静縠纹平。小舟从此逝,江海寄馀生。
(《临江仙•夜归临皋》)

神宗朝(1068—1085),新党执政,推行新法,反对变法的旧党人士大多被排斥出朝廷。哲宗元佑年间(1086—1093),高太后垂帘听政,起用旧党人士而力斥新党,属于旧党的苏轼及苏门诸君子纷纷回朝,会师于汴京,诗词酬唱,酒酣耳热,文坛盛况空前。

**点评**:本课例紧密扣住本人的教学主张——化文本为学生精神成长的力量,要实现这个教学主张,必须在课堂实践中注意以下两点:

首先,捉住文本的特征进行教学。本文是诗歌文本,教师在教学时重点突破"双关"手法在诗歌中运用。这是从文字层面来理解诗歌。如"山头斜照"赋予人的情感,是拟人,夕阳像一位老朋友,在山头等候,给历经"风雨"的苏轼以关怀,以温暖,表达了作者在酒醒之后的惊喜之情。"风雨"是双关,既指现实中的"穿林打叶声",也指人生险途和险致其死地的政治风雨。"微冷"也可理解为双关,酒醒雨淋之后身体寒冷,也是写梦醒后的心理状况,回到现实中的凄苦无奈之情。

其次,要在此基础上把握这一类文本的解读方法,达到以点带面的目的。本课例引导学生深入一层研读文本,理解诗歌和宋词的艺术特性的细微区别之处。诗歌以抒发社会性的群体情感为主,诗歌常常把感情浓缩在一个点上,选择最动情的一个短镜头,情感最强烈的一个饱和点。宋词以更加细巧的语言,更加灵动的形式,表达更为细腻的个体情感。这样,通过一首诗歌的教学以期达到一类文本阅读能力提高的目的。

# 《项脊轩志》教学实录

福建教育学院文科研修部　应永恒

**【学习目标】**

1. 学习本文特点——选取平凡场景和生活小事表现人物音容笑貌,寄托作者感情的手法;(重点)

2. 品味散文文本和单元要求——"文无定法"、摆脱拘束、短小隽永的特点;(难点)

3. 掌握文言词语、句式的用法。

**【教学方法】**

学生自读前提下的指导、师生交流讨论。

**【课时安排】**

1课时。

**【教学过程】**

一、了解学情,导入新课

师:文言文在我们高二学期必修课和选修课中已学习了非常多,应该说,文言文怎么学同学们很清楚了。我现在提问一个同学,学习文言文,应该怎么学?

生:文言文学习首先要通篇阅读,然后应该重视掌握实词、虚词。

师:实词、虚词。文言文阅读和我们现代文阅读不太一样的地方,是它语体上距离我们比较远,要疏通,这是学习文言文课文的前提。还有呢?

生:然后是字词在具体语言环境中的理解。

师:字放到整句中,句又放在整篇中理解,然后对整篇内容有所了解,还有吗?

生:句式结构。

师:对,文言文的句式结构,语言的表达和我们现在不一样,我们通过语言疏通之后,了解它的内容,学习中应注意古代文章中有很多宝贵的我们所谓的写作方法,我们要向文言文学习,学了以后,在我们作文当中、生活当中都可以使用。今天,就和同学们一起学习《项脊轩志》这篇课文。

二、检查预习,疏通文义

师:我们学这篇课文,按同学们刚才说的,先疏通字词,现在,我们一起看幻灯片(打开幻灯片,重点字词用红色标示)。请同学们理解加红色的字在句中的意思,特别了解这些词语与现代汉语有什么不同的意思及用法。第一段请——

生:"每"是每当的意思,"顾视"应该是左右看、朝四周看的意思。

师:很好,接下去。

生:稍"为"的"为"是"替"的意思。

师:替什么?它肯定有一个对象,不然"替修葺"要翻译为现代汉语,就无法讲通。那说明"替"后面一定省略了什么?

生:省略了"之",就是指项脊轩。

师:对,就是指为项脊轩做修葺的工作。对字词的理解要联系上下文,不能单单看红色的字。这个"上"有什么用法?

生:"从上面",名词活用为状语。

师:整句翻译呢?

生:稍微把项脊轩修葺了一下,使雨水不从上面漏下。

师:很好。接下去这个"兀"字呢?

生:独自的意思。

师:独自,很好。它本来是突起来,指一个东西突然间高起来,有"独立"的意思。

生:"万籁"是万物、自然界的意思。

师:"万籁"形容多,自然界各种声音多。接下来看第二段。这一段我们就不面面俱到,挑几个重点的字词理解。先看第二句的"再"字。

生:是"又一次"的意思。

师:在这里翻译成什么?

生:翻译成"两次"。

师:很好。第三句的"乳"字什么意思?

生:用乳汁喂。

师:乳字本来是什么词?

生:名词。

师:乳汁是名词,但在这个地方是用乳汁喂养,就活用为动词,着落在"喂养"这个词上。再看下面一句"某所"的"所"字。

生:在这个地方。

师:"而母"的"而"字呢?

生:通假字,通"尔"字,就是你的意思。

师:接下来看"比去"这个词。

生:"比"是等到,"去"是离开。

师:正确。下面这个"阖"字比较少用,但我们也用过,来组个成语看看。

生:阖家欢乐。

师:"阖"字是全的意思,那以手阖门呢?是全的意思吗?

生:是关的意思。

师:对。我们现在到第四段再抽几个字。(让学生抽取他们认为最难的三个词语。)

生:第二句的"吾妻归宁"的"归宁"的意思是"嫁到我家"。

师:这个"归宁"是"嫁到我家"吗?特别是这个"归"字有没有弄错?前面有"吾妻来归",所以,"归宁"的"归"应该是……

生:应该是"回到娘家省亲"

师:对,你刚刚说的是前一个"归"的意思,可能是看错行了。那么,"归"和"宁"合在一起,就是"回家探望自己的父母"。下面再选一个词分析。

生:"然自后余多在外"中的"然自后"是"然而此后"的意思。

师:(补充)"然而自此以后"。很好,再看下一个"手"字。

生:手,亲手的意思。

师:"亲手"和"手"有什么不同吗?手是什么词?

生:名词。

师:亲手呢?

生:动词。

师:手,亲手,在这里应该是副词,作状语——作"植"的状语。好,挺好,请坐下。

师:我们刚刚学的是实词,现在我们来看看虚词,先来了解"而",请一位同学来说说这几个"而"字的意思,先找三个。

生:第一个表示"并列"。

师:要注意联系上下文,即前面说什么,后面说什么,要注意。第一个"而"字,你认为是并列,有没有不同的看法?

生:我认为是转折。

师:为什么?

生:因为前面写的动,后面写的是静。

师:哦,前面是有声,后面是无声,所以是转折?

生:对。

师:同学们想想,是转折好,还是并列好。

(学生有说并列的,也有说转折的,举手表决,各半)

师:是并列还是转折,我们先不急于下结论,等等分析课文时,我们再来联系理解。同学们先看,上下句之间用的是不是分号?

师:再来看看"客逾庖而宴"的"而"是什么意思?

生:表修饰。

师:中心词是"宴",这"宴"不简单,它要越过什么?

生:厨房。

师:好,表修饰。再看"余扃牖而居",注意"牖"的读音和写法,它的意思是什么?

生:窗户

师:对。我们学过了"瓮牖绳枢",是出自《过秦论》,接下来从整句话的意思来分析"而"的意思,先理解"是怎么居"的?

生:关着门窗居住着。

师:对,表方式。好,再看一个词"之",这个词相对容易,我就不提问了

三、把握特点,领会内容

师:解决了字词,接下来,我们来了解这篇课文到底写了什么。

（板书课题：项脊轩）

（幻灯片：作者简介）

师：（提醒）认真看，等等提问

（幻灯片：解题：项脊轩——）

师：同学们想想"项脊"这二字，含有什么意思，要和作者联系起来，作者自号"项脊生"，归有光为什么要自号"项脊生"？

现在，我们一起来品读这篇文章，题为"项脊轩"，请同学们一起把课文中描写有关项脊轩的内容朗读一遍，记住，只读有关项脊轩描写的内容。

（学生齐读课文）

师：你们读的这些内容，有没有多读？我刚刚叫你们都紧扣住项脊轩的内容。我们现在来分析一下，写了项脊轩两个方面的内容，一个是项脊轩的什么特征？

生：小。

师：房子？

生：面貌结构。

师：大小结构，他说这里，这里。同学看借书满架后是不是写轩的？

生：不是。

师：你们刚刚都读了是不是呀？这个地方是写什么呢？知道吗？写人在项脊轩的活动，是本文的另一个内容。是不是这样？你们都读了，前面才是写项脊轩的。

师：如果让你们把前面的内容分成两部分的话，你们看看，应该怎么分呢？如果分两段，这个同学有感觉了？举手，好，那个男孩。

生：到"使不上漏"这里吧。

师："使不上漏"这里，前面是一部分。

生：前面一部分是写项脊轩的外部结构。

师：刚才那个墙，下面有一个墙是不是外部呀？

师：先请坐下，没关系，我看看刚刚这个同学举了一下手。

生：我觉得应该是前后两段时间顺序，项脊轩修复之前和修复之后。

师：修复之前和修复之后，原来那个叫原貌是不是呀？

生：嗯。

师：哎，那我们看，原貌和修葺之后的状态。修葺的葺字怎么写呀？

生：草头。

师：应该是什么？

生：还有一个"口"。

师：中间还有一个"口"字，我写大一点点，加重一下，因为如果没有口字，那个是什么字呀？

生：茸。

师：好，我们现在看看，你这个选得很好，请坐下。现在是修葺前的原貌，原来那种的状态，它是什么样的？换一句话说，有什么特征？原来有什么特征？概括的词语？我们还是要在文章里来说，一个"旧南阁子"，一个"百年老屋"想说明什么？

生:旧,破。

师:旧,百年老屋还有一个很严重的问题是什么呢?

生:漏。

师:它的上面有什么状态?在哪一句话?

生:尘泥渗漏。

师:尘泥渗漏,下雨会怎么样?

生:漏水。

师:用两个词语概括。

生:漏雨。

师:漏雨。因为破旧,好。破旧之外还有什么特征?有一句话。

生:可容一人居。

师:"可容一人居"说明什么?

生:小。

师:还有一个地方非常重要是——既说明小,有说明破旧的在哪吗?

生:下雨的时候"每移案,顾视无可置者"。

师:想换个位置,这里漏雨了,没办法放置,是没办法转换位置,这个叫着什么?

生:狭窄。

师:狭窄,狭小,都可以。项脊轩的第三个——"日过午已昏"什么意思?

生:昏暗。

师:非常的阴暗,好。这些特点是通过什么表现的呢?

师:接下来修葺之后这三方面的问题解决了没有?什么问题没办法解决,但是改善了?什么问题基本解决了?他修葺做了几件事情呀?不上漏,补它的破,旧有没有办法补?

生:没有。

师:"破"补一下,"旧"没办法补,好。开窗户做什么用?

生:采光。

师:采光,所以昏暗的这种状态解决了一些,增亮了,增亮除了窗户之外,还有什么是增亮方法?它的朝向是什么?

生:朝南。

师:朝北的肯定照不到太阳的,冬天肯定照不到,那这个太阳要怎么照呢?他用了一个物理学的原理嘛。

生:反射。

师:反射原理,在北对面砌一道白墙,阳光照到白墙上就怎么样呀?

生:反射。

师:反射回来,在哪里体现?

生:"日影反照"。

师:对啦对啦对啦,增加亮度,亮度一增加,就不会感觉像原来那么狭小呀,感觉上有点变大了,我们说这个感觉不可能实际变大,是不是呀?感觉有点变大,实际上不可能变大。还有一个非常重要的,一句话,有一个同学读出来了"杂植兰桂竹于庭",有什么作用?

生:改善环境。

师:这什么作用?

生:美化。

师:美化,这个同学用的词语"美化",太好啦。这就是项脊轩的样子。

四、把握特点,品味情感

师:再看看这个"志"是什么?"志"是一种文体,和"记"有点不一样,前面看起来是写物,其实是在写人写事。好,我们看看它写了什么人什么事。你们能不能归纳一下共几件事情?第一件事:

生:借书。

师:借书干什么?摆架子吗?

生:摆书架。

师:读书是不是呀?嗯,读书,读书的状态如何?我们用最能表现读书状态的词语来说。你们喜欢哪个词语?

生:啸歌,偃仰

师:好,偃仰啸歌,这一件事情,读书,然后呢,读书之后还有什么呢?课文"万籁有声"说明他在干什么?

生:听万籁之声,融于自然。

师:他除了读书之外,听万籁之声融于自然外,第三件事情,我们看看,还有什么事情呢?

师:然后把窗户推开来看到了什么?

生:小鸟。

师:或者走出门看到了小鸟,小鸟怎么样?

生:啄食。

师:现在看看刚才"万籁有声;而庭阶寂寂"的"而"是转折还是并列?

生:并列。

师:对啊。小鸟啄食应该是说白天看到的,晚上做什么呢?

生:明月半墙。

师:明月半墙。

生:桂影斑驳。

师:桂影斑驳。

生:珊珊可爱。

师:珊珊可爱是吗?那体现夜晚的活动词语呢?

生:桂影斑驳。

师:那就用桂影斑驳吧。好,桂影斑驳是晚上的景色,读书,融于自然是白天的享受。白天夜晚都很享受——课文有一个字概括了主人公的心情,哪个字呀?

生:"喜"。

师:喜字,这喜字,说的已经不是人和事了,是什么?对,是感情了,我们说项脊轩,这里先写轩,然后再写人写事,到写喜——这个地方,其实是写情了,写出了"喜"。"喜"是这篇课文的主要情感吗?

生:不是。

师:主要情感是什么?

生:悲。

师:悲,那么有几个地方写到悲呢?大家概括一下,你们说,我来写好不好?你们说第一个悲,第一件很悲伤的事情——

生:本来是个大家族现在分家了。

师:分家了,他用了一些什么词语来描写分家之后的状态?有没有说分家不好?没有。我叫一个同学读一下这句——怎么描写分家之后那种状态的句子。谁来读?好,就这个女同学,你站起来读一下,你举手了,现在给你一个机会。

(生读课文相关内容)

师:门墙到处都是,太多啦,这是一个细节描写,是不是?那你说还有写了什么?

生:东犬西吠。

师:原来在东边的犬,现在分到西边,跑到西边去叫了。分家之后,人好像感觉到狗叫的声音都不太一样啦,不太融合,有了东西之分啦。还有吗?

生:客愈疱而宴。

师:客愈疱而宴,参加宴会还要穿过厨房,这些事情是很大的事情还是很小的事情?

生:很小的事情。

师:这叫琐事。

师:这是琐事,你用一个词语,用一个课文里的句子来概括,四个字。

生:往往而是。

师:"往往而是"的宾语是什么?对,是"小门墙"。好,小门墙,这个非常有隐喻义的,本来没有墙,是通的,现在有了小门墙,不通了,因为分家了,"小门墙""往往而是"用得太妙了。这是一件事,是悲,但他没有直接说悲,而是通过细节和琐事来说这个悲,来说明这个悲,同学们再看,第二件事情是什么事?

师:我们的同学在认真思考。我们以后在预习的时候,字词要过关,内容能理解多少就理解多少。现在我们看看,谁先说?说一件事情,说不出来没关系,我提问一个,好,那边那个男孩,好像跃跃欲试。

生:母亲死了。

师:这一段没写母亲死了,你从哪儿看出来的呢?

生:先妣。

师:"妣"就是死去的母亲,"先"是失去或死去的亲人,两个词语都能体现母亲死了,那么母亲死去的悲伤从什么地方体现?作者是不是说母亲死得早啊?他18岁写这篇文章,16岁母亲去世,他都没有直接写。

师:那除了这个词语之外,还从哪儿看出悲伤?谁来说说?好,那位。

生:语未毕,余泣,妪亦泣。

师:什么话让他"泣"了?

生:老妪人回忆他母亲在世时候的场景。

师:这是非常亲切的,怎么会哭泣呢?

生:物是人非。

师:是啊,这么亲切的东西都已经过去,不再出现,所以哭泣,因此前面那个同学概括得很准确,慈母早逝。(板书:慈母早逝)还有什么悲的事情呢? 你说。

生:大母。

师:大母是谁啊?

生:祖母。

师:祖母怎么了? 这里有好几句话,又有动作,都属于细节描写,琐事的描写。这些地方重点表现了什么? 最后一句是什么意思? 拿了什么东西给他?

生:象笏。

师:我们知道刚才讲到作者的时候,老师有叫大家看一下,他是什么时候中举的呢?

生:35 岁。

师:那么在写本文的时候中举了吗?

生:没有。

师:他很想中举,但是没有中举。还有谁希望他中举,希望他做官呢?

生:祖母

师:那他辜负了祖母的厚望。(板书:有负祖母)

师:好了,这是第三件事情了。课文后面一段说"轩凡四遭火",也就是说,这里讲项脊轩本身——阁运非常不顺,叫"阁运乖蹇",这就由老师来概括了。(板书:阁运乖蹇)

师:最后还有一件事,写和妻子的关系。五年以后结婚,23 岁结婚,伉俪本该情深的,问题是妻子怎么了? 如今已经阴阳两隔了。(板书:伉俪两隔)

师:现在我们就要问了,这里写了四个喜,五个悲,当然悲更多,整个笼罩着悲伤的情绪。我们说他表现"诸父异爨"的悲情中,有没有说流眼泪什么的?

生:没有。

师:这是一个层次,然后看看,接下去更深的一个层次,他用什么词语来表现悲情呢?

生:泣。

师:第三个层次用什么词语表现悲?

生:长号。

师:长号,而且不自禁,同学们都看得出来。接下去在凡四遭火,又不得焚这个地方,似乎没有哭啊? 当然这是对"轩",重在人而不在轩。而最后对妻子的一个回忆,回忆几件事情啊?

生:两件。

师:有没有表达自己深情的词语?

生:没有。

师:为什么反而没有了,是不是情更浅了呢?

生:不是。

师:情更深了为什么反而没有表达深情的词语呢? 他用什么方式表现?

生:庭有枇杷树,吾妻死之年所手植也,今已亭亭如盖矣。

师:大家一起读一读这句话。

(生齐读)

师:妻子手植的树已经长高了,隐含着人已经走了,天天能看到树,却看不见人。意思是什么呢?睹物思人,天天看到就天天思念,这叫什么手法?

生:衬托。

师:其实,情更深了,层进抒情,我们知道这就是以物抒情,(板书:以物抒情)刚才是细节传情,琐事深情,除此之外,还有整篇文章中,辞浅情深,语淡情浓。(板书:辞浅情深,语淡情浓)

五、揣摩意蕴,总结全文

师:我们再看题目——项脊轩志,为什么用“志”而不用记呢?志是怎么写的呢?(板书:志的篆文)“士”“心”为“志”。“士”是古代读书人,有志向的人的通称,“志”下的“心”,在这里是什么意思呢?包含和心理活动有关系的种种,也包括读书人的理想。我刚才叫同学们注意到的,他为什么自称叫“项脊生”啊?为什么他的命运和项脊轩的命运这么相像啊?为什么我们课文的编者把它选为他那个时期的代表作,放入课本中?

师:其实,我们读的时候,我自己觉得他其实在这个地方,轩即是人。(板书:轩即是人)他是要借轩来写人,借轩来传志。(板书:借轩传志)整篇文章从头到尾,轩是小的,情是长的。(板书:轩小情长)轩就是人啊。

师:项脊轩是一种符号,是一种古代读书人,不得志的“士”这一阶层的人的经历的象征性符号。

师:我们品读全篇,我们知道,作者怎么写这个文章的。怎么写,文无定格。翻开前面的单元提示:“文无定格,贵在鲜活”。老师再说两句,这个单元的四篇课文,《种树郭橐驼传》是一篇寓言传记,孔子的课堂实录一篇,李白的《春夜宴从弟桃花园序》一篇,再加上《项脊轩志》一篇,这四篇文章告诉我们:写文章第一要写出生活气息,第二要传出风神情趣,第三文章不要造作,要有感而发,所以要平易自然,再一个要写得自由洒脱,文体不拘。把感情表现出来,让全文意脉贯通(板书:意脉贯通),脉是看得见的,意是看不见的,意是情志,脉是线索,从头到尾都在写轩,从头到尾都在写志——士人之心。

师:我们可以用这节课品读《项脊轩志》的方法去读以后的文言文,用在《项脊轩志》学到的写法去写文章。

师:这节课就上到这里。谢谢同学们! 谢谢老师们!

# 《直线与圆》复习课例

福建省普通教育教学研究室　陈中峰

一、教学设计

（一）教学内容与内容解析

本节课选自人教 A 版《普通高中课程标准教科书·数学 2》第三章与第四章。

本节课作为一节单元复习课，复习的主要内容为直线的方程与直线与圆的位置关系。

作为单元复习课，不仅要从宏观上把握该单元的核心内容（直线、圆）、掌握单元核心思想（坐标法，即用代数方法解决几何问题），而且要处理微观的复习设计的具体实施（如问题的设置、拓展探究）。

因此，本课题以三个例题为切入口，例 1 立足含待定系数的直线系的研究（如斜率、定点、直线位置、点线距离、取值范围）；例 2 则以方程的形式，立足动直线与定圆的位置关系的研究，从代数角度和几何角度探索定点对直线与圆位置关系的影响；例 3 则以几何图形的形式，再次研究直线与圆的位置关系，凸显利用坐标法研究几何问题的重要思想。

（二）教学目标与目标解析

1. 掌握直线方程、圆的方程、直线与圆的位置判断，体会代数和几何的统一性；

2. 掌握坐标法解决几何问题的方法，学会建立合适的坐标系解决问题；

3. 掌握待定系数的几何意义，并能合理结合几何意义简化问题的解决。

（三）教学问题诊断分析

学生刚学完直线与方程、圆与方程等知识，对直线与圆已具备较为完整的认识，对直线与圆的一些问题的处理已经比较熟练。但对一些综合问题的处理还是难以得心应手，对坐标法应用的理解还缺乏深层次的研究，对直线与圆的方程中待定系数的几何意义及其应用还需进一步的强化。

本课题作为单元复习课,通过 3 个例题及其变式,力求使得学生达到三个感悟与理解,1 个认识:待定系数的几何意义;1 个方法:坐标法处理几何问题;2 个角度:代数角度与几何角度。

(四)教学支持条件分析

考虑到本课题的教学定位是通过 3 个例题及其探究达到单元复习的效果,涉及的题量大,信息多,图形多,因此采用 PPT 辅助教学,增大课堂的容纳量。

(五)教学过程设计

1. 知识网络构建

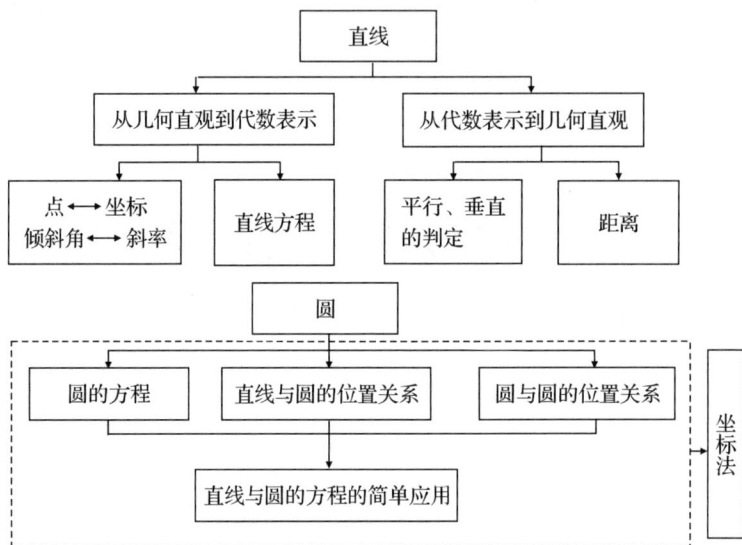

**图 1**

【设计意图】作为单元复习,给出直线与圆的知识结构图,能从宏观上掌握该单元的知识,有利于学生知识网络的建构。

2. 例题讲练

例 1:已知直线 $l$:$(a-1)x-ay-1=0(a\in\mathbf{R})$,求直线 $l$ 的斜率。

解析:直线 $l$ 即为:$ay=(a-1)x-1$;

若 $a\neq0$,则直线 $l$ 的斜率 $k=\dfrac{a-1}{a}=1-\dfrac{1}{a}$;

若 $a=0$,则直线 $l$ 的斜率不存在。

【设计意图】直线的倾斜角和斜率是直线的重要元素,引进待定系数 $a$,不仅考查学生分类讨论的思想,而且考察学生的严密性(如斜率不存在的情形),再有待定系数 $a$ 使得直线的内涵变得丰富(如定点,位置等等)。

变式 1:若直线 $l$ 经过第一、三、四象限,求实数 $a$ 的取值范围。

解析:若 $a=0$,则直线 $l$:$x=-1$,不满足条件;

若 $a\neq0$,则直线 $l$:$y=\dfrac{a-1}{a}x-\dfrac{1}{a}$,则 $\begin{cases} \dfrac{a-1}{a}>0, \\ -\dfrac{1}{a}<0, \end{cases}$ 解得 $a>1$。

【设计意图】直线的斜率以及直线在 $y$ 轴上的截距是刻画直线位置的重要元素。

变式 2：直线 $l$ 是否恒过定点，若有，求出定点 $P$ 的坐标，若没有，请说明理由。

解析：解法一（利用直线束）：$a(x-y)-(x+1)=0$，

联立 $\begin{cases} x-y=0, \\ x+1=0, \end{cases}$ 解得定点 $P(-1,-1)$。

解法二（由特殊到一般）：假设直线 $l$ 恒过定点，令 $a=1$，$a=0$，则 $\begin{cases} -y-1=0, \\ -x-1=0, \end{cases}$ 解

得 $\begin{cases} x=-1, \\ y=-1。 \end{cases}$

把 $(-1,-1)$ 代入 $(a-1)\cdot(-1)-a\cdot(-1)-1=-a+1+a-1=0$，即直线 $l$ 恒过定点 $P(-1,-1)$。

【设计意图】直线恒过定点是待定系数 $a$ 的几何体现之一，处理方法一般有二，解法一凸显方程思想，解法二体现特殊到一般的思想。

变式 3：求原点 $O(0,0)$ 到直线 $l$ 的最大距离。

解析：解法一：原点 $O(0,0)$ 到直线 $l$ 的距离 $d=\dfrac{1}{\sqrt{(a-1)^2+a^2}}=\dfrac{1}{\sqrt{2\left(a-\frac{1}{2}\right)^2+\frac{1}{2}}}$

当 $a=\dfrac{1}{2}$ 时，$d$ 取得最大值，最大值为 $\sqrt{2}$。

解法二：易得直线 $l$ 恒过定点 $P(-1,-1)$，则当 $OP\perp l$ 时，原点 $O(0,0)$ 到直线 $l$ 的距离最大，最大为 $|OP|=\sqrt{2}$。

【设计意图】点到直线的距离是直线的基本考察之一，解法一凸显函数思想（待定系数 $a$ 的函数），解法二立足定点，体现数形结合思想。

变式 4：若 $A(2,2)$，$B(1,-2)$，且线段 $AB$ 与直线 $l$ 始终有交点，求实数 $a$ 的取值范围。

解析：易得直线 $l$ 恒过定点 $P(-1,-1)$，则 $k_{AP}=1$，

$k_{BP}=-\dfrac{1}{2}$。

若线段 $AB$ 与直线 $l$ 始终有交点，则直线 $l$ 的斜率存在，且 $-\dfrac{1}{2}\leqslant k\leqslant 1$，

即 $-\dfrac{1}{2}\leqslant 1-\dfrac{1}{a}\leqslant 1$，所以 $0\leqslant\dfrac{1}{a}\leqslant\dfrac{3}{2}$，解得 $a\geqslant\dfrac{2}{3}$。

【设计意图】本变式紧扣定点，充分体现数与形的结合。

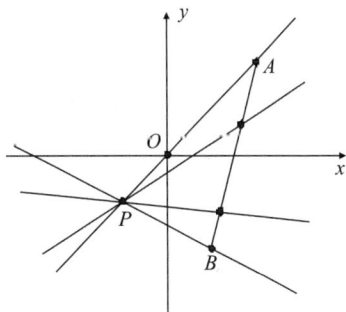

图 2

例 2：已知圆 $C：x^2+y^2-6x-8y+21=0$ 和直线 $l$：$kx-y-4k+3=0$.证明：不论 $k$ 取何值，直线和圆总有两个不同的交点。

解析：思路一：代数角度考虑。

把直线 $l：y=kx-4k+3$ 代入圆方程得 $(1+k^2)x^2-(8k^2+2k+6)x+(16k^2+8k+6)=0$，计算 $\Delta>0$ 即可。

思路二：几何角度考虑。

圆 $C:(x-3)^2+(y-4)^2=2^2$，圆心 $C(3,4)$，半径 $r=4$，则圆心 $C(3,4)$ 到直线的距离 $d=\dfrac{|3k-4-4k+3|}{\sqrt{1+k^2}}=\dfrac{|k+1|}{\sqrt{1+k^2}}$，证明 $d<2$。

思路三：利用待定系数的几何意义。

直线 $l$ 的方程可化为：$y-3=k(x-4)$，得直线过定点 $P(4,3)$，又因定点 $P(4,3)$ 到圆心 $C(3,4)$ 的距离 $|PC|=\sqrt{2}<2$，所以直线和圆总有两个不同的交点。

【设计意图】从三个不同的角度刻画直线与圆的位置关系的判定，方法一体现用代数方法解决几何问题的核心思想，方法二则从几何角度体现直线与圆的位置；方法三则紧扣待定系数的几何意义（定点），充分体现数形结合思想。

【拓展探究 1】给出下列方程，你能得到哪些信息，请写下来。

(1) $(k+2)x+(2k-1)y+5=0$；

(2) $x^2+y^2-4x+2y-r=0$。

解析：

定性：(1) 表示直线；

(2) 原式可化为 $(x-2)^2+(y+1)^2=5+r$，

当 $r>-5$ 时，表示圆；

当 $r=-5$ 时，表示点；

当 $r<-5$ 时，不表示任何图形。

定量：(1) 表示过定点 $A(-2,1)$ 的无数条直线；

(2) 表示圆心为 $Q(2,-1)$ 的无数个圆；

一般化：两个方程都含有 1 个参数，这等价于两个几何图形各有一个条件未确定。

【设计意图】通过探究，让学生透过现象看本质：(1) 方程形式决定几何形状（直线、圆的方程的形式）；(2) 待定的系数内含几何特征（如直线的定点、圆的半径）。

【拓展探究 2】设直线 $m:(k+2)x+(2k-1)y+5=0$，圆 $C:x^2+y^2-4x+2y-15=0$，试判断直线 $m$ 与圆 $C$ 的位置关系。

解析：直线 $m$ 恒过定点 $A(-2,1)$，且 $A(-2,1)$ 在圆 $C:(x-2)^2+(y+1)^2=20$ 上，所以直线 $m$ 与圆 $C$ 相交或相切。

【设计意图】改变定点的位置（例 2 的定点在圆内，本变式的定点在圆上），观察直线与圆位置关系的变化。

例 3：如图 3，已知圆的半径为 $r$，$AQ=m(m>r)$。当 $\alpha(\alpha\neq90°)$ 变化时，请确定直线与圆的位置关系。

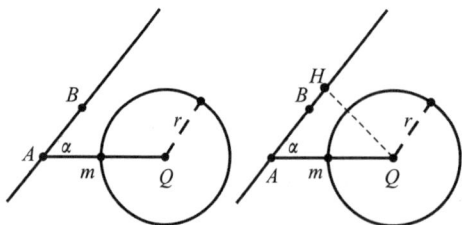
图3

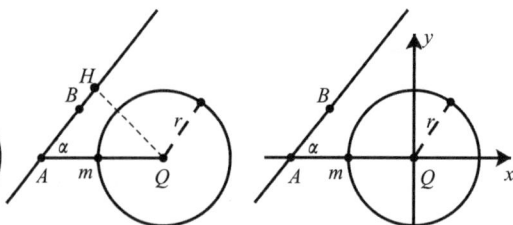
图4

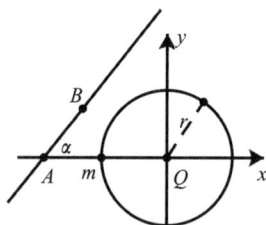
图5

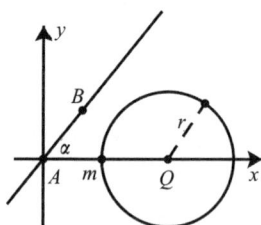
图6

解法 1:几何角度(如图 4)。

作 $QH \perp AB$,垂足为 $H$,则 $QH = m\sin\alpha$。

当 $|\sin\alpha| = \dfrac{r}{m}$ 时,直线 $AB$ 与圆 $Q$ 相切;

当 $|\sin\alpha| > \dfrac{r}{m}$ 时,直线 $AB$ 与圆 $Q$ 相离;

当 $|\sin\alpha| < \dfrac{r}{m}$ 时,直线 $AB$ 与圆 $Q$ 相交。

解法 2:代数角度(如图 5)。

以 $Q$ 为原点,$AQ$ 所在直线为 $x$ 轴,建立直角坐标系,

则圆 $Q:x^2 + y^2 = r^2$,直线 $AB:y = \tan\alpha(x+m)$。

圆心 $Q$ 到直线 $AB$ 的距离 $d = \dfrac{|m\tan\alpha|}{\sqrt{1+\tan^2\alpha}} = m|\sin\alpha|$。

当 $|\sin\alpha| = \dfrac{r}{m}$ 时,直线 $AB$ 与圆 $Q$ 相切;

当 $|\sin\alpha| > \dfrac{r}{m}$ 时,直线 $AB$ 与圆 $Q$ 相离;

当 $|\sin\alpha| < \dfrac{r}{m}$ 时,直线 $AB$ 与圆 $Q$ 相交。

解法 3:代数角度(如图 6)。

以 $A$ 为原点,$AQ$ 所在直线为 $x$ 轴,建立直角坐标系。

设直线 $AB:y = x\tan\alpha$,圆 $Q:(x-m)^2 + y^2 = r^2$。

圆心 $Q$ 到直线 $AB$ 的距离 $d = \dfrac{|m\tan\alpha|}{\sqrt{1+\tan^2\alpha}} = m|\sin\alpha|$。

当 $|\sin\alpha| = \dfrac{r}{m}$ 时,直线 $AB$ 与圆 $Q$ 相切;

当 $|\sin\alpha| > \dfrac{r}{m}$ 时,直线 $AB$ 与圆 $Q$ 相离;

当 $|\sin\alpha| < \dfrac{r}{m}$ 时,直线 $AB$ 与圆 $Q$ 相交。

【设计意图】延续上题的变式,把定点的位置变为圆外,并改变问题的呈现形式(不是给出代数形式,而是给出几何图形),从代数角度和几何角度解决,同时在代数角度的解决中,又体现不同坐标系的建立。

【拓展探究】如图 7(课后研究),

(1)相离时,求圆上点到直线的最小距离;

(2)相交时,求弦长;

(3)相切时,请刻画切点位置.

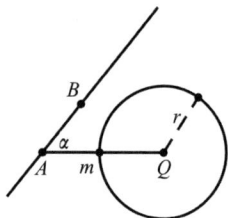
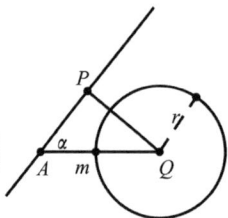
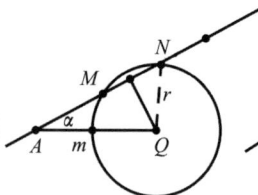
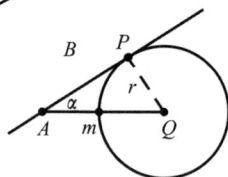

图7　　　　　　图8　　　　　　图9　　　　　　图10

**【设计意图】**以上三个问题是直线与圆的三种常见类型,放在课后,让学生从不同角度进行研究.

3. 课堂小结

(1)请概括你通过习题后的所得、所知。

(2)回顾总结:

①都是直线与圆的位置关系问题;

②都是定圆、定点、动直线问题;

③同一问题两种呈现:一是代数表达,二是几何图形。

(3)反思提升:

1个认识:待定系数能表示几何意义;

1个方法:坐标法处理几何问题;

2个角度:代数角度与几何角度。

4. 课后作业

(1)课本第144页:A7、8;B5、6。

(2)(课后思考题)上述的拓展研究(如图8、9、10)。

二、教学实践心得

高中数学复习课的基本任务是:系统整理,形成网络;查漏补缺,夯实"三基";知识运用,延伸拓展;培养能力,提升素质。因此,如何在复习课(尤其是单元复习课)中既抓基础,搞清知识系统,查漏补缺,又兼顾提高,进行整合是每一位老师在复习时面临的重要课题.实践告诉我们,如果能打破知识条块系统的局限,串点成线,寻找较合适的知识载体,精心选编复习内容,在知识的交汇点、方法的多样性、思维的灵活性、能力的综合训练上思考问题,会大大提高复习的效率。

考虑到本课题是直线与圆的单元复习,待定系数的几何意义与坐标法的应用,以及代数角度和几何角度处理问题是本单元的重点,也是单元复习所应突破的。本课题在问题上的设置上颇费心思,并取得良好的教学效果。

(一)着重突破待定系数的几何意义这一难点

如在例1,以一个较为常见的含待定系数的直线方程为切入口,考察斜率、定点、距离、范围等问题,并在其中渗透分类讨论、数形结合、特殊与一般的思想。

(二)凸显坐标法解决几何问题这一核心思想

解析几何的核心思想是坐标法,即用代数的方法解决几何问题。虽然,从形上,圆具有完美的对称性,从几何角度也可容易地转化问题并解决问题,但仍不可忽视坐标法的应用(这可以类比到圆锥曲线的学习),因此,例2在例1的基础上,以动直线、定圆的形式,加上适当的变式(即改变定点的位置),让学生体会可以从代数和几何两大角度研究问题;例3,使得坐标法的应用更是体现得淋漓尽致。

### 三、专家点评

本节课作为单元复习课的教学,能凸显单元复习教学的基本任务:系统整理,形成网络;查漏补缺,夯实"三基";知识运用,延伸拓展;培养能力,提升素质,能很好地采用重要而有效的复习手段:拓展探究,教学顺畅,体现了授课教师的业务素质,教学效果良好,学生能得到很好的启发与引导。

本节课设计独具匠心,教学过程合理科学,从例题的选取,问题的设置,都围绕着教学目标服务,授课过程自始至终凸显了学生的主体地位,在传授知识的同时,着力于数学思想方法、思维能力和学生自主学习能力的培养,充分体现了学科特点.本节课有如下几个亮点:

(一)体现学科教育价值,落实数学教育的任务

坐标法是解析几何的核心思想,即使圆有着很好的对称性,借助"形"可以使圆的一些问题变得简单漂亮,本课题,在"形"的巧妙解决上,仍注重培养学生思维的多样性,鼓励学生从不同角度解决问题,如"坐标法"的思想贯穿始终,凸显解析几何的核心思想,为以后圆锥曲线的学习做了一个很好的铺垫。

(二)问题展现独具匠心,内涵丰富

本节课能抓住学科教育价值,突出教学重点、突破难点.含待定系数的直线方程(圆的方程)是学习的重点,也是难点:例1充分体现待定系数的几何意义,在自然流畅的变式中把一些常见而又重要的题型——呈现,让人觉得"数学是自然的",同样的,在例2(定点位置的改变)、例3(例2是代数呈现,例3是几何呈现)的自然呈现中又凸显坐标法。

# 基于阅读与思考的数学实验课
## ——初探斐波那契数列的性质

福州第三中学　黄炳锋

### 一、内容和内容解析

本课内容取材于"人教 A 版数学必修 5"的"阅读与思考",并充分借鉴《TI-Nspire CX CAS 图形计算器实验手册》的教学资源,以"信息技术是一种认知工具,是数学的一部分"为理念,设计成一节数学实验课。

"阅读与思考"作为知识性拓展栏目,意在开拓学生视野、激发学习兴趣;而数学实验能突出数学教学与信息技术整合的特点,强化学生的实践活动,促使学生在实验操作中获得对数学知识的深刻理解,并创造性地提出问题、解决问题或发现新的方法。因此,笔者结合"阅读与思考"的知识内容和数学实验课的教学特点,创设趣味的学习情境,设置适切的探究问题,引导学生借助 TI 图形计算器初步探究斐波那契数列的性质,体验数学实验的过程,体会数学思维的教育价值。

### 二、目标和目标解析

本课是在初步了解数列的概念与表示法的基础上,通过数学实验,进一步探究特定数列的简单性质,培养合情推理能力,感受信息技术在解决问题中的作用,同时扩展学生的数学视野,发展学生发现问题、提出问题、解决问题的能力。具体目标是:

1. 能从实际问题中归纳出数列模型,并写出数列的若干项。

2. 探究斐波那契数列的简单性质,经历观察、归纳、抽象等过程,体会从特殊到一般的数学思维方法。

### 三、教学问题诊断分析

本课本质上是实际问题的数学建模和对模型性质的讨论,其中涉及大数字运算,没有信息技术的帮助很难完成,因此本课既有思维难点,也有技术难点。特别是在建立斐波那契数列模型和性质的探究中,需要较多的探究数学问题的经验,对合情推理能力也有较高要求,因此,教师需要在探究思路的引导、信息技术的使用、具体计算结果的观察等方面加强引导。

### 四、教学支持条件分析

数列中,各项的特征是研究数列性质的直观基础,图形计算器在数列的表示法上具有卓越的表现力,同时可以轻松突破大数字运算的技术难点。

本课采用 TI-Nspire CX-C CAS 图形计算器与 TI-Nspire™ Navigator™ 无线导航系统,

构建个性化探究学习过程,引导学生探索斐波那契数列的单调性、整除性、求和等,指导学生借助图形计算器进行观察、猜想、验证,培养学生的合情推理能力,并在直观感知中渗透思维的严谨性和深刻性,体会利用图形计算器研究数学问题的方法。

五、教学过程设计

1. 即时调查,创设趣味情境

问题:随便写下两个正整数作为数列$\{a_n\}$的前两项,从第三项起,每一项都等于前两项的和,把你构造的数列的第 20 项发送给老师,由此我可能猜出你开始时写下的两个数。

追问:(1)你估计我能猜中的关键是源于问题中的什么条件?

(2)你是否还见过用这种方式构造的数列?

实践与意图:学生用 TI 图形计算器构造数列$\{a_n\}$,然后将$a_{20}$发送给教师(借助 TI 无线导航系统收集)。教师利用自编的函数,分析学生发送的数字,得出$a_1,a_2$。因为所得结果基本正确,所以学生感到非常惊奇。猜数字游戏之所以神奇,是因为要猜出(求解)数列的两个项,一般需要两个独立条件,也就是需要两个等量关系式,可教师只要学生提供一个条件就够了,由此能有效地激起学生的好奇心。在此基础上,教师采用追问的形式,提醒学生关注构成数列的项的特殊性,也就是教师能猜中前两项的关键应该是源于从第三项起,每一项都等于前两项的和的构造数列的方法。在此基础上再引出斐波那契的兔子繁殖问题。

2. 引入课程,展开实际问题

问题:如果一对兔子每月能生出 1 对小兔子(一雄一雌),而每 1 对小兔子在它出生后的第三个月里,又能生 1 对小兔子。假定在不发生死亡的情况下,由 1 对初生的小兔子开始,20 个月后会有多少对兔子?

追问:(1)你能写出从第 1 个月开始,每个月的兔子总对数吗?

(2)兔子总数(对)与初生兔子数(对)和成熟兔子数(对)有什么关系?每个月成熟兔子数(对)与前一个月的兔子数(对)又有什么关系?

实践与意图:在学生充分思考后,教师借助图 1 和表 1,追问、启发学生理解题意并分析数列的项的构成,建立实际问题的数列模型:

$$F_1=F_2=1, F_n=F_{n-1}+F_{n-2}, n\geq 3, n \in \mathbf{N}^*.$$

表1

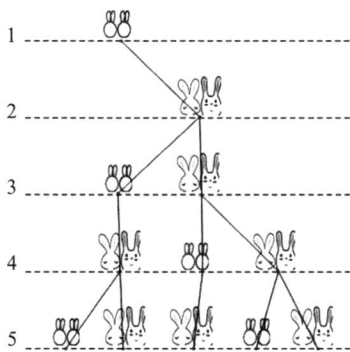

图 1

| 时间(月) | 初生兔子(对) | 成熟兔子(对) | 兔子总对数 |
|---|---|---|---|
| 1 | 1 | 0 | 1 |
| 2 | 0 | 1 | 1 |
| 3 | 1 | 1 | 2 |
| 4 | 1 | 2 | 3 |
| 5 | 2 | 3 | 5 |
| 6 | 3 | 5 | 8 |
| 7 | 5 | 8 | 13 |
| 8 | 6 | 13 | 21 |

从兔子繁殖问题中抽象出斐波那契数列模型是教学的难点,图示与表格的引入是为了加深题意理解,突破教学难点。

3. 实验操作,感受数列增长

问题1:计算第50个月的兔子对数。

**实践与意图:**学生借助 $TI$ 图形计算器,通过多种方法计算求得 $F_{50} = 12\ 586\ 269\ 025$,初步感受数列各项数值的增长水平。

问题2:你能分析斐波那契数列的增长速度吗?

**实践与意图:**学生借助 $TI$ 图形计算器,绘制列表生成的斐波那契数列的图像,通过与指数函数(或等比数列)的图像比较,分析斐波那契数列的增长速度,初步感受数列的数值特点。

4. 指导阅读,开拓教学视野

问题:阅读课本,从中你受到什么启发?

**实践与意图:**学生阅读课本指定段落文字,教师指导数学阅读,并适时插入演示幻灯片和视频,解读知识间的关联,指导学生关注斐波那契数列的定义,项的构成以及斐波那契数与自然界的巧合,指出斐波那契数列就像黄金分割一样流行,有许多优美而有趣的性质,可是很多人视而不见,并没有深入理解和研究,从而激起学生探究的热情。

5. 技术介入,初探数列性质

问题:借助 $TI$ 手持技术探究斐波那契数列的性质,把你的发现说出来或用无线导航系统发送给我,即使你现在还不能证明它。

**追问:**(1)探究数列的性质可以从哪些角度入手?

(2)从数列的有限项获得的一般结论是否一定可靠?

**实践与意图:**教师指导学生在 $TI$ 手持技术支持下进行合情推理,提出有意义的猜想。提出猜想后,需要通过演绎推理的方法来证明猜想的正确性或通过反例否定猜想,验证猜想的过程实际上是培养学生求实的学习态度和严谨的逻辑推理能力的过程,这是数学实验不可或缺的环节,也是获得正确结论的关键步骤。

教学中,为了更好地发挥学生的自主性,教师应注意启发与等待、纠正与肯定的时机,让每个有想法的学生都充分表达并转化为数学关系式,并大致做出正确性判断,培养学生的探究能力。

预计学生通过探究和教师引导可以得到以下性质:

①单调性:从第2项起,单调递增。

②整除性:$2 \mid F_{3n}, 3 \mid F_{4n}, 5 \mid F_{5n} \cdots\cdots, n \in \mathbf{N}^*$。

③平方与前后项的乘积:连续三项斐波那契数 $F_{n-1}, F_n, F_{n+1}$ 的首末两项之积与中间项平方之差为 $\pm 1$,确切地说,$F_{n+1}F_{n-1} - F_n^2 = (-1)^{n+1}, n \in \mathbf{N}^*, n \geqslant 2$。

④ $\lim\limits_{n \to +\infty} \dfrac{F_n}{F_{n+1}} = \dfrac{-1+\sqrt{5}}{2} \approx 0.618, \cdots\cdots$

6. 解密游戏,回归理性思维

问题:现在你知道本课开头老师能猜中数字的奥秘了吧?

本质上就是:数列 $\{a_n\}$ 满足 $a_1 = x, a_2 = y, a_n = a_{n-1} + a_{n-2}, n \geqslant 3, n \in \mathbf{N}^*$。试用 $F_n$ 表

示 $a_n$(注:$F_n$ 为斐波那契数)。

追问:(1)表达式 $a_n = F_{n-2}x + F_{n-1}y$ 将数列 $\{a_n\}$ 与 $\{F_n\}$ 建立起联系,斐波那契数列的哪些性质在数列 $\{a_n\}$ 中得到延续?

(2)根据 $\lim\limits_{n\to+\infty}\dfrac{a_n}{a_{n+1}} = \dfrac{-1+\sqrt{5}}{2} \approx 0.618$ 以及提供的 $a_{20}$,如何猜测数列 $\{a_n\}$ 的前 2 项?

**实践与意图:**教师进一步启发学生得到表达式 $a_n = F_{n-2}x + F_{n-1}y$,并用较为严谨的方法解密猜数字游戏,高层次的知识要求能激发学生继续阅读,并维持探究的热情。在追问中,教师指出数列 $\{a_n\}$ 是仿照斐波那契数列构造的,不论初始的两项是什么,随着项数的增大,前一项与后一项的比值都趋于 $\dfrac{-1+\sqrt{5}}{2} \approx 0.618$。因此,根据第 20 项的数字,就可以猜测第 19 项是 $\mathrm{int}(a_{20}\times\dfrac{-1+\sqrt{5}}{2})$,从而利用图 2 所示的算法程序可以求得 $a_1, a_2$。同时教师也指出这种方法有一定风险,当猜测的第 19 项与实际不相同时,就会出错(注:此时,猜出的第 19 项往往比实际的小 1,所以出错时对算法程序稍作调整,就基本能猜中 $a_1, a_2$ 了)。

```
Request "输入第 20 个数",n
m:=int(n*(1+√5)/2)
For i,1,19
s:=m-n
m:=n
n:=s
EndFor
Disp "第 1 个数是",s
Disp "第 2 个数是",m
```

**图 2**

7. 归纳小结,迁移研究方法

问题:请你小结今天所学内容,并说说今天的学习给你什么启示?

追问:(1)研究数列性质时,我们主要研究什么?你是怎样研究数列的性质的?

(2)这节课,我们借助 TI 图形计算器,提出猜测、进行验证。深入的学习还要求严格证明,这种研究数列性质的方法,给了你什么启示?你认为图形计算器在研究问题中可以起到哪些作用?

**实践与意图:**要求学生将学习过程中的启示用无线导航系统发送给教师,教师从中选择若干信息,指导学生总结斐波那契数列性质的研究内容、方法和基本思路,指导学生认识计算器在研究中的作用,并将研究方法迁移到其他问题中。

六、目标检测设计

(1)有一段楼梯有 10 级台阶,规定每一步只能跨一级或两级,要登上第 10 级台阶有几种不同的走法?

**意图:**检测将实际问题转化为数列模型解决,迁移本课的研究思路和方法。

(2)现有长为 144 cm 的铁丝,要截成 $n$ 小段($n>2$),每段的长度不小于 1 cm,如果其中任意三小段都不能拼成三角形,则 $n$ 的最大值为多少?

**意图**:根据三角形的三边关系定理和斐波那契数列的联系,建立数列模型解决实际问题,迁移本课的研究思路和方法。

(3)借助 TI 手持技术,探究斐波那契数列的性质,把你的发现写成数学小论文。

**意图**:布置用较长时间完成的探究作业作为校本课程的延续,同时展示往届学生对斐波那契数列性质的探究成果(比如在 2009 年 3 月,笔者的一位高一学生在《数学通报》上发表论文《斐波那契数列的一些有趣性质》),树立学习榜样,激发深入探究的热情。

## 七、教学设计的说明

本课教学设计突出手持技术的优势,并从以下三个角度体现"指尖数学"的教学主张。

### 1. 动手操作就是探究

教学设计中,教师给学生提供了大量的动手操作的机会:教学开始时的猜数游戏,让学生从生成数列的操作中体验手持技术便捷的计算功能,感受数据的变化,为后续研究铺垫;探究数列性质时,教学设计为技术介入更是留足了时间,这样学生就能通过观察、比较、归纳和验证中提出自己发现的结论,也能凭借以往的学习经验思考结论的价值与意义,这就是探究过程,就如苏霍姆林斯基所说的"儿童的智慧在他的手指尖上",学生的动手操作养成了"聪敏的、好钻研的智慧"。

### 2. 数学实验产生灵感

数学实验的目的是获得结论并产生灵感,TI 手持技术的"多元关联"能实现这一目的。"多元关联"是重要的设计理念,其一,可以将一个数学概念,比如通过列表与电子表格生成的数列,可以用列表、图像等形式表示,借助多元关联,可以动态观察研究对象的同步变化,获得相应结论;其二,同一个问题中的数据是"动态关联"的,可以从多角度开发和利用它们,比如数列的第 1、2 项发生变化时,根据原有规则定义的整个数列随之改变,但数列固有的性质保留下来了,因此,多元关联能从"普遍联系"的角度,为探究数列的性质提供创新的灵感。

### 3. 问题导思促进理解

课堂中的教学活动,并非学生随意所为,而是教师主导的行为,因此教学强调"问题意识"与"问题设计意识",并通过"实践与意图"解析过程,通过"问题—追问—概括"引导教学,促进师生对数学的理解。

# 《数学期望与风险型决策》课例

福建师范大学附属中学　江　泽

## 一、教学目标

### 1. 知识与技能

通过问题的解决,加深对数学期望概念的理解,自觉运用数学期望这一量化指标解决相关的风险型决策问题,并建构解决一般性风险型决策问题的基本方法步骤。

### 2. 过程与方法

学会运用树状图即"决策树"提取、加工、处理信息的方法,在不同方案中不同状态发生的概率。在相同条件下,感悟运用矩阵乘法求数学期望的简捷性。

### 3. 情感态度价值观

"数学是有用的"——风险型决策问题的解决。

"数学是自然的"——数学期望概念、"决策树方法"。

"数学是清楚的"——用量化指标说理。

"学数学能提高能力"——分析、判断、决策能力。

## 二、教学过程

**案例 1**　某位农民打算种植某种蔬菜,可选择的种植量有 3 种:大量、适量、少量。他应当如何决策呢? 首先,应当做市场预测。根据收集到的市场信息可知,未来市场出现好、中、差 3 种情况的概率分别为 0.3,0.5,0.2。之后,这位农民根据过去的经验,得到一个收入表(单位:千元)。

表 1

| 种植量 ＼ 市场情况 收入 | 好 | 中 | 差 |
|---|---|---|---|
| 大量 | 12 | 5 | −4 |
| 适量 | 8 | 6 | −1 |
| 少量 | 3 | 3 | 2 |

**伴随问题**:执行行动方案 $d_1$(种植大量),一定能获得最大收益吗?

| $X_1$ | 12 | 5 | -4 |
|---|---|---|---|
| $P$ | 0.3 | 0.5 | 0.2 |

$$E(X_1)=12 \times 0.3+5 \times 0.5+(-4) \times 0.2$$
$$=3.6+2.5-0.8$$
$$=5.3$$

| $X_2$ | 8 | 6 | -1 |
|---|---|---|---|
| $P$ | 0.3 | 0.5 | 0.2 |

$$E(X_2)=8 \times 0.3+6 \times 0.5+(-1) \times 0.2$$
$$=5.2$$

| $X_3$ | 3 | 3 | 2 |
|---|---|---|---|
| $P$ | 0.3 | 0.5 | 0.2 |

$$E(X_3)=3 \times 0.3+3 \times 0.5+2 \times 0.2$$
$$=2.8$$

由 $E(X_1)>E(X_2)>E(X_3)$ 知，这位农民应选择种植大量蔬菜比较合理。

图 1

案例1的决策树方法：

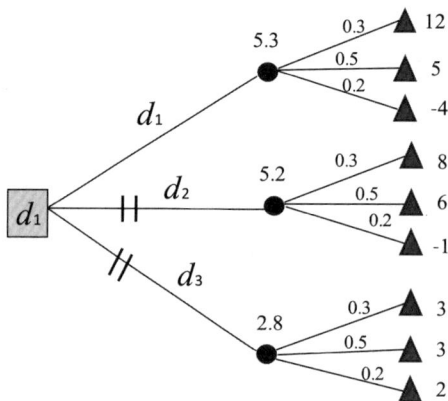

图 2

**设计意图**：通过案例1问题的解决，使学生领悟到运用"树状图"提取、加工、处理信息的方法是自然的、有效的，用矩阵乘法解决期望计算问题是很简捷的、快速的；在问题解决过程中，初步体会完成决策问题的基本方法步骤。

**练习1**（选修2～3，课本P63例3）根据气象预报，某地区近期有小洪水的概率为0.25，有大洪水的概率为0.01。该地区某工地有一台大型设备，遇到大洪水时要损失6万元，遇到小洪水时要损失1万元。为保护设备，有以下三种方案：

方案1：运走设备，搬运费为3800元。

方案2：建保护围墙，建设费为2000元，但围墙只能防小洪水。

方案3：不采取措施。

试比较哪一种方案好（要求：用"树状图"分析，用矩阵乘法求数学期望完成问题的解答）。

**案例2** 某工厂打算投资生产一种新产品。现有两种生产方式可供选择：购买新设备或改造原有设备。购买新设备需要花费600万元。改造原有设备首先需要花费购置配件等费用150万元；其次，对原有设备进行改造又有两种备选方案：聘请外厂专家改造或由本厂技术人员改造。若聘请外厂专家改造,需要另外支付聘金 100 万元,改造成功率为 80%;若由本厂技术人员改造,需要另外支付劳务费 50 万元,改造成功率为 70%;若改造失败,除以上费用外还将给工厂造成 100 万元的损失。

这种新产品成功投产,该工厂将盈利 1000 万元。如果你是这家工厂的决策者,你会选择哪种生产方式?

**设计意图:**通过探究、问题解决,归纳出"风险型决策问题"解决的四大基本步骤。

(1)确立问题的决策目标(收益最大或损失最小)。

(2)寻找所有行动方案。

(3)计算每种方案的平均损益值。

(4)依决策目标选择最优决策。

**案例 3**　A、B 两个厂家均有生产某种商品。已知 A 厂家生产该产品的废品率是 1%,商品单价为 120 元;B 厂家的废品率是 3%,商品单价为 60 元。问:购买时,你会选择哪家的商品?

**设计意图:**本题决策目标较隐蔽,损益值的定义具有开放性,通过问题的解决,加深对解决"风险型决策问题"的基本方法步骤的理解,加深对最优方案"合理性"的理解.

三、课堂小结

1."决策树"的基本模式。

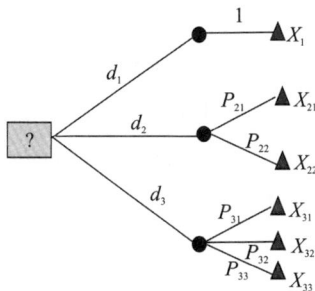

**图 3**

2. 当各种行动方案的数学期望相同时,还应进一步考察其他统计指标再做决策,如它们的方差大小。

四、课后作业

1. 一个投资 100 万元的零售企业,其发生火灾的概率为 0.1%。若发生火灾,该企业将蒙受 100 万元的损失;若购买保险,可以弥补所有的损失,但需要缴纳 1 000 元的保险费。如果你是企业的决策者,你会选择购买保险还是不购买保险?

2.(2012 年高考新课标·理 18 改编)某花店每天以每枝 5 元的价格从农场购进若干枝玫瑰花,然后以每枝 10 元的价格出售,如果当天卖不完,剩下的玫瑰花作垃圾处理。花店记录了 100 天玫瑰花的日需求量(单位:枝),整理得下表:

**表 2**

| 日需求量 $n$ | 14 | 15 | 16 | 17 | 18 | 19 | 20 |
|---|---|---|---|---|---|---|---|
| 频数 | 10 | 20 | 16 | 16 | 15 | 13 | 10 |

以 100 天记录的各需求量的频率作为各需求量发生的概率。问:花店应如何进货?

五、设计说明

从传统的解题教学到"问题解决"教学的提出,既是社会发展的需要,也是数学教学观演变的结果。信息社会要求学生学会生存、学会创新、学会合作、学会适应,因此,数学教育应立足于提高学生的素质,特别是数学素养的提升。与传统的解题教学相比,"问题解决"教学一般按照"问题情境、建立模型、解释、应用、拓展"的思维模式进行,这更有利于开展探索与合作交流,培养学生的综合实践能力,这正体现了素质教育时代数学教育的素质目标。同时,我们也要看到,传统的解题教学对于学生巩固基础知识、掌握基本的解题能力是不可或缺的。有经验表明,"问题解决"教学是培养学生创新精神、创新意识的重要渠道,传统的解题教学正是"问题解决"教学不可逾越的基础。因此,我们不应该把"问题解决"教学与传统的解题教学对立化,应该把"问题解决"教学看作是解题教学内涵的丰富与发展,是时代对解题教学赋予的新的意蕴,是对传统的解题教学的补充和提升,更是素质教育背景下加快解题教学发展的有效途径。

在理科数学选修 2~3 中,数学期望的教学侧重于概念与计算。为了加深对数学期望概念的理解、培养收集处理信息数据、发现和提出问题、合情推理以及估计意识、应用意识、运筹和优化意识、创新意识等各种能力,在整合课标与教材内容的基础上,确定教学内容《数学期望与风险型决策》这一课题,以期实现知识、方法、能力三者和谐统一,提高学生分析问题、解决问题的能力。

# "矩形——矩形的判定"课例

厦门第一中学　李　为

## 一、总体分析概述

本节课是义务教育课程标准实验教科书《数学》（人教版）八年级下册第19章"四边形"第二单元"19.2 特殊的平行四边形"的内容，是在学生对平行四边形的性质和判定方法学习与探究的基础上，对学生比较熟悉的矩形直接给出定义，在肯定矩形是平行四边形的前提下，按照概念、性质、判定的顺序，类比前面的学习方式的探究与思考。

矩形的判定是学习菱形、正方形性质与判定的基础。教学中，要充分借助"活动平行四边形"教具演示，抓住平行四边形和矩形之间的联系与区别，强调用定义是最重要和最基本的判定方法，选择相应的练习进行巩固。其他两种判定方法，要先结合学生画矩形和测量门窗等背景经验加深印象，从猜想、提炼背景经验中所包含的矩形判定条件，用图形、文字及符号语言表述，再与矩形性质定理的逆命题对照，学会用数学思考的方式探究并证明矩形的判定定理，了解判定定理与定义、定理与定理之间的逻辑关系，深刻理解平行四边形与矩形之间的关系。

通过本节课的学习，逐步训练能从复杂图形分解出基本的图形，学会"三角形"与"平行四边形、矩形"之间的转化，从一般到特殊的分析方法。

## 二、教学目标设计

1. 知识与技能

(1)借助"活动平行四边形"教具演示，理解矩形的定义是最重要和最基本的判定方法，抓住平行四边形和矩形之间的联系与区别。

(2)结合画矩形和测量门窗等背景，提炼背景中所包含的判定矩形的条件，能用图形、文字及符号语言表述定理。通过定理证明，了解判定定理与定义、定理与定理之间的逻辑关系。

2. 过程与方法

(1)学会通过类比平行四边形的探究方法，以画矩形及测量门窗为背景，从观察中提炼归纳矩形的判定的条件，与矩形性质定理的逆命题对照，学会数学思考方式.探究并证明矩形的判定定理。

(2)能够从复杂图形中分解出简单的、基本的图形，能有条理地用书面语言表达。

(3)使学生掌握证明与举反例是判断一个数学命题是否成立的基本方法，会举反例说明对角线相等的四边形不是矩形，培养学生的逻辑推理和演绎能力。

3. 情感态度与价值观

(1)围绕问题探究矩形的判定方法,养成主动探索、质疑和独立思考的习惯。

(2)欣赏希腊雅典巴特农神殿——黄金矩形,感受数学之美。

(3)在师生、生生的交流活动中,学会合作、倾听、欣赏、感悟及反思。

4. 教学重点

矩形的判定方法及运用。

5. 教学难点

矩形的判定定理条件的寻找及判定方法的选择。

### 三、学习者特征分析

学生已学了三角形的知识,但是,怎样运用到四边形的学习还是很陌生。从画矩形和测量门窗背景中提炼矩形的判定条件,可以加深印象,更容易理解定理本身,对学生来说是数学素养的提升,还是非常难的。教学中,要注重图形的直观性,能够帮助学生从复杂图形中分解出基本图形。在学习平行四边形的基础上,进一步有条理地用书面语言表达逻辑推理论证,要多花时间让学生画图观察猜想。八年级的数学学习是较容易出现两极分化的阶段,特别是四边形一章的学习,教学中要特别注意练习难度,适当变式。根据学生生活中的常识及熟悉的生活经验,研究判定方法要注重运用它解决实际问题。

另外,平行四边形与各特殊的平行四边形的概念之间重叠交错,容易混淆。三个判定方法与性质定理结构上的不同,性质有多个结论,可以只用其中几个,判定定理若有多个条件,则缺一不可。这是学生容易思维混乱的地方。

### 四、教学策略选择

从画图和测量问题的实际背景出发,通过观察发现,引导学生如何将实际问题转化为数学问题;创设合作学习情境策略,设置问题让学生探究思考;"把学生学习知识当作认识事物的过程来进行教学",根据八年级学生的认知结构和心理特征,本节课的教学主要采用让学生观察、画图及生活实践中发现、自主探究和问题反思相结合策略。

采用情景创设策略,欣赏希腊雅典巴特农神殿(黄金矩形),激发学生的学习兴趣。采用实物投影辅助,展示学生画图及课堂练习,分析和矫正错误,设计几个关键问题,让学生思考探究,突破本节课的难点。

根据新课标要求"培养可持续发展的学生",教师有组织、有目的、有针对性地引导学生,根据问题画图、观察,培养学生"动手"、"动脑"、"动口"的习惯和能力。

### 五、教学资源与工具设计

教师准备:PPT、实物投影仪、课堂练习卷、校本作业(40)(课后作业)。

学生准备:三角板等画图工具。

## 六、教学过程设计

表1

| 环节 | 问题与情境 | 师生行为 | 设计意图 |
|---|---|---|---|
| 提出问题 创设情境 | 【问题1】观察"活动平行四边形"教具，演示过程中平行四边形发生了什么变化？<br><br>追问：它还是平行四边形吗？如何判定它是矩形？<br><br>【问题2】能用三角板的直角画一个矩形吗？<br>追问：如何判定它是矩形？<br>【问题3】如图，工人师傅为确保窗户是矩形，他先用卷尺测量两组对边相等，这说明了什么？接着再测量窗户的两条对角线一样长度，就说它是矩形，你能判定它是矩形吗？ | 让学生欣赏希腊雅典巴特农神殿（黄金矩形）<br>学生：平行四边形的两组边没有改变，但两组对角改变了<br><br>教师借助教具演示，明确用定义判定是矩形，前提条件是平行四边形<br><br>学生：画图操作<br>学生问：矩形的两组对边多长要多长呢？<br>教师：多长都可以<br>学生：两组对边相等，说明窗户是平行四边形<br>学生：只要证明窗户有一个直角<br>学生：按条件画草图，并根据猜想验证能否得到矩形？<br>教师：判定的条件是什么？ | 陶冶并激发兴趣<br><br>对平行四边形与矩形之间的联系与区别深刻理解.<br><br>画矩形，找判定矩形的条件。<br>贴近学生生活与直觉，实际背景提炼矩形的判定的条件，暴露的问题。研究判定方法要注重解决实际问题。 |
| 共同探究 形成新知 | 【活动1】用图形、文字及符号语言表述矩形的定义及判定，师生共同推理论证判定定理1、2。归纳三种矩形的判定方法有三种<br><br>【活动2】学生思考：三种判定方法的条件分别有几个？它们的条件有什么区别？<br>1. 定义：有一个角是直角的平行四边形是矩形<br>       ②           ①<br>因为在 $\square ABCD$ 中，$\angle A = 90°$<br>所以 $\square ABCD$ 是矩形<br>2. 判定1：有三个角是直角的四边形是矩形<br>       ①         ?<br>因为在四边形 $ABCD$ 中，$\angle A = \angle B = \angle C = 90°$<br>所以四边形 $ABCD$ 是矩形 | 与矩形性质定理的逆命题对照，举反例，先文字语言叙述，再共同推理论证，总结归纳。（板书三个判定方法——定义与判定定理1、2）<br><br><br><br>（图：矩形 $ABCD$，对角线交于 $O$，顶点 $A$、$D$ 在上，$B$、$C$ 在下） | 学会用数学思考的方式，通过探究并证明矩形的判定定理1、2<br><br><br>了解判定定理与定义、定理与定理之间的逻辑关系<br>判定条件用①②在文字语言下方标注为什么？更好辨析条件 |

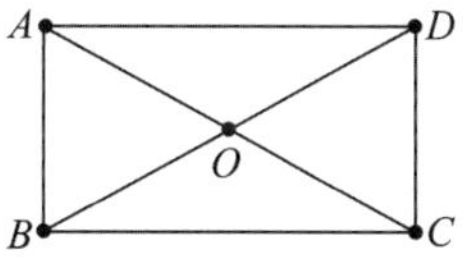

续表

| 环节 | 问题与情境 | 师生行为 | 设计意图 |
|---|---|---|---|
| 共同探究<br><br>形成新知 | 3. 判定 2:对角线相等的平行四边形是矩形<br>②　　　　　①<br>因为在 □ABCD 中,AC=BD<br>所以 □ABCD 是矩形<br>例 1. 如图,四边形 ABCD 中,AB⊥BC,<br>AD∥BC,AD=BC.<br>求证:四边形 ABCD<br>是矩形. 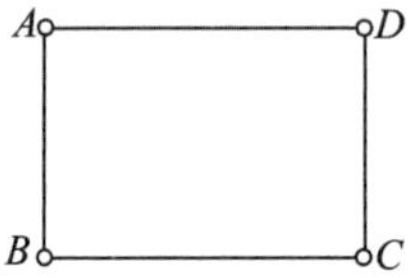<br><br>例 2. 如图,□ABCD 中,∠OBC=∠OCB.<br>此时四边形 ABCD 是<br>矩形吗? 为什么? 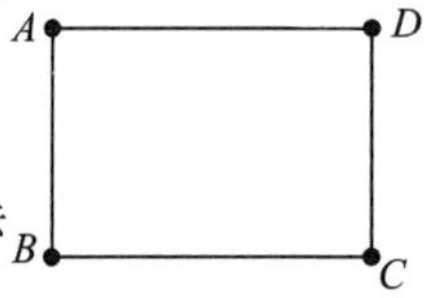<br><br>追问:用哪个判定方法<br>证明? | 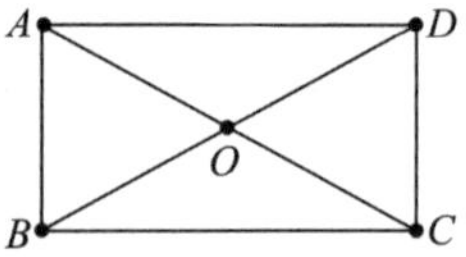 （板书判定 2 推理过程）<br>（背诵判定方法 1、2、3）<br><br><br><br>教师板书规范要求 | 让学生清楚四边形、平行四边形、矩形之间的从属关系<br><br>四边形—两组对边分别平行—平行四边形—有一个角是直角—矩形<br><br><br>"题中有问题"<br>注意证明方法的恰当选择 |
| 学以致用<br><br>巩固新知 | 【活动 3】看图、审题、搬条件,思考用哪个判定?<br>练习 1. 如图,在 □ABCD 中,AB=6,BC=8,AC=10<br>求证四边形 ABCD 是矩形 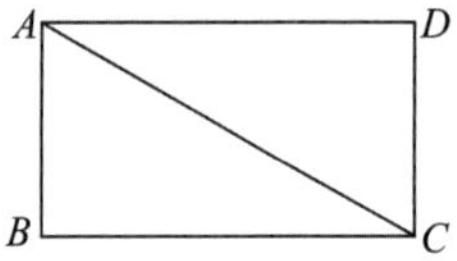<br><br>练习 2. 如图,四边形 ABCD 中,∠B=∠D=90°,AB=CD<br>求证:四边形 ABCD 是矩形 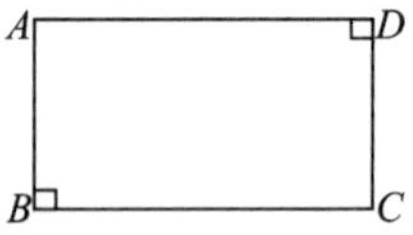<br><br>【问题 4】练习 1 与练习 2 证明有什么不同吗?<br>练习 3. 如图,□ABCD 的对角线 AC、BD 交于 O,AB=4 cm,且 △AOB 是等边三角形,<br>求 □ABCD 的面积 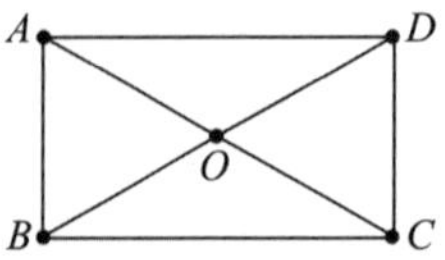 | （先判断、再找条件）<br>由定义,已知 □ABCD,只要算出有一个直角.<br>（学生独立做）<br><br><br><br>已知有直角,用定义只要证四边形是平行四边形（连接对角线 AC）<br>应用判定 2,只要证明 AC=BD 即可<br><br><br>（练习 1、2 先做,总结后再做练习 3）<br><br>判定矩形是计算的关键,有难度 | 通过计算证明<br><br>练习 1、2 都用定义,但要注意找出其中的区别,总结方法<br><br>练习 2 转化为证平行四边形问题<br><br><br><br>考查的知识点多,证明与计算结合 |

续表

| 环节 | 问题与情境 | 师生行为 | 设计意图 |
|---|---|---|---|
| 变式训练 反思提高 | 【活动 4】<br>**练习** 4. 判断下列命题是否正确(正确打"√",不正确打"×")<br>(1)有一个角是直角的四边形是矩形(　　)<br>(2)对角线相等的四边形是矩形　(　　)<br>(3)对角线互相平分且相等的四边形是矩形(　　)<br>(4)四个角都相等的四边形是矩形(　　)<br>(5)对角线相等且互相垂直的四边形是矩形(　　)<br><br>**练习** 5. 如图,点 $C$、$A$、$D$ 在同一直线上,$AE$、$AF$ 分别是 $\angle BAC$ 与 $\angle BAD$ 的角平分线,$BE\perp AE$,$BF\perp AF$,垂足分别为点 $E$、$F$<br>求证:四边形 $AEBF$ 是矩形 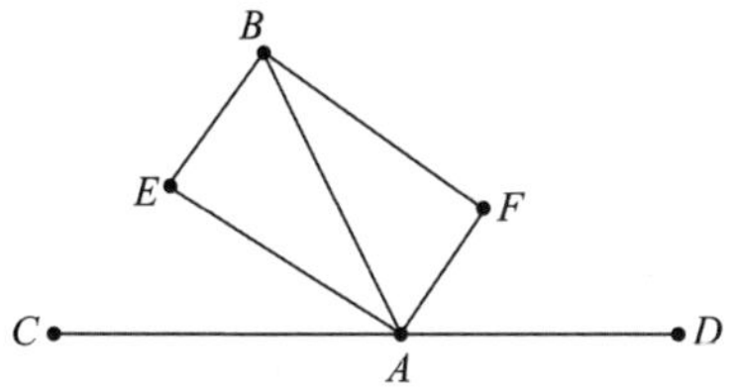<br><br> | 错误的命题学画反例图<br><br><br><br><br><br><br>此题可变式,分层训练 | 辨析巩固判定方法 1、2、3 |
| 归纳总结 | 【问题 5】谁能再描述老师在上课时所举的引入判定方法的三个例子? 三个判定方法的条件有什么不同? | 教师引导学生归纳本节课的知识要点,教师帮助梳理、概括,揭示蕴涵的数学思想方法 | 善于总结反思,养成良好的习惯 |
| 布置作业 | 校本作业 40 中必做题 1～9,选作题 10 | 注意作业分层 | |
| 板书设计 | 19.2.1 矩形的判定<br>1. **定义**　　　　已知:四边形 $ABCD$,$AB\perp BC$,<br>　　　　　　　　　$AD\parallel BC$,$AD=BC$<br>　　　　　　　　　求证:四边形 $ABCD$ 是矩形<br>　　　　　　　　　证明:<br>2. **判定** 1　　画图<br><br><br><br>3. **判定** 2 | 练习: | 反例画图 |

七、教学设计点评

本节教学突出了课堂问题设计,课堂教学围绕课堂问题设计是我的优雅数学教学主张的核心。每节课只要设计几个"好问题",学生围绕问题更有针对性地思考和探究,发现问题的本质.这是我2013年厦门市组织的新手教师与熟手教师的同课异构课时我的教学课例设计,设计有几个突出特点。

1. 设计了两个发现式问题和一个情景式问题,探究矩形的三个判定方法的条件。

(1)观察"活动平行四边形"教具演示,平行四边形发生了什么变化?

(2)能用三角板的直角画一个矩形吗?

(3)工人师傅为确保窗户是矩形,他先用卷尺测量两组对边相等,接着再测量窗户的两条对角线长度也相等,就说它是矩形。你能判定它是矩形吗?

问题设计选择了观察"活动平行四边形"、只用三角板的直角画矩形、测量门窗的生活经验。前两个问题入手浅,问题的设计从观察教具中发现、从画图过程中寻找,后一个问题从生活情境中分析,突出了几何直观的作用。问题设计更从突出学生主体参与,让学生在独立思考中发现一类问题的本质和规律,起点要求低、入手浅,每个学生都能独立参与。

2. 矩形的三个判定方法学习的顺序调整与课本中不同,设计问题由浅入深、分层递进。在判定方法1和判定方法3的平行四边形条件的文字下标注①,把另外的条件标注②,判定方法2只有一个条件就是三个直角条件下标注①。更鲜明地帮学生辨别强化三个判定方法的条件。

3. 练习的设计以问题的形式出现,特别是练习4判断对错,让学生先判断后说理由或举反例。

4. 辨析练习1与练习2中四边形是矩形的条件是否相同?

5. 归纳总结让学生重新描述探究所举的三个例子?三个判定方法的条件有什么不同?

6. 布置的作业是我设计的校本作业(40),是有针对性的分层设计作业。

# 体现数学教育价值的教学探究
## ——以"归纳推理"教学为例

南安第一中学　林少安

**摘　要**：体现数学的教育价值，应努力实现数学教育的应用价值、思维训练价值、美育价值及科学素养价值等。因此，教学中应做到，在知识传授、能力培养的同时，达成文化的熏陶、素质的提高及理性思维的形成。

**关键词**：教育价值；归纳推理

数学之所以成为一门自然科学并且越来越凸显其自身的价值，是因为它是一门理性思维的科学，为人们提供了理性思维的范式和完善的方法论。同时，它还是一门文化素养的科学，已深入经济、政治以及社会科学的一切领域。正因为此，《普通高中数学课程标准（实验）》明确指出，高中数学教学层面的价值表现为："高中数学课程对于认识数学与自然界、数学与人类社会的关系，认识数学的科学价值、文化价值，提高提出问题、分析问题和解决问题的能力，形成理性思维，发展智力和创新意识具有基础作用。"

一、体现数学教育价值的教学课例

体现教育价值的教学，就是要落实数学教育的任务，明确数学教育不仅是知识传授，而且也是文化的熏陶、数学素质的培养及理性思维的形成。下面就归纳推理的教学，如何体现数学教育的应用价值、思维训练价值、美育价值和科学素养价值等进行探索。

1. 创设问题情境，体现数学教育的应用价值

作为基础学科的数学具有高度的抽象性与逻辑性。在教学过程中，往往曲解了数学的本质，使得一部分人认为数学是一门晦涩难懂的游戏。其实数学的本质在于教会人们用数学的方法、数学的视角科学观察世界中的事和物，处理发生的问题与矛盾，而不是所谓的高智商游戏。这就需要正确解读新课程中的"情境创设"、"呈现教学"的环节，数学课堂教学中可以花一定的时间让学生了解知识的背景、出处。特别应提倡学生通过学习，能够将所学知识用于生活实例中去，培养学生的应用意识。

【**教学设计**】创设情境，提出课题

**情境 1**：某公安部门侦破某个案件的推理片断：

被害人年轻力壮；开门入户时从窗户伸进手打开大门，窗户与门距离较远。请问：这个案犯有何身体特征？

**情境 2**：生活中经常看到：

（1）天空乌云密布，燕子低飞，蚂蚁搬家，我们推想到什么？

(2)河面的冰融化,柳树发芽,草地泛青,我们又推想到什么?

问题1. 什么是推理?(学生思考、回答,教师点评。进而利用章头引言向学生简要介绍本章的主要内容及学生学完后应达到的目标。)

【设计分析】归纳推理是数学的标志性思维方式,但并非数学所独有。本节课通过生活实例创设情境,活跃课堂气氛,激发学习动机,增强学习兴趣。两个情境问题,学生几乎异口同声地回答,兴趣盎然,很快融入教学情境之中,收获良好效果。情境的现实性让学生体会到"数学来源于生活",引领学生自觉地对客观事物中蕴涵的一些数学模式进行思考,并逐步提升为一种数学意识。

2. 凸显数学本质,体现数学教育的思维训练价值

数学是人们认识世界过程中的科学方法,以逻辑的严密性和结论的可靠性为特征,在解决科学与实际问题中显示了巨大的威力。学习和掌握数学的过程,实质上是一个思维操练过程,提升抽象思维能力的过程。同时数学也是学习合情推理理想的课堂,学习发现问题—提出问题—分析问题—解决问题思维程序,培养探索解决问题能力的最经济的场地。

良好的数学教学活动,应突出数学的本质与特点,揭示数学知识产生的自然性与合理性,既讲推理,也讲道理,既要既讲推理和结论,也讲道理和缘由。要基于感性发展理性,让数学教育价值在教学过程中鲜活地流淌,让数学教学活动闪耀理性、智慧的光芒。

【教学设计】问题2:怎样的推理是归纳推理呢?

(1)抽象思维,形成概念

探究下面的几个推理案例:

**情境3:**铜能导电;铁能导电;铝能导电;金能导电;银能导电。

铜、铁、铝、金、银都是金属,由此我们猜想:一切金属都能导电。

**情境4:**三角形的内角和是$180°$;凸四边形的内角和是$2×180°$;凸五边形的内角和是$3×180°$。

三角形、凸四边形、凸五边形都是凸多边形,由此我们猜想:凸多边形的内角和是$(n-2)×180°$。

**情境5:**当$n=1$时,$n^2-n+11=11$是质数;当$n=2$时,$n^2-n+11=13$是质数;当$n=3$时,$n^2-n+11=17$是质数;当$n=4$时,$n^2-n+11=23$是质数。

1,2,3,4都是正整数,由此我们猜想:当$n$取任意正整数时,$n^2-n+11$是质数。

师生共同得出归纳推理的特点,进而得出归纳推理的概念。在此基础上,师生共同归纳总结归纳推理的推理模式:

$S_1$具有(或不具有)性质$P$;$S_2$具有(或不具有)性质$P$……$S_n$具有(或不具有)性质$P$。

$S_1,S_2,\cdots,S_n$都是$S$类事物的对象,所以$S$类事物都具有(或不具有)性质$P$。

在此基础上,让学生说出生活或数学中归纳推理的例子(学生自由发言)

(2)初步应用,巩固概念

例1. 观察下列等式,猜想一般结论。

$1+3=4;1+3+5=9;1+3+5+7=16;1+3+5+7+9=25\cdots\cdots$，则 $1+3+5+7+\cdots+(2n-1)=?$

例 2. 已知数列 $\{a_n\}$ 的首项 $a_1=1$，且 $a_{n+1}=\dfrac{a_n}{1+a_n}(n=1,2,3\cdots)$，试归纳出这个数列的通项公式。

（3）总结提升，理清过程

问题 3：如何进行归纳推理？

由学生总结出归纳推理的思维过程，即（1）对有限的资料进行实验、观察；（2）分析、归纳整理，进行概括、推广；（3）提出带有规律性的结论，即猜想。

设计分析：从生活及数学中的实例出发，通过对生活及数学中不同推理的分析、比较、抽象，概括出归纳推理等概念，师生共同归纳总结"归纳推理"的推理模式，其目的是，从"特殊到一般"的概念化的结论才可能得到具体的建构。同时，这样的建构过程对提高学生的抽象概括能力、建立数学结构的能力也是非常有益的。然后，运用科学概念辨识生活中的推理，由学生举例说明生活及数学中归纳推理的案例，了解学生对归纳推理的理解程度，及时更正学生在认识理解中产生的偏差，巩固定义。这一过程，让学生经历了生活—数学—生活的过程，体悟数学与生活的联系，在"数学化"的过程中培养学生的数学思维和数学情感，形成理性思维。

3. 揭示数学美，体现数学教育的美育价值

人爱美的天性在青少年时期的表现尤为突出，教师应抓住这个最佳时机，在教学中揭示数学美，欣赏数学美，应用数学美，创造数学美，巧妙地把美育教育融入数学教学中，这是对美的认识的升华！挖掘和揭示教材中的数学美，使学生在学习中潜移默化地欣赏和感受数学之美，激发学生按照美的规律进行创造性的思维活动，从而使运用数学美启迪灵感成为学生的一种思习习惯，学生的思维品质得以优化，这有利于促进学生逐步形成良好的数学观，提高学生学习数学的兴趣，提高发现美、鉴赏美的能力，使数学课堂成为宣传美、传播美的途径，从而实现数学美育价值的教育目的。

【教学设计】强化训练，拓展思维

练习：通过观察下列等式，猜想出一个一般性的结论，并证明结论的真假。

$\sin^2 15°+\sin^2 75°+\sin^2 135°=\dfrac{3}{2};\sin^2 30°+\sin^2 90°+\sin^2 150°=\dfrac{3}{2};\sin^2 45°+\sin^2 105°+\sin^2 165°=\dfrac{3}{2};\sin^2 60°+\sin^2 120°+\sin^2 180°=\dfrac{3}{2}$。

【设计分析】设置此练习题，从知识层面上看，是为了让学生进一步熟悉归纳推理进行的一般过程，同时体会归纳推理的特点和作用。更重要的是，期望着学生能从数学对称美的角度出发，得到 $\sin^2(\alpha-60°)+\sin^2\alpha+\sin^2(\alpha+60°)=\dfrac{3}{2}$（学生往往只考虑到 $\sin^2\alpha+\sin^2(\alpha+60°)+\sin^2(\alpha+120°)=\dfrac{3}{2}$，前式在证明结论的真假时，过程较为简捷），进而引导学生在问题解决过程中应用数学美，体现学科教育的美育价值。

**4. 展示数学史,体现数学教育的科学素养价值**

数学是一门论证科学,其论证的严谨使人诚服,数学的真理性使人坚信不疑。数学无声地教会人们尊重事实、服从真理这样一种科学的精神;数学是一门精确的科学,在数学演算中,来不得半点马虎,在数学推理中,更容不得粗心大意。粗枝大叶、敷衍塞责是与数学的严谨性格格不入的,因此数学使人缜密;数学是一门循序渐进、逻辑性很强的抽象科学。学习数学,攻克具有挑战性的问题,会逐渐铸就人们脚踏实地、坚韧勇敢、顽强进取的探索精神。

在教学过程中,结合教学内容,介绍一些对数学发展起重大作用的数学家,讲一段他们是如何面对困难又是如何执着追求的故事,使数学知识折射出人的意志和智慧,使学生在感动、开心之中更好地理解掌握数学知识,并对他们正确看待学习过程中遇到的困难、树立学好数学的信心产生巨大的作用,同时也可以引导学生学习数学家的优秀品质。

教学设计:感受猜想,完善思维

问题 4:归纳推理猜测的一般结论是否成立呢?

分析情境 5,当 6,7,8,9,10,11 时结论的正确性。由此你对案例 5 的猜想能得出什么结论?

可以发现,当 $n=11$ 时,$n^2-n+11=121$ 不是质数,从而得出结论:案例 5 猜想的结论是错误的。

**情境 6**:费马猜想(教师简单介绍费马猜想的背景,引导学生阅读课本)

**教师引导**:有些归纳推理所得出的结论是错误的,在此基础上,引导学生总结为什么有些归纳推理所得出的结论是错误的。

问题 5:归纳推理所得到的结论并不可靠,为什么还要学习归纳推理呢?

**情境 7**:哥德巴赫猜想(先介绍一下哥德巴赫的学术背景,再介绍哥德巴赫猜想及陈景润的研究成果)。

**情境 8**:华罗庚教授曾经举过一个例子:袋子里都是球。

师生共同分析得出归纳推理的作用:其一,发现新事实;其二,提供研究方向。

**【设计分析】**设置哥德巴赫猜想产生情景,让学生接受数学文化的熏陶,适时地激发学生的爱国热情和勇于探索的科学精神。通过"袋子里都是球"的介绍,激发学生的好奇心与求知欲,感受归纳推理的魅力,进一步认识到合情推理具有猜测和发现结论、探索和提供思路的作用。通过"猜想—验证—再猜想"说明科学的进步与发展处在一个螺旋上升的过程,更重要的是,让学生养成"大胆猜想,小心求证"的严谨的科学态度。

在问题 4、5 的探究中,向学生介绍数学史和数学在人类文明发展中的作用,体现数学的文化价值。把数学文化融入课堂教学,使数学教学的育人功能得到体现,从而收到润物无声、潜移默化的功效。

## 二、对归纳推理教育价值的思考

### 1. 强化数学教育价值的认识

审视高中数学教育价值,我们对数学教育价值认识有很多方面是值得反思的。首先,对于数学本质的认识不够清晰导致数学教育价值的失落。往往认为数学就是解题,数学就是一堆概念、定理、公式的集合。因此,在教学中,往往对问题解决只是展现解法、展现思路,对思路的寻找过程以及为什么要这样解、怎样想到这样解重视不够,对解决问题中思维与策略的自然性与合理性揭示不够,给人以"入宝山而空返"和"买椟还珠"的感觉。其次,以"应试教育"为"指挥棒"的机制使得数学教育的价值取向带着浓厚的功利主义色彩。追求和满足近期、可测量的考核目标,使数学教学趋于死记硬背、机械操练,强化练习可能要考到的内容,以达到牢固记忆、熟练应答、考试成功的目的。因此,部分教师将归纳推理这堂课上成了"如何进行归纳推理"的习题训练课,对归纳推理的概念的形成过程这一重点中的重点一带而过,仅仅从几个特例让学生说出"是从特殊到一般的推理"就下定义了。且在整堂课中,罗列大量习题对学生进行强化训练。因此,强化学科教育价值的认识应摆上教学的议事日程。

### 2. 用教育形态来凸显数学的教育价值

数学教学要善于将"数学的'学术形态'转化为数学的'教育形态'",其内涵就是教师不能只是把教材上的内容当作金科玉律,把教参中的提示当作颠扑不破的真理,把预先设计好的教案当作亦步亦趋的向导传递给学生。而应将教学过程看成是师生双方积极互动、共同发展、动态生成的过程,这一过程是教师和学生对客观事物的意义进行合作建构的过程。诚然,教材、教参是课堂教学的资源,但教师需要对其进行分割、整合、重新构建,然后通过与学生的互动,形成丰富多彩、富有情趣、学生易于接受的知识。把教材的静态知识转化为动态的、生成的教学资源,把"复制知识"的课堂转变为动态的、生成的课堂,从而使学生主动获取知识。

在教学设计中,笔者希望通过创造性地使用教材,将生活、数学、文化作有机的整合,让学生在一堂课中细品数学自生活中来,在探索中前进,并将最终作用于生活。基于这一想法,在设计时,笔者在实例引入概念之后,先讲解例题,而将哥德巴赫猜想的介绍放了最后,以提升学生对数学文化的情感教育。在实际操作中,这样的安排也取得了良好的效果。

### 3. 用适宜的素材来凸显数学的教育价值

在进行本节课的教学时,学生已经有大量的运用归纳推理的生活实例和数学实例,这些内容是学生理解归纳推理的重要基础,因此教学时应充分注意这一教学条件,用合适、典型的素材来凸显数学的教育价值。

在引例素材的选取方面,立足于引例既要能够激发学生的兴趣,又要考虑数学本质,应与教学内容相贴切,选择有效的引例使学生的生活概念"数学化"。本课时引例背景选取生活中的背景素材,主要目的就是让学生体会到数学来源于生活,体现学科教育的应用价值。

课堂练习的选取,其目的有两个,其一,在学生进行归纳推理的基础上,要求学生证明问题的正确性,主要是引导学生理解,对于归纳推理的结论必须进行严格证明;其次,期望着学生能从数学对称美的角度出发,得到 $\sin^2(\alpha-60°)+\sin^2\alpha+\sin^2(\alpha+60°)=\dfrac{3}{2}$,进而引导学生在问题解决过程中应用数学美,体现学科教育的美育价值。

数学课堂教学应向学生介绍数学史和数学在人类文明发展中的作用,反映数学的文化价值。本节课展示3个数学史,重现数学家艰辛的探索之路,可让学生体验数学是从生活中产生的,有利于学生学习数学家勇于探索的精神与毅力,进而培养学生的优秀品质。

# 椭圆的概念和性质
## ——高三复习课第一课时

莆田第二中学　彭志强

**【教学目标】**

1. 通过对椭圆定义的复习探究,温故知新,建立联系,使学生能站在系统的高度上认识椭圆的有关知识。

2. 体会利用坐标法及数形结合思想来研究解决几何问题的过程。

3. 将数学探究性问题引入数学教学活动之中,在学生的参与下有助于培养学生的探索研究的能力,深化对学习内容的理解。

**【教学重点和难点】**

重点:椭圆知识体系的建立,体会数形结合思想在解决问题中的作用。

难点:探究性问题的引入,引导学生参与,进一步培养学生的探究能力。

**【课时安排】**

1课时。

**【教学方法】**

为了达成对学生能力培养目标的要求,本节课采取探究、讨论的教学方法,运用"问题串与问题解决"课堂教学模式,层层递进,激发学生求知欲。充分发挥多媒体在学科教学的整合作用,以提高学生学习兴趣,激活学生的思维能力,在"发现探索"的环境下,养成学生独立思考、相互合作交流的习惯,积极主动参与学习过程,以达到在掌握数学基础知识的同时,培养学生学习能力,提高学生素养的目的。

**【教学过程】**

一、温故知新,建构联系

**活动一:**

师生活动:教师利用多媒体展示椭圆标准方程的推导过程,让学生回顾,特别是其中化简的过程。教师重点放在(1)式到(2)式化简的点评上,并引导学生思考为何(3)式称作椭圆的标准方程?

学生讨论交流。教师适时点评并做出总结。

设计意图:加强学生对椭圆定义的理解以及本质特征的认识,体会学习和掌握新知识的过程,符合学生的认知结构,有利于激发学生的思维和学习积极性。

师:高二时,我们由椭圆定义导出了椭圆的标准方程,推导过程摘录如下。

设 $M(x,y)$ 是椭圆上任意一点,焦点 $F_1$ 和 $F_2$ 的坐标分别是 $(-c,0)$,$(c,0)$(图1)。由椭圆的定义可得:

$$\sqrt{(x+c)^2+y^2}+\sqrt{(x-c)^2+y^2}=2a \qquad (1)$$

将这个方程移项,两边平方得

$$a^2-cx=a\sqrt{(x-c)^2+y^2} \qquad (2)$$

两边再平方,整理得

$$\frac{x^2}{a^2}+\frac{y^2}{b^2}=1 \quad (a>b>0) \qquad (3)$$

其中 $a^2-c^2=b^2$。

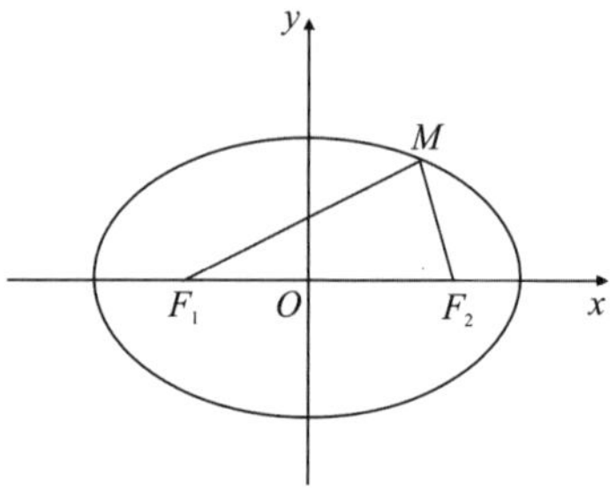

图 1

问题:为什么将(3)式称作椭圆的标准方程?

学生回答,教师总结,理由大致以下:

1.(3)式简捷,具有对称的美感。

2.(3)式便于用待定系数法求解椭圆的轨迹方程。

3.(3)式方便研究椭圆的几何性质。

**活动二:**

**师生活动:**教师利用多媒体展示,以表格化形式引导学生回顾焦点在 $x$ 轴上的椭圆图形和几何性质,并通过类比方法得到焦点在 $y$ 轴上的椭圆的图形和几何性质。同时提出六个问题让学生在知识回顾中思辨,以进一步加深对椭圆本质特征的理解和掌握。

**设计意图:**学生通过回顾与自我梳理,强化对椭圆几何特征的认知,从而建立一个系统的认知结构,站在系统的、联系的高度上去认识椭圆。对注意事项引用问题式的总结,有利于学生规避错误,持续地深化对椭圆的理性认识。

针对上述理由,自然引出椭圆的范围、对称性、顶点、离心率等性质的复习。

表 1　椭圆的标准方程及其几何意义

| 条件 | $2a>2c$,$a^2=b^2+c^2$,$a>0,b>0,c>0$ | |
|---|---|---|
| 标准方程<br>及图形 | $\dfrac{x^2}{a^2}+\dfrac{y^2}{b^2}=1$ （$a>b>0$） 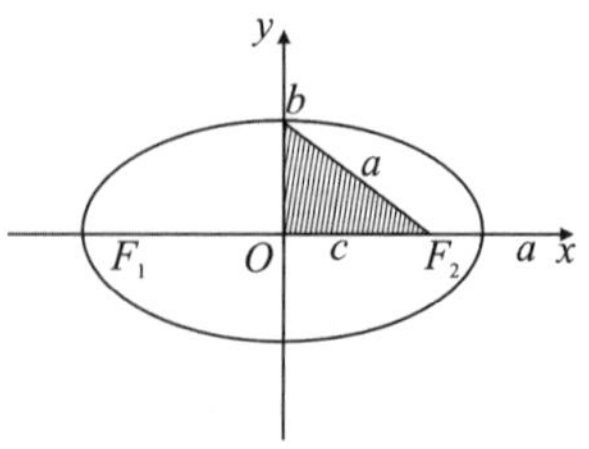<br> | $\dfrac{y^2}{a^2}+\dfrac{x^2}{b^2}=1$ （$a>b>0$） 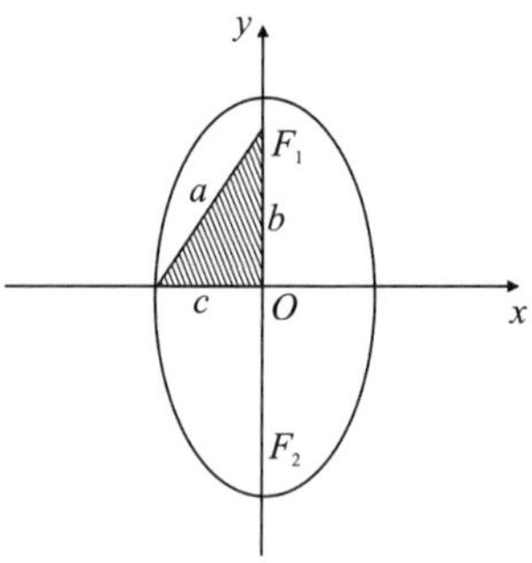<br> |
| 范围 | $|x|\leqslant a$<br>$|y|\leqslant b$ | $|x|\leqslant b$<br>$|y|\leqslant a$ |
| 对称性 | 曲线关于 $x$ 轴、$y$ 轴、原点对称 | 曲线关于 $x$ 轴、$y$ 轴、原点对称 |

续表

| 条件 | $2a>2c,a^2=b^2+c^2,a>0,b>0,c>0$ | |
|---|---|---|
| 顶点 | 长轴顶点$(\pm a,0)$<br>短轴顶点$(0,\pm b)$ | 长轴顶点$(0,\pm a)$<br>短轴顶点$(\pm b,0)$ |
| 焦点 | $(\pm c,0)$ | $(0,\pm c)$ |
| 焦距 | $|F_1F_2|=2c\quad(c^2=a^2-b^2)$ | |
| 离心率 | $e=\dfrac{c}{a}\in(0,1)$,其中$c=\sqrt{a^2-b^2}$ | |

思考下列问题:

1. 若将椭圆定义中的条件:$2a>|F_1F_2|$改为$2a=|F_1F_2|$或$2a<|F_1F_2|$,那么点的轨迹是什么?

2. 如何选择椭圆的标准方程? 如何求椭圆的标准方程呢?

3. 离心率$e$能反映出椭圆图形的什么特征?

4. 椭圆的参数方程如何表示?(以焦点在$x$轴上为例)

5. 椭圆的几何性质可按什么标准来分类?

6. 椭圆的标准方程与其几何性质的关系如何?

二、自测练习,强化认识

**活动三:**

师生活动:学生自我完成,教师课堂巡视个别辅导,并请完成练习的学生板演。教师通过提问的方式征求学生的意见,引发学生的讨论交流,并针对学生存在的共性问题集中点评解析。

**【设计意图】**学生通过自我练习,查找存在的不足之处,有利于培养学生独立学习的意识,增强学生之间的合作交流的能力,形成合作的品质,以达到强化对椭圆基础知识的理解、掌握和运用,同时利用积极的评价使学生树立学好数学的信心。

完成下列练习:

1. 若方程$\dfrac{x^2}{9-k}+\dfrac{y^2}{k-5}=1$表示椭圆,求实数$k$的取值范围。

2. 若椭圆$\dfrac{x^2}{2}+\dfrac{y^2}{m}=1$的离心率为$\dfrac{1}{2}$,求实数$m$的值。

3. 求以椭圆$9x^2+5y^2=45$的焦点为焦点,且过点$M(2,\sqrt{6})$的椭圆标准方程。

4. 设椭圆的两个焦点分别为$F_1$、$F_2$,过$F_2$作椭圆长轴的垂线交椭圆于点$P$,若$\triangle F_1PF_2$为等腰三角形,求椭圆的离心率。

三、深入探寻,探掘内含

**活动四:**

师生活动:1. 教师引导学生参与(2)式的变形,共同对得出的(5)、(6)、(7)三式进行深入分析,利用一个核心量 $\dfrac{c}{a}$ 的值(即离心率)作为一个重要量,紧紧围绕其作为目标和抓手展开讨论,去揭示其内含和本质。

2. 学生自主完成课本练习,教师引导学生观察结论去发现提出问题(椭圆方程的形式),是巧合还是一般性结论,引导学生产生到一般形式中去认识和讨论。实数 $m$ 取何值可得到其他类型的曲线,进行问题拓展训练,学生进行小组讨论交流,教师适时进行点评与引导,学生讨论教师提问,从中进行归纳。

**【设计意图】**(1)培养学生在问题解决的过程中,懂得去发现,学会去观察、探究,从中发现椭圆还有存在着其他的几何特征。揭示了椭圆又一定义,体会降维思想的意义和作用。(2)让学生懂得探寻意义,学会猜想,懂得特殊到一般、动中求定的思维方式。引导学生在变式中不断提出问题,培养学生的问题意识,养成勇于探究的学习习惯,提升学科素养。

1. 引导学生研究(2)式,将(2)式变形,得

$$\sqrt{(x-c)^2+y^2}=a-\frac{c}{a}x \tag{4}$$

即
$$|MF_2|=a-ex \tag{5}$$

同理可得
$$|MF_1|=a+ex \tag{6}$$

将(2)式再变形,得

$$\sqrt{(x-c)^2+y^2}=\frac{c}{a}\left(\frac{a^2}{c}-x\right)$$

即
$$\frac{\sqrt{(x-c)^2+y^2}}{\left|\dfrac{a^2}{c}-x\right|}=\frac{c}{a} \tag{7}$$

(5)、(6)两式将椭圆上点到焦点的距离转化为只和焦点的横坐标有关的一维算式,体现降维思想。而(7)式正好揭示了椭圆的又一定义,由此我们看到了定直线 $x=\dfrac{a^2}{c}$ 的产生过程,这正是课本第80页例4的意图(图2)。

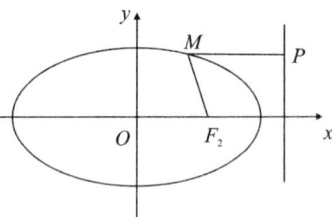

**图 2**

2. 课本练习。

△ABC 的两顶点 A、B 坐标分别是 $(-6,0)$、$(6,0)$,边 AC、BC 所在直线斜率乘积等于 $-\dfrac{4}{9}$,求顶点 C 的轨迹方程。

(学生完成,教师提问)

$$\frac{x^2}{36}+\frac{y^2}{16}=1 \quad (y\neq 0)$$

竟然也是椭圆方程!上升到一般:

**问题:**若动点到两定点 $A(-a,0)$,$B(a,0)$ 的连线的斜率之积等于常数 $m$ 的轨迹方程为 $\dfrac{x^2}{a^2}+\dfrac{y^2}{b^2}=1(a>b>0,y\neq 0)$,常数 $m$ 应等于多少呢?

**探究:**设椭圆上任一点为 $P(x_0,y_0)$,则

$$\frac{y_0}{x_0+a}\frac{y_0}{x_0-a}=\frac{y_0^2}{x_0^2-a^2}=\frac{b^2(x_0^2-a^2)}{a^2(x_0^2-a^2)}=-\frac{b^2}{a^2}$$

由此,我们得到这个常数应为 $-\dfrac{b^2}{a^2}$。

即:若动点到两定点 $A(-a,0),B(a,0)$ 的连线的斜率之积等于常数 $-\dfrac{b^2}{a^2}(a>b>0)$,也即

$\dfrac{y^2}{(x-a)(x+a)}=-\dfrac{b^2}{a^2}$ 则动点的轨迹为椭圆(去掉椭圆的长轴顶点)。

引导学生再思考:常数 $m$ 还可取什么值,可得其他类型的曲线(圆、双曲线)。

四、学以致用、瞄准高考

**活动五:**

师生活动:教师利用多媒体展示两道例题及变式题。

1. 教师在例 1 中引导学生观察 $T$、$A$、$B$ 在椭圆的位置特征,让学生展开联想并讨论交流,从而利用上面讨论的结论即 $T$ 在椭圆上反映出直线 $TA$、$TB$ 的斜量之积的关系式(仅与 $a$、$b$ 值有关)去化简本题(2)的运算过程。

2. 引导学生去探究本题的拓展题中满足的关系式,进一步去思考相关问题。

**设计意图:**让学生明确高考考查要求的落脚点,在于关注基础知识的掌握,注重对数学思想方法的运用。使学生学会关注学习的过程,重视基础知识的理解和运用,学会在概括和探究中,培养自身的问题意识,提高自身的综合能力。

(Ⅰ)(2009 年福建省高考题)已知 $A$,$B$ 分别为曲线 $C$:$\dfrac{x^2}{a^2}+y^2=1(y\geq0,a>0)$ 与 $x$ 轴的左、右两个交点,直线 $l$ 过点 $B$ 且与 $x$ 轴垂直,$S$ 为 $l$ 上异于点 $B$ 的一点,连结 $AS$ 交曲线 $C$ 于点 $T$。

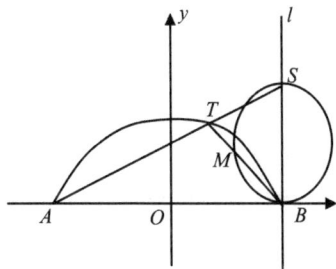

图 3

(1)若曲线 $C$ 为半圆,点 $T$ 为圆弧 $AB$ 的三等分点,试求出点 $S$ 的坐标;

(2)如图,点 $M$ 是以 $SB$ 为直径的圆与线段 $TB$ 的交点,试问:是否存在 $a$,使得 $O$、$M$、$S$ 三点共线?若存在,求出 $a$ 的值;若不存在,请说明理由。

(Ⅱ)显然,直线 $AS$ 的斜率 $k$ 存在且 $k>0$,可设直线 $AS$ 的方程为 $y=k(x+a)$ 则 $S(a,2ak)$ 又设 $T(x_0,y_0)$ 则

$$k_{TA}\cdot k_{TB}=\frac{y_0}{x_0+a}\cdot\frac{y_0}{x_0-a}=\frac{\frac{b_2}{a_2}(a^2-x_0^2)}{x_0^2-a^2}=-\frac{b^2}{a^2}=-\frac{1}{a^2}$$

所以,$k_{TB}=-\dfrac{1}{ka^2}$

假设存在 $a$，使得 $O$、$M$、$S$ 三点共线，且 $k_{os} \cdot k_{TB} = -1$，又 $k_{os} = \dfrac{2k \cdot a - 0}{a - 0} = 2k$，所以

$2k(-\dfrac{1}{ka^2}) = -1 \Rightarrow a^2 = 2$。因为 $a > 0$，所以 $a = \sqrt{2}$。

故存在 $a = \sqrt{2}$ 时，使得 $O$、$M$、$S$ 三点共线。

**问题拓展：**

设 $AB = 2c$，动点 $C$ 到 $A$、$B$ 的距离分别为 $d_1$，$d_2$，$\angle ACB = 2\alpha$。

若点 $C$ 轨迹为椭圆，我们能得到一个什么样关系式呢？

由余弦定理得：

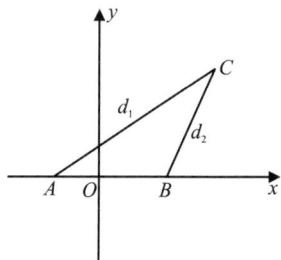

$$4c^2 = d_1^2 + d_2^2 - 2d_1 d_2 \cos 2\alpha$$
$$= d_1^2 + d_2^2 - 2d_1 d_2 (2\cos^2\alpha - 1)$$
$$= (d_1 + d_2)^2 - 4d_1 d_2 \cos^2\alpha$$

所以，若 $d_1 d_2 \cos^2\alpha = b^2$ 时，

动点 $C$ 的轨迹是以 $A$、$B$ 为焦点，长半轴长为 $\sqrt{c^2 + b^2}$ 的椭圆。

**课下探索**：(江西省 07 年高考题)设动点 $P$ 到点 $A(-1, 0)$ 和 $B(1, 0)$ 的距离分别为 $d_1$ 和 $d_2$，$\angle APB = 2\theta$，且存在常数 $\lambda(0 < \lambda < 1)$，使得 $d_1 d_2 \sin^2\theta = \lambda$。

(1)证明：动点 $P$ 的轨迹 $C$ 为双曲线，并求出 $C$ 的方程；

(2)过点 $B$ 作直线与双曲线 $C$ 的右支交于 $M$，$N$ 两点，试确定 $\lambda$ 的范围，使 $\overrightarrow{OM} \cdot \overrightarrow{ON} = 0$。(其中点 $O$ 为坐标原点)

五、本节课小结，布置预习内容

**活动六：**

师生活动：学生简要谈谈本节课学习后的收获和体会，教师作总结性点评。

**【设计意图】**让学生学会在学习后懂得总结和反思，在拓展思考和预习中，养成问题意识，学会提出问题，感悟提出问题的意义和价值，体会学习过程的重要性，特别是本节课蕴含的数学思想方法。

1. 学会建构联系，系统掌握椭圆的有关知识。

2. 充分认识数形结合思想在解决问题中的作用，在变式中学会探究。

3. 完成课下探索题。

4. 预习直线与椭圆的位置关系。

# 《幂函数》教学设计

厦门外国语学校　肖　骁

**【教学目标】**

**知识与技能**:通过具体实例了解幂函数的概念,掌握幂函数的图像和性质,并能进行简单的应用。

**过程与方法**:能够类比研究一般函数、指数函数、对数函数的过程与方法,研究幂函数的图像和性质;培养学生特殊到一般、数形结合、分类讨论的思想,以及观察、分析、归纳的能力。**情感、态度、价值观**:体会幂函数的变化规律及蕴含其中的对称美,培养良好的学习习惯,主动学习并参与合作交流,大胆表达自己想法的意识。

**【教学重难点】**

重点:从几个具体幂函数图像中认识幂函数的一些性质。

难点:画具体幂函数的图像并由图像概括其性质,体会图像的变化规律。

**【教学关键】**

揭示出幂函数 $y = x^a$ 的图像的规律。

**【教学准备】**

多媒体课件,几何画板。

**【教学方式】**

引导教学法、多媒体教学法。

**【学法指导】**

动手操作、自主探究、合作交流、展示成果。

**【教学程序与环节设计】**

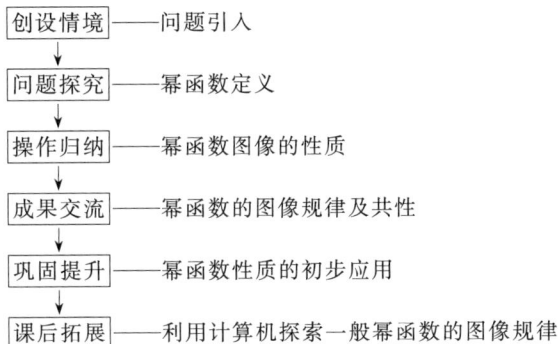

创设情境——问题引入
↓
问题探究——幂函数定义
↓
操作归纳——幂函数图像的性质
↓
成果交流——幂函数的图像规律及共性
↓
巩固提升——幂函数性质的初步应用
↓
课后拓展——利用计算机探索一般幂函数的图像规律

**【教学过程设计】**

| 教学内容 | 设计意图 |
|---|---|
| **一、依托实例,引入概念**<br><br>**实例 1** 某人买每千克 1 元的蔬菜,则其需付的钱数 $p$(元)和购买的蔬菜的量 $w$(千克)之间有何关系?<br><br>2. 正方形的面积 $S$ 和它的边长 $a$ 之间有何关系?<br><br>3. 正方形的体积 $V$ 和它的边长 $a$ 之间有何关系?<br><br>4. 问题 2 中,边长 $a$ 是 $S$ 的函数吗?<br><br>5. 问题 3 中,边长 $a$ 是 $V$ 的函数吗?<br><br>6. 某人在 $t$ 秒内行进了 1 千米,那么他行进的平均速度 $v$ 为多少?<br><br>**问题 1** 它们的函数解析式分别是什么?<br><br>$p=w,S=a^2,V=a^3,$<br>$a=S^{\frac{1}{2}},a=V^{\frac{1}{3}},v=t^{-1}$<br><br>**问题 2** 以上问题中的函数有什么共同特征?<br><br>当把自变量都用 $x$ 表示,函数用 $y$ 表示得到<br><br>$(1)y=x$; $(2)y=x^2$; $(3)y=x^3$;<br><br>$(4)y=x^{\frac{1}{2}}$; $(5)y=x^{\frac{1}{3}}$; $(6)y=x^{-1}$。<br><br>**总结**:上述问题中涉及的函数,都是形如 $y=x^\alpha$ 的函数,其中 $x$ 是自变量,是常数 $\alpha$。<br><br>**二、类比分析,理解定义**<br><br>**问题 3** 上述函数与哪类函数相像?指出它们的异同。<br><br>幂函数与指数函数区别: | 从学生生活实际,获取素材创设情境,引发学生对问题的兴趣,便于对问题的理解<br><br>经过学生独立思考,教师引导,复习函数定义和函数的基本性质<br><br>启发学生去发现 6 个解析式的共同特征,揭示它们之间的共性,培养学生观察、发现问题的习惯和能力 |

| 式子 | 名称 | | |
|---|---|---|---|
| | 常数 | 自变量 x | y |
| 指数函数:$y=a^x$ | 底数 | 指数 | 幂值 |
| 幂函数:$y=x^a$ | 底数 | 指数 | 幂值 |

| | |
|---|---|
| | 从 6 个函数的共同特征,让学生给这类函数定义,再总结出幂函数定义。培养学生大胆设想,知道研究数学问题的由特殊到一般,类比的数学思想方法,增强学习自信心,发挥数学的内在魅力,激发学生学习的兴趣<br><br>学生通过观察,对幂函数与指数函数进行类比,找出异同点,促进学生对幂函数的理解<br><br>回顾指数函数图像性质,为研究幂函数图像性质提供认知基础和情感前提<br><br>类比指数函数图像的性质,探索幂函数图像的基本性质,培养学生的知识迁移能力,学会用类比的思想方法研究相关问题 |

续表

| 教学内容 | 设计意图 |
|---|---|

**三、动手操作,探究性质**

问题4　在同一坐标系中,作出下列函数图像,从图像中总结它们的共性,并填写下列表格(1)$y=x$;(2)$y=x^2$;(3)$y=x^3$;(4)$y=x^{\frac{1}{2}}$

|  | $y=x$ | $y=x^2$ | $y=x^3$ | $y=x^{\frac{1}{2}}$ |
|---|---|---|---|---|
| 定义域 |  |  |  |  |
| 值域 |  |  |  |  |
| 奇偶性 |  |  |  |  |
| 单调性 |  |  |  |  |
| 定点 |  |  |  |  |
| 象限分布 |  |  |  |  |

问题5　作出下列系数图像,从图像中总结它们的共性,并填写下列表格。

(1)$y=x^{-1}$,(2)$y=x^{-2}$,(3)$y=x^{-3}$,(4)$y=x^{-\frac{1}{2}}$

|  | $y=x^{-1}$ | $y=x^{-2}$ | $y=x^{-3}$ | $y=x^{-\frac{1}{2}}$ |
|---|---|---|---|---|
| 定义域 |  |  |  |  |
| 值域 |  |  |  |  |
| 奇偶性 |  |  |  |  |
| 单调性 |  |  |  |  |
| 定点 |  |  |  |  |
| 象限分布 |  |  |  |  |

**四、归纳思想,揭示内涵**

引导学生归纳:

当$a>0$时

1. 幂函数图像都经过$(0,0)$和$(1,1)$

2. 在区间$[0,+\infty)$上是增函数

当$a<0$时

1. 幂函数图像都经过$(1,1)$

2. 在区间$[0,+\infty)$上是减函数

幂函数图像在第一象限,不在第四象限。当$a$为偶数时,该函数是偶函数,图像在第二象限;当$a$为奇数时,该函数是奇函数,图像在第一、三象限

设计意图:

学生经历作图,观察图像,小组交流,归纳概括幂函数的图像变化规律和性质的过程。在观察中提炼特征,在总结中发现规律,感知幂函数图像的对称美,增强合作意识

用幻灯片展示学生的学习成果,交流观察的角度和方法,培养学生的沟通能力,更好地表现自己,并获得成功感和自信心。

教师在学生思考、总结的基础上,运用几何画板,揭示图像的动态过程,发挥信息技术的探索和验证功能。让学生进一步感知图像的变化特征,深化对幂函数图像的情感

引导学生类比指数函数,对问题进行分类的归纳总结,并能清晰简洁地表达出来,养成学习的良好习惯,提高概括总结能力

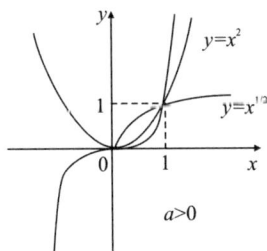

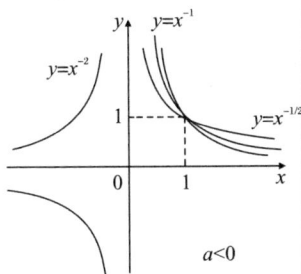

续表

| 教学内容 | 设计意图 |
|---|---|

当 $a=0$ 时,函数图像平行于 $x$ 轴,经过 $(1,1)$ 但不经过 $(0,1)$

观察幂函数的图像在第一象限内的图像特征:

(1)当 $a>0$ 时,第一象限图像是上升的,当 $a<0$ 时,第一象限图像是下降的

(2)当 $x>1$ 时,$a$ 值大,图像在上方;当 $0<x<1$ 时,$a$ 值大,图像在下方

**五、展示例题,交流思想**

例1. 如果函数 $y=(m^2-m-1)x^{m^2-2m-3}$ 是幂函数,且在区间 $(0,+\infty)$ 上是减函数,求满足条件的实数 $m$ 的集合

例2. 用不等号填空:

(1)$1.3^{0.5}$ _____ $1.5^{0.3}$;  (2)$5.1^{-2}$ _____ $5.09^{-2}$;

(3)$-1.79^{1/4}$ _____ $-1.81^{1/4}$;(4)$(a+1)^{1.5}$ _____ $a^{1.5}$;

(5)$(2+a^2)^{-\frac{2}{3}}$ _____ $2^{-\frac{2}{3}}$;  (6)若 $3^a>2^a$,则 $a$ _____ $0$

例3. 已知 $a=1.2^{\frac{1}{2}}$,$b=0.9^{-\frac{1}{2}}$,$c=1.1^{\frac{1}{2}}$,试比较 $a,b,c$ 的大小

例4. 已知幂函数 $y=f(x)$ 的图像经过点 $(3,\sqrt{3})$,求这个函数的解析式,判定其单调性,并给予证明

**六、课堂小结,梳理知识**

1. 幂函数的概念

2. 幂函数 $y=x^a$ 的性质:定义域、值域、奇偶性、单调性、定点

3. 一般地,幂函数 $y=x^a$ 的图像在直线 $x=1$ 的右侧,大指在上,小指在下,在 $Y$ 轴与直线 $x=1$ 之间正好相反

4. 应用函数性质解题时,要考虑数形结合,借助图像帮助思考

**七、课后拓展,深入研究**

例5. 讨论函数(1)$y=x^{\frac{2}{3}}$,(2)$y=x^{\frac{3}{2}}$ 的定义域、值域、奇偶性,作出它的图像,并根据图像说明函数的单调性

*作业:习题 2.3 第 1 题和第 2 题*

设计意图栏:

数学学习重要的是在一类问题中,总结出共同属性,函数性质指的是这类函数都有的特性。幂函数的共同性质体系在第一象限的变化规律。用几何画板,动态地展示第一象限幂函数的图像的变化痕迹,让学生进一步理解幂函数的性质。培养学生感受信息技术对研究有关问题的优势,能够用运动变化的观点认识客观事物

练习配备体现三个层面:

1. 加深对定义的理解(例1),巩固幂函数的定义。

2. 幂函数图像性质的简单应用,培养学生对知识的迁移和应用能力(例2、3)。

3. 知识的综合应用(例3),提高学生综合解决问题的能力。

练习由学生独立完成,展示交流,教师恰当的点评、讲解、板书,规范学生的表述、书写、思考问题的方法。

学习分为三个阶段:课前、课中和课后,课后是知识的巩固、拓展和延伸的重要阶段,给学有余力的学生,提供自主发展的空间,可以提高他们自主学习能力,养成研究问题的好习惯。课堂小结学生完成,教师补充。培养学生学会对知识的系统归纳,构建知识网络,形成完整的知识体系的能力。

**【教学反思】**

幂函数是在学生已学习一次函数、二次函数、反比例函数、指数函数和对数函数的基础上学习的。对学生来说有一定的函数知识基础,也初步知道研究函数图像性质主要是研究函数的定义域、值域、奇偶性和单调性。学生经历了指数函数和对数函数图像性质的探究,对数学结合和分类讨论思想也有一定的认识,也了解了信息技术对探究和验证图像性质的优势。本节课关键要解决如下几个问题:首先怎样引导学生发现底数是自变量,指数是常数的一类函数? 本节课通过学生熟悉的事例,得到具有共同特征的函数式,引导学生观察发现其共同特征,把具有这种共同特征的函数定义为幂函数,让学生经历了幂函数的概念来源,从心理和情感上认同幂函数,为后续学习做好铺垫。其次,幂函数图像到底具有哪些共同的性质? 课前布置问题4,让学生有充足的自主学习探究时间,学生在描点和画图的过程中通过观察、领悟和体会8种特殊的幂函数图像的性质,最后概括它们的共同性质,即幂函数的统一性质。课堂上通过展示、交流和教师点评学生的学习成果,并进行归纳,不仅让学生获得成就感和自信心,激发他们对数学的学习热情,同时对画图不规范,而且对动手观察能力较弱的同学提供帮助,在集体互助中弥补个人不足。再次,怎样实施幂函数图像性质与应用? 这个问题牵涉到的是习题的选择与配置,幂函数是一种描述性的定义,不宜在这个问题上深究,紧紧围绕图像的性质,让学生理解并掌握图像性质,并能应用数形结合思想、类比联想的思想研究新问题。总之,本节是概念课,引导学生了解概念的背景,经历概念来源,理解概念的内涵,应用概念去研究相关问题,从中让学生学会研究数学的基本方法和途径,是教学的主要任务和目标。

# 简单的线性规划问题

周宁第十中学　张徐生

一、教学内容

《普通高中课程标准数学教科书·数学(必修5)》(人教 A 版)第 87~88 页。

二、教学任务分析

本节是在学生学习了用二元一次不等式表示平面区域之后,使学生了解线性规划的意义,了解线性约束条件、线性目标函数、可行解、可行域、最优解等基本概念,理解线性规划问题的图解法,并能用线性规划的方法解决一些简单的实际问题,以提高解决实际问题的能力。

三、三维教学目标

1. 知识与技能

(1)了解线性规划的意义,了解线性约束条件、线性目标函数、可行解、可行域、最优解等基本概念;

(2)理解线性规划问题的图解法,并能运用它解决一些简单的实际问题。

2. 过程与方法

(1)强化学生方程组求解的计算与不等式区域的作图技能;

(2)感受数形结合、转化化归、函数与方程的数学思想。

3. 情感态度与价值观

(1)渗透"数学建模"的应用意识,提高学生解决实际问题的数学思考能力;

(2)培养学生联想与引申的能力,探索的精神与创新的意识;通过数形知识间的联系来体现事物之间的普遍联系与辩证统一。

四、学情与教材分析

这是笔者参加福建省教育厅组织的"援藏送培"活动中在西藏林芝第二高级中学开设的观摩课,该校以农牧民子弟为主要生源,学生数学基础十分薄弱,数学学习相当有困难。

**教学重点:**利用图解法求得线性规划问题的最优解,关键点是准确做出二元一次不等式(组)表示的平面区域,并理解目标函数表示的几何意义。

**教学难点:**把实际问题转化为线性规划问题,关键点是根据实际问题找出约束条件和目标函数,并利用图解法求得最优解。

**教学用具:**三角板、直尺、几何画板

五、教学过程

1. 创设情境,引入课题

师:什么是"线性规划"?

师:顾名思义,"线性",可理解为直线的性质;"线性规划",就是利用直线的性质解决最优化的规划设计问题。

师:在生产生活的现实中,我们常遇到两大问题:一是任务确定的前提下如何节省资源?二是资源有限的情况下如何追求效益的最大化? 我们今天要学的就是:寻求这类问题行之有效的简便做法。

【引例】某工厂用 A、B 两种配件生产甲、乙两种产品,每生产一件甲产品使用 4 个 A 配件并耗时 1 h,每生产一件乙产品使用 4 个 B 配件并耗时 2 h,该厂每天最多可从配件厂获得 16 个 A 配件和 12 个 B 配件,按每天工作 8 h 计算,该厂所有可能的日生产安排是什么? 如果每生产 1 件甲产品获利润 1 千元、生产 1 件乙产品获利润 2 千元,如何安排生产获利最大?

如果若干年后的你成为该工厂的厂长,你将会面对生产安排、资源利用、人力调配的问题……

引出:"线性规划"——利用直线的性质解决最优化的规划设计问题。

【设计意图】从实际问题出发,引出课题,最后把数学知识应用于实际问题。

2. 温故知新,引入新课

问题 1　方程 $x-y+3=0$ 表示什么直线? 方程 $x-y+t=0$ 呢?

师:确定直线位置方向的有两个几何量:斜率和截距,请用之回答问题。

生:方程 $x-y+3=0$ 表示斜率为 1,截距为 3 的直线;方程 $x-y+t=0$ 表示斜率为 1,截距为 t 的直线。

问题 2　请做出不等式 $x-y+3>0$ 表示的区域。

师在黑板上作图,并巡视课堂,做个别指导。

【设计意图】作图是基本功,也是本课的关键点。

问题 3　不等式 $x-y+3>0$ 表示的是哪个区域? 你是怎么判定的?

【学情预设】此处,学生可能出现以下答案情形:

生 1:不等式 $x-y+3>0$ 表示直线 $x-y+3=0$ 上方的区域;

生 2:不等式 $x-y+3>0$ 表示直线 $x-y+3=0$ 下方的区域;

生 3:用特殊点代入法,如点 $O(0,0)$ 代入得 3>0 成立,所以表示区域包含点 $O(0,0)$ 应是右下方。

师:生 3 回答得好,特殊点如点 $O(0,0)$ 代入后不等式成立,说明所表示的区域含有该点。但不知直线 $x-y+3=0$ 右下方的点是不是都满足不等式 $x-y+3>0$?

师:在此,我们可以这样理解:$x-y+3>0$,即 $y<x+3$,因为 $y=x+3$ 表示对应直线上的点,所以 $y<x+3$ 表示对应直线下方的点,而 $y>x+3$ 表示对应直线上方的点。

【设计意图】温故知新,挤出学生头脑中的模糊想法,让学生知其然并知其所以然。

【设计意图】从联系的观点,从新的角度看过去的问题,使学生对于过去的知识有了新的认识,形成良好的知识结构。

3. 探究之旅,层层递进

如何通过图解法,求得最优解?

例 1 已知变量 $x$、$y$ 满足条件:$\begin{cases} x-y+3 \geqslant 0 \\ y \geqslant 1 \end{cases}$,求 $x+y$ 的最大值。

师:先请同学们在坐标平面上把该不等式组表示的区域做出来,标出区域顶点坐标。

师在黑板上作图,并巡视课堂,做个别指导。

【学情预设】此处,学生可能出现以下情形:作图随意,不用直尺;无法找到三个区域的公共部分;无法准确求得区域顶点坐标。

【设计意图】着重强化学生计算、画图两项基本功,培养学生认真作图的好习惯。

师:猜想,$x+y$ 的最大值是多少? 为什么?

【学情预设】此处,学生可能这样猜想:$x_{max}=1$,$y_{max}=4$,$(x+y)_{max}=5$,也可能这样观察:点 $P(x,y)$ 在区域中,图中顶点坐标:$A(-1,1)$、$B(-1,2)$、$C(1,1)$、$D(1,4)$ 分别代入 $x+y$ 计算得到,当点 $P(x,y)$ 与点 $D(1,4)$ 重合时,$x=1$,$y=4$,$(x+y)_{max}=5$,教师肯定学生的猜想、观察正确。

【设计意图】观察、猜想也是一种能力。

师:转化,设 $t=x+y$,它表示什么?

【学情预设】有了前面问题 1 的铺垫,学生容易得到:它表示斜率为 $-1$,截距为 $t$ 的直线。进一步,引导学生利用该直线的几何意义求 $t=x+y$ 的最大值。

师:直线 $t=x+y$ 与不等式表示的区域有公共点,直线 $t=x+y$ 表示斜率为 $-1$,截距为 $t$ 的动直线 $l$,当它经过点 $D(1,4)$ 时,动直线 $l$ 的截距最大,此时 $t_{max}=1+4=5$。

【设计意图】由易到难,从猜想、观察到动态平移直线,引出图解法;着重培养学生对问题的探究意识、发散思维。

【变式拓展】用图解法求解以下问题:

变式 1:$t=x+y$ 的最小值呢?

变式 2:$t=x+2y$ 的最小值呢?

变式 3:$t=x-y$ 的最大、小值呢?

师:注意动静结合:直线的方向是确定的,截距是变化的,取得最优解的位置一般在界点上。

【设计意图】在问题变式中体会图解法的实质。

【动画演示】

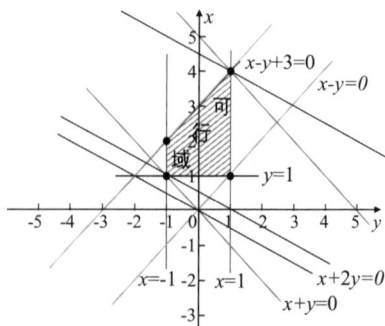

图 1

【设计意图】在传统黑板板演之后进行课件的动画演示,增强直观与形象感。

4. 暂停之思,引出概念

师:请总结出图解法解题的基本步骤。

(1)画图:画出不等式组(线性约束条件)表示的区域(可行域)。

(2)计算:可行域顶点的坐标。

(3)分析:所给的关于 $x$,$y$ 的式子(目标函数)表示的含义。

(4)解答:用平移法、代入法求得目标函数取得最大或最小值的可行解(最优解)。

师:引出线性约束条件、可行域、目标函数、最优解、线性规划的概念。

可行解:满足线性约束条件的解 $(x,y)$ 叫作可行解;

可行域:由所有可行解组成的集合叫作可行域;

最优解:使目标函数取得最大、小值的可行解叫线性规划问题的最优解。

线性规划:求目标函数在线性约束条件下的最大值或最小值的问题,统称为线性规划问题。

5. 学以致用,巩固新知

【引例】　某工厂用 A、B 两种配件生产甲、乙两种产品,每生产一件甲产品使用 4 个 A 配件并耗时 1 h,每生产一件乙产品使用 4 个 B 配件并耗时 2 h,该厂每天最多可从配件厂获得 16 个 A 配件和 12 个 B 配件,按每天工作 8 h 计算,该厂所有可能的日生产安排是什么?

如果每生产 1 件甲产品获利润 1 000 元、生产 1 件乙产品获利润 2 000 元,如何安排生产获利最大?

师:请同学们按甲乙产品对应的配件、耗时、利润等数量用图表表示,找出基本数量关系。

师:将之转化为线性规划问题,并求解之。

师、生:师在黑板上列式作图,生在练习本上独自完成;师巡视课堂,做个别指导。

师:指出学生练习中出现的问题,引导学生借鉴板书学会规范表述。

略解:设甲乙两种产品的日生产分别为 $x$、$y$ 件,则 $x$、$y$ 满足约束条件为

$$\begin{cases} x+2y \leqslant 8 \\ 4x \leqslant 16 \\ 4y \leqslant 12 \\ x,y \geqslant 0 \end{cases},且\ x,y \in \mathbf{N},利润\ z=x+2y(千元)。$$

作出约束条件所表示的平面区域和动直线 $l:z=x+2y$,利用图解法求解,得:所有的生产安排如可行域中的整点所示,当动直线 $l$ 经过点 $A(2,3)$ 或 $B(4,2)$ 时,$z=x+2y_{最大}=8$. 即每天生产 2 件甲产品,3 件乙产品,或 4 件甲产品,2 件乙产品时,所获利润最大:8 000 元。

师生一道,总结解决线性规划问题的一般步骤。

(1)列:设未知数,列出不等式组;

(2)画:画出不等式组表示的可行域;

(3)解:解方程组,求出可行域顶点的坐标;

(4)析:分析目标函数表示的含义(几何意义);

(5)答:平移法,平移目标函数所表示的动直线,观察动直线的"可行位置"与"最佳位置",计算得到答案;代入法,将可行域几个顶点的坐标值代入目标函数,比较得到答案。

【设计意图】与课初引例前后呼应,利用所学知识解决简单的线性规划应用问题;同时与例1相互关联,将可行域从特殊情形推广至更为一般的情形,将唯一最优解推广至多解的最优解。

6. 课堂小结,反思提升

师生一起总结本课的收获:

(1)掌握了一种方法:图解法。

(2)强化了两种技能:画图(直线)的基本功;计算(解方程组)的技能。

(3)感受了三种思想:数形结合的思想、函数与方程的思想、相互转化的思想。

(4)了解了四个概念:可行解、最优解、可行域、线性规划。

师:同学们,一节课很短暂,一节课所学知识方法也就一点点,每天收获一点点,进步一小步,日积月累,我们的头脑就会变得越来越强大!

7. 课后延伸,分层作业

(1)必做题:课本91页练习:1(1)(2)。

(2)思考题:引例中我们能用代入法:将 $x$、$y$ 的最大值代入求得最优解吗? 为什么?

【设计评价】

本节课就"文化数学"课堂理念下的教学方式,做了一些探索。

1. 抓住本课的重点与难点——图解法进行设计,强化了双基中的两种技能:画图(直线)的基本功、计算(解方程组)的技能,渗透了数学思想方法,如数形结合的思想、函数与方程的思想、相互转化的思想。彰显了"文化数学"的"理性课堂"内涵。

2. 注重"磁性课堂"的营造。课堂引入自然贴切,教学语言生动风趣,问题设计贴近学生实际。注意学生身边的数学,设计了学生现实世界的问题,激发学习兴趣热情,培养学生应用数学的意识和数学动手实践能力。注重了多媒体辅助教学的合理应用,在寻求最优解的图解过程中给予了直观动态演示。

3. 注重学生学习感受,追求"诗性课堂"。通过情境设置引出课题,温故知新引出新课。精心设计认知脚手架,变式拓展,不断提供学生思维参与的时间与空间,经常与学生一道"暂停之思",整理反思,引向深入。课堂小结"一二三四",画龙点睛,言简意丰,最后不忘对学生人文关怀,"每天收获一点点,进步一小步,日积月累,我们的头脑就会变得越来越强大!",实现了让学生"学起来有兴趣,学当中有信心,学之后有收获"的"文化数学"三有目标。

# "数列复习"教学设计

厦门双十中学　赵祥枝

## 一、概述

本节课是《高中数学必修5》第2章的内容,数列是高中阶段的重要内容之一,是研究离散型数学问题的典型案例。数列学习具有公式多、方法活和题型变化大的特点,往往出现公式会、题型熟、方法对但结论不全的错误,其本质就在于学生没有关注到问题的细节,没有领悟方法的本质。因此,作为数列复习课,如何融汇公式、方法和题型于一节课,提高复习的效率,就是本节课的追求。

## 二、教学目标分析

(1)**知识与技能**:掌握等差数列与等比数列的定义、通项及前 $n$ 项和公式并能灵活运用;会把数列问题转化为等差和等比数列加以研究并解决问题。

(2)**过程与方法**:通过对等差和等比数列定义、通项及前 $n$ 项和公式的比较研究,引导学生用类比的方法研究等差和等比数列,用转化的思想研究递推数列问题,以函数与方程、数形结合、分类与整合、化归与转化、特殊与一般等数学思想统领教学过程。

(3)**情感、态度与价值观**:经历由等差数列联想等比数列的过程培养数学发现能力和抽象概括、推理论证等分析问题和解决问题的能力,发展学生的理性思维。

## 三、教学重点

等差、等比数列的通项公式和前 $n$ 项和公式的推导、应用以及方法的迁移。

**教学难点**

巧用性质,减少运算量,灵活地解决数列问题。

## 四、学习者特征分析

授课班级为省一级达标校生源较好的班级,学生具有较好的数学基础,有较强的学习积极性和主动性,数理逻辑思维能力较强。

本节课学习之前,学生已经学完了高中阶段数列的全部内容,初步掌握了等差和等比数列的基本公式、方法及应用,能够解决数列的基本问题,但学生还没有建立起完善的知识结构,对于一些灵活性较强或者难度较大的问题,学生还不能熟练加以解决,学生逻辑思维的严谨性和灵活性还有待进一步提高。这样,学生就渴望用更简洁、更高效的手段解决问题,也就具备了学习本节课的知识基础和心理动机。

### 五、教学资源与工具设计

设计"用类比的方法研究等差数列与等比数列"学习表格(见附件),为学生的学习提供基本的线索和思考的方向,方便学生课前对知识的整理和归纳,形成认知冲突;也有助于老师对学生学习情况的掌握,能够让老师在课堂上把主要精力用在学生认知的难点和疑点的教学上。经过学生的整理和教师的点评,等差数列与等比数列的联系和区别跃然纸上,有助于学生的理解。

### 六、教学过程

**表1**

| 教学过程 | 教学内容 | 教师活动 | 学生活动 | 设计意图 |
|---|---|---|---|---|
| 提出问题 | (1)本节课重点从定义、通项、前 $n$ 项和以及性质等维度研究等差、等比数列,并借用研究这两类特殊数列的方法解决其他一些数列通项及前 $n$ 项和有关的问题<br>(2)课前我们完成了对照表,总体完成不错,收到了有意义的信息,下面我们展示一些同学的成果 | 提出问题,指出本节课的研究内容和重点 | 结合课前完成表格的体验,思考问题,尝试、探索,做好思维准备 | 问题是数学的心脏。数学教学应当从问题开始。教师把数学教学的锚,抛在学生最近发展区内,为教学的展开提供知识和思维的生长点 |
| 展示与完善(一) | (1)等差数列和等比数列的定义(请用文字语言和符号语言分别表示)<br>(2)等差数列、等比数列的单调性 | (1)展示学生1的对照表,引导学生进行补充<br>(2)$d$ 和 $q$ 都可以取任意实数吗?<br>(3)引导学生探究等差数列单调性与 $d$ 的关系,等比数列单调性与 $q$ 的关系。(性质1) | 回忆、思考、比较<br>(1)从第二项起;$a_n - a_{n-1} = d(n>1)$<br>(2)$d \in \mathbf{R}, q \neq 0$<br>(3)分 $d>0, d=0, d<0$ 三种;$q<0$ 时为摆动数列,再讨论 $0<q<1, q>1$ 情况,结合首项符号 | 通过"留白",提示学生知识的易错点,强化学生的理解;通过定义的比较为后续的类比做好铺垫 |
| | (3)等差(等比)数列的通项公式及其变形 | 继续展示学生1,思考<br>(1)等差数列的通项 $a_n$ 是关于 $n$ 的一次函数?由此可得等差数列的函数特征是什么?等比数列呢?<br>(2)通项公式及变形可以与直线方程哪种形式对应?<br>(3)给定两项,能确定等差数列?对等比数列呢? | (1)等差数列的通项 $a_n$ 是关于 $n$ 的线性函数;等比数列 $a_n$ 是关于 $n$ 的形如 $y=cq^n$ 的函数<br>(2)点斜式、斜截式<br>(3)先确定公差,$d=(a_1-a_k)/(l-k)$,…;对等比数列可能不唯一 | 在比较中提升知识结构的完备性 |

续表

| 教学过程 | 教学内容 | 教师活动 | 学生活动 | 设计意图 |
|---|---|---|---|---|
| 展示与完善（二） | (4)等差（等比）数列的通项公式的推导过程及体现的数学方法<br>(5)形如 $a_{n+1}=pa_n+r$（$p$，$r$ 为常数）的递推数列求通项 | (1)展示学生 2 和学生 3 的对照表，引导学生总结出等差和等比数列通项公式的推导过程，并加以类比<br>(2)上述方法能否推广？请你写出一个可以用上述方法解决的问题<br>(3)用待定法将 $a_{n+1}=pa_n+r$ 变为$(a_{n+1}+x)=p(a_n+x)$，转化为等比数列 | 参考展示出的对照表，完善自己的表格，形成推导过程的基本方法：归纳法、迭代法、累加（乘）法。掌握其适用条件后自己写出一个可以用这些方法解决的问题，加深对方法的理解和掌握 | 方法的总结、迁移是本节课的重点和难点。通过对推导过程的复习、总结，使学生掌握方法，并合理迁移。能自己构造问题则说明学生能灵活应用了 |
| 展示与完善（三） | (6)等差（等比）数列的前 $n$ 项和公式及变形结构特征<br>(7)公式及变形的推导过程及体现的数学方法<br>(8)方法的迁移与应用 | (1)展示学生 4 的对照表，强调对公比 $q$ 的分类讨论<br>(2)引导关注公式的结构特征，联想到梯形的面积公式，引出公式的几何解释（展示学生 5 的对照表）<br>(3)牵出倒序相加法、分组求和法及其理论依据<br>(4)等比数列前 $n$ 项和公式的推导过程的探究，展示学生 6 的对照表，引导学生从不同角度思考问题 | (1)对公比 $q$ 的讨论，领悟分类讨论思想<br>(2)感受数学探索的美妙，体验数学结论形成过程及获得的成就感，体会思考问题的条理和逻辑性<br>(3)距首末等距离的两项和相等（性质2，类比等比数列）<br>(4)画 $S_n=An^2+Bn$ 的图像，都过原点<br>(5)错项相减法及迁移："等差×等比"型数列可用 | 此处是本节课的又一个难点，也是学生易错点出现的地方。本节课通过一般结论的探索和具体问题的研究，培养学生严谨的逻辑思维和关注细节的良好习惯 |

续表

| 教学过程 | 教学内容 | 教师活动 | 学生活动 | 设计意图 |
|---|---|---|---|---|
| 问题探究 | 问题1.$S_n$是数列$\{a_n\}$的前$n$项和为,根据下列条件求$a_n$:<br>①$S_n=2n^2-3n$<br>②$S_n=2n^2-3n+1$<br>③$S_n=3^n+c$<br>问题2.$S_n$是数列$\{a_n\}$的前$n$项和<br>①$a_1>0$,$S_9=S_{16}$,则$n=$____时$S_n$最大<br>②$a_3=12$,$S_{12}>0$,$S_{13}<0$求公差$d$的取值范围,并求$S_n$最大时$n$的值<br>(问题2(2)为作业题,用基本量法求得$d$的取值范围) | (1)提出问题,巡视,观察学生解决问题的过程并给与必要的点评和指导,最后与学生共同总结<br>(2)问题1追问:对①和②,$\{a_n\}$是等差数列吗？如何判断一数列是否为等差数列？③中$c$为何值时,$\{a_n\}$为等比数列？<br>(3)问题2①追问:$S_{25}=$____能否将问题推广到一般？<br>2②引导学生求$S_n$最值的常用方法,体验函数思想解决问题的精妙 | 学生独立完成<br>(1)①$a_n=4n-5$<br>②$a_n=\begin{cases}0,n=1\\4n-5,n>1\end{cases}$<br>(2)用定义证明①是等差数列,举反例说明②不是等差数列;<br>③$a_n=\begin{cases}3+c,n=1\\2\times3^{n-1},n>1\end{cases}$<br>当且仅当$c=-1$时数列$\{a_n\}$等比数列<br>(2)①$n=\underline{12\text{ 或 }13}$<br>(3)问题2①,合作探究,$S_{25}=0$;<br>推广:对等差数列,若存在正整数$m$和$k$,使得$S_m=S_k$,则$S_{m+k}=0$<br>②分析讨论得$S_6$最大 | 问题1是本节课的易错点所在,通过变式比较,让学生清楚问题出在对项数$n$的讨论上;问题2则要求学生灵活选择解题方法,两个问题都来源于教材和平时的练习,处在学生的"最近发展区"内,促进学生思维品质的完善 |
| 自主小结 | 通过本节课的学习,你对数列的问题和方法有哪些新的认识？ | 与学生一起分析、讨论、总结 | 回顾、反思、小结 | 通过学生自己反思和小结,让学生明确数列的基本问题:通项和求和,以及基本方法 |
| 课的延伸 | 对照表中还有一些指标本节课没能解决,请同学们在独立思考的基础上合作完成余下的学习任务 | | | |
| 板书设计 | 1.3 数列——问题和方法<br>一、求数列通项公式的常用方法<br>1.归纳猜想;2.累加法;3.累乘法;4.迭代法;5.待定系数法;6.转化为等差或等比数列<br>例$a_1=a$,$a_{n+1}=pa_n+r$($p$,$r$为常数)<br>二、求和的常用方法<br>1.倒序相加;2.分组求和;3.错位相减;4.裂项相消;<br>5.并项求和 | | | |

**教学设计说明：**

笔者主张活力数学,鼓励学生自主探索、动手实践、合作交流等学习数学的方式,本课例主要依此进行。首先,设计"用类比的方法研究等差数列与等比数列"学习表格,要求学生课前完成,在填写表格的过程中,学生对数列的知识结构将有更深刻、更全面的认识;其次,老师对学生完成的表格加以点评、整理,课堂上进行展示、补充、完善;最后,在课堂教学中,通过学生和老师的互动解释学生脑海中的疑点和困惑,完善学生的认知结构,通过思维的碰撞和师生的交流,达到提高复习课效率和促进学生思维发展的目标。

探究性学习是活力数学倡导的学习方式之一,在宽松、和谐的学习氛围里,努力凸显探究性学习所固有的问题性、自主性、过程性和开放性,教学不浮于表面,不流于形式。通过数学探究性学习,真正把学生推到了主体位置,促使学生主动参与到教学活动中,激发学生探究欲望和对数学学习的兴趣,逐步形成锲而不舍的钻研精神和科学态度,促进学生数学思维品质的优化和理性思维的提升。

**附　用类比的方法研究等差数列与等比数列**

| | | 等差数列 | 等比数列 |
|---|---|---|---|
| 定义 | 文字叙述 | ……每一项与它的前一项的____等于同一个常数…… | ……项的____等于同一个常数…… |
| | 递推关系 | | |
| 通项公式 | 1 公式及变形 | | |
| | 2 公式推导过程及体现的数学方法 | | |
| 前 $n$ 项和公式 | 1 公式及变形 | | |
| | 2 公式推导过程及体现的数学方法 | | |
| 主要性质 | 1 单调性 | | |
| | 2 对称性 | | |
| | 3 | | |
| | 4 | | |
| 若干等价条件 | 1 定义 | | |
| | 2 中项 | | |
| | 3 $a_n$ 的特征 | | |
| | 4 $S_n$ 的特征 | | |
| | 5 | | |

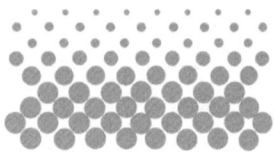

# 英　语

# 《How Life Began On The Earth》课例

厦门第三中学　黄聚宝

## 一、教学设计与策略

### （一）Designing thoughts(设计思想)

According to the second language acquisition and whole language teaching, I design this reading lesson with the core concepts of "autonomous learning" and "cooperative exploration", which correspond to the belief of the New Curriculum. Meanwhile, the Top-down Reading strategy will be mainly adopted here to achieve the teaching aims through various levels of text interpretation, aimed to cultivate Ss' logical thinking, critical thinking and creative thinking.

### （二）Analysis of teaching materials （教材分析）

1. Status and function of this period(地位与作用)

This reading passage is the highlight of this unit. It's mainly about the formation of the earth and the development of life on it. After reading the passage, the Ss are expected to realize the importance of taking care of our earth. Taking good care of the earth means taking good care of ourselves.

2. Teaching aims （教学目标）

（1）Knowledge aims

The Ss are supposed to better understand the theory about the origin of the universe and life on the earth — the "Big Bang" theory.

（2）Ability aims

Ss will be able to use specific reading skills (eg. skimming, scanning and inferring) to have a global understanding of the text.

(3)Emotion aims

Ss will learn to show concern about the future of life on the earth.

3. Focus and difficulties(重难点)

Focus:

Talk about the beginning of life on the earth.

Discuss the order of development of life.

Difficulties:

Understand the beginning of life on the earth.

Discuss: What will our future be if the earth may become too hot to live on?

(三)Analysis of the Students(学情分析)

After learning for one term in senior high school, the Ss have already got improved in basic reading skills. They are able to put forward their own opinions by discussing with the others about the origin of life on earth, which may arouse Ss' interest and curiosity. Besides, the Ss are willing to display themselves nowadays. Though the Ss get the abilities of skimming, scanning and concluding, there's still a long way to go for them to master these abilities. Especially, their ability to locate the particular information is limited, let alone penetrating the deep meanings between and behind the lines.

(四)Teaching strategies(教学策略)

1. Situational teaching techniques

Present some pictures of legends about how life began on earth to encourage Ss to say some information about it.

2. Task-based Language Teaching Methods

Provide different tasks in different phases for the Ss, such as skimming for main ideas, scanning for the detailed and discussing for the further understanding.

3. Student-centered teaching methods

Guide the Ss to get the needed information, to know the intention of this passage, to read between the lines and how the passage is organized.

4. Teaching Aids: Multi-medium Tools

(五)Teaching resources(教学资源)

Show some pictures of the legends, folk tales or scientific theories about how life began on earth by using PPT.

二、教学过程实录

**I. Preparation(8 m)**

1. Duty report

Teacher's activities:

Listen and comment: Just now, the students on duty talked about the problems caused by humans to the earth in her own words. It's well done only after a deep reading of the text, combining her own understanding and life experiences. That's all for duty report. Yesterday we learned about the new words & expressions together with the warming-up section, unit 4, module 3. Now you're expected to speak out the words according to the English explanation and then have a quiz on the spot.

Show PPT and demonstrate.

Students' activities: Listen and answer questions; Look and say.

【设计意图】 To review and check whether students can use words and expressions they have just learned to express themselves.

2. Testing vocabulary

Read the explanation and speak out the word it explains.

(1) using force to hurt or attack (violent adj. 猛烈的;强暴的)

(2) the smallest unit of any chemical element (atom n. 原子)

(3) to be, or to be real (exist vi. 存在;生存)

(4) any ball-shaped object(globe n. 球体;地球仪;地球)

(5) a formal statement of the rules on which a subject of study is based or of ideas which are suggested to explain a fact or event (theory n. 学说;理论)

(6) the mixture of gases around the Earth (atmosphere n. 大气层;气氛)

(7) the number 1 000 000 000 (billion n. (英)万亿;(美)十亿)

(8) a set of connected or related things (chain n. 链子;连锁;锁链)

Quiz:

Complete the following sentences with proper words.

(1) The idea e_____ only in the minds of poets. (exists)

(2) There are many _____ (学说) about the origin of life. (theories)

(3) I bought this loaf of bread in the c_____ store opposite the street. (chain)

(4) The _____ (猛烈的) winds buried the village in sand in half an hour. (violent)

(5) The _____ (气氛) changed as soon as Lily walked in. (atmosphere)

(6) Smoking is h_____ to our health. (harmful)

【设计意图】To strengthen memorization of target words through word associations.

## Ⅱ. Presentation(8 m)

**Step 1: Lead-in**

T: Hello, everyone! Today we'll come to Unit 4 Astronomy. Before that I have a question: Where do we come from? Or we can say: Who are our ancestors?

S1: Monkeys!

S2: Beijing Ren who lived many years ago.

S3: Reptiles.

S4: Mammals.

S5: Amphibians.

S6: Dinosaurs.

T: Very good! Can you put them in right order?

S7: Amphibians, Reptiles, Dinosaurs, Mammals, Beijing Ren.

T: Do you know what it was like before life appeared on earth?

S8: It was full of water, perhaps.

T: Before that, what was it like?

S9: Sorry, I don't know.

T: Do you want to get more information? Today we'll learn something about How Life Began on the Earth.

【设计意图】To introduce the topic, true to life.

**Step 2: Pre-reading: Talking and sharing**

·Do you know the origin of life on earth?

·Each religion or culture has its own ideas about how life began on earth.

Show some pictures to the class and encourage Ss to say some information about how life began on the earth. They can say some related legends, folk tales or scientific theories about the topic.

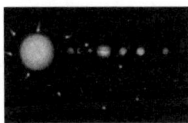

The solar system is made up of the sun and the objects that orbit it.

The earth's atmosphere.

【设计意图】To arouse Ss' interest in learning about some related information about the universe.

Some ideas about the beginning of the universe:

In Chinese culture…

· Pan Gu separates the sky from the earth 盘古开天地

· Nu Wa makes men 女娲造人

In western countries

· God created the world and all living things.

【设计意图】To arouse Ss' interest in learning about some related information about the universe.

**Step 3: Prediction**

Now thinking and predicting: Have a discussion and prediction in groups of four and then present your opinions.

Teacher's activities:

But ideas above are all not the correct and scientific ideas. Do you know the scientific idea of the development of the life on the earth? Then we'd better come to the text.

Ask Ss to Predict the main idea of the reading passage according to the title and the pictures. And also inspire the students to find as much information from the title as possible.

Students' activities: Work in groups of four to predict what the author will write.

【设计意图】To cultivate Ss' critical thinking by predicting the title, which is the best refinement and contraction of an article.

### Ⅲ. Practice(15 m)

**Step 4: Fast reading**

1. Skimming to get general ideas

Reading Comprehension Ⅰ

Skim the text, and check whether the prediction is correct.

Questions (2 m)

(1) What is the general idea of the passage?

The text mainly tells us the ＿＿＿ of the earth and the＿＿＿ of life on it. (Key: formation, development)

(2) In what order was the passage written? (key: In order of time)

(3)What type of writing is it? (Key: Common science writing)

【设计意图】To train the Ss' skimming ability, which helps Ss to master the general idea of the text wholly, understand the structure of the text and sort out the context and do preparations for scanning.

2. Scanning to get detailed information

Reading Comprehension Ⅱ

True or False

(1) The dust settled into a solid globe between 4. 5 and 3. 6 billion years ago. (F)

(2) The first small plants began to appear on the surface of the land. (F)

(3) Dinosaurs died out long before human beings developed on the earth. (T)

(4) About 2. 6 million years ago some small clever animals appeared and spread in the ocean. (F)

Students may think it true or come across some problems here. Therefore, some hints are given as follows:

Question: What does "small clever animals"refer to here?(Humans)

Further question: But can humans appear in the ocean?

【设计意图】To develop the Ss' ability of locating the particular information to understand the detailed information by way of scanning.

**Step 5: Deep reading**

Reading Comprehension Ⅲ

(1) The earth was different from the other planets in that ＿＿＿. (C)

A. a cloud of dust was around the earth

B. comfortable climate remained on the earth

C. water remained on the earth

D. carbon remained on the earth

(2) The plants grew before the animals because they provide _____ . (B)

A. nutrients for animals to absorb

B. oxygen for animals to breathe

C. temperature for animals to keep warm

D. water vapour for animals

(3)From the last paragraph we can infer that the author is _____ . (C)

A. confident    B. sad    C. concerned    D. angry

Now get the main idea of each part.

Paragraph 1:A widely accepted theory about the formation of the universe;

Paragraph 2:The formation of the earth;

Paragraph 3:The importance of water for life;

Paragraph 4:The development of plants and animals on the earth;

Paragraph 5:The arrival of humans and their impact on the earth;

Teacher's activities: Guide the Ss to infer and summarize.

Students' activities: Do Ex. and get the main idea of each part.

【设计意图】To develop Ss' ability of inferring and summarizing.

**Step 6: Close reading**

Read the passage carefully and analyze its structure.

Teacher's activities: Guide Ss to read the passage carefully and analyse its structure.

Students' activities: Read the passage carefully and analyze its structure.

Finish the time line

**Finish the timeline.**

**Development of Life (1)**

1. (Big Bang): The earth was still a cloud of __dust__ . →

2. (between 4.5 and 3.8 billion years ago): The dust settled into a solid __globe__ →

3. (explode): water __vapour__ and some other gases were produced and made the earth's __atmosphere__ . →

4. (cool down): __water__ appeared on the surface. →

5. (life began): Arrival of small __plants__ on the surface of the water. →

**Development of Life (2)**

6. (multiply): The oceans and seas were filled with _oxygen_ and the development of shellfish and other fish were encouraged. →

7. (next): Green plants began to grow on _land_. →

8. (followed in time): Land animals such as insects and_amphibians_ →

9. (plants grew into forests): Reptiles appeared. →

10. (after that): Huge animals, called _dinosaurs_ developed. →

11. (dinosaurs disappeared): It made the rise of _mammals_on the earth possible. →

【设计意图】To get the Ss to understand the text better.

**Step 7: Post-reading activity: Discussing**

Teacher's activity: Divide Ss into two groups to discuss the following questions in groups of four.

Students' activity: Discuss the following questions in groups of four.

Group 1 What problems have been caused by humans to the earth?

Group 2 As a student, what little things can we do for the earth?

【设计意图】To deepen their understanding of the passage and develop their ability of reorganizing the key information and spirit of cooperation.

**Step 8: Concluding**

What have you learned from the passage?

Teacher's activity: Guide Ss to conclude:

Students' activity: Ss conclude:

*Environment-friendly*

Taking good care of the earth means taking good care of ourselves.

【设计意图】To cultivate Ss' concluding ability

**Ⅳ. Production (12 m)**

**Step 9: Quiz**

Retell the text by filling the following blanks.

How did the earth come into being?

Fill in the blanks with the proper words.

After the _____, the earth was a cloud of_____. Later the dust began to _____ into_____. And then it _____ loudly with fire and rock, which were in time to _____ the water vapour, carbon dioxide, ··· which were to make the earth's _____. As the earth

_____ down, _____ began to _____ on its surface. Water had _____ from planets or satellites, but it _____ on the earth. That made it possible for life to begin to _____. ( Key: "Big Bang", energetic dust, combine, a ball, exploded, produce, atmosphere, cooled, water, appear, disappeared, stayed, develop)

The arrival of _____ encouraged the _____ of early _____. Many millions of years later _____ began to appear _____. Later _____ appeared. Some were_____. Others called _____, were able to live on lands well as _____. When the plants grew into forests, _____ appeared for the first time. After they disappeared, _____ became more important. They were the last group of animals different from because they _____ milk from within their bodies. (Key: small plants, development, shellfish and all sorts of fish, the first green plants, on land, land animals, insects, amphibians, in the sea, dinosaurs, mammals, produced)

【设计意图】To consolidate what has learned.

## Ⅴ. Progress (2 m)

**Step 10: Homework: Project Research**

1. How can we protect the earth and make it a better place to live on?

Design an activity on Earth Day.

2. How life began on earth is one of the biggest puzzles that scientists found hard to solve. What other puzzles are hidden in the passage?

【设计意图】To extend what has learned.

### 三、反思与点评

本节课为福建省中学英语名师培养工程（教研）活动公开课,课题:Module 3 Unit 4 Astronomy: the science of the stars(普通高中课程标准实验教科书·人教版),课型:A Global Understanding of the Text: How life began on the earth(整体阅读理解课),授课对象:厦门三中高一(3)班学生。

本课例根据二语习得和全语言教学理论,以自主学习和合作探究为核心理念,应用自上而下的阅读教学策略,渗透任务型英语教学方法,体现个人教学主张及教学风格,结合生活实例,精心设计了由浅入深、循序渐进的针对不同层面的文本解读的教学环节,步步为赢,旨在培养学生的逻辑思维、评判性思维及创新思维能力,整堂课思路清晰,教学内容丰富,形式鲜活,采用全英语教学;教学过程中注重三维目标的落实,注重"折腾"的过程,不断追问与启迪学生,提出"满分＝正确答案＋准确理解"的要求,如学生在回答 True or False 4. About 2. 6 million years ago some small clever animals appeared and spread in the ocean. 出现不同答案时,老师不断地追问提示:What does "small clever animals" refer to here? (Humans), Further question: But can humans appear in the ocean? 等问题,着重培养学生思辨的能力,为学生终身可持续发展奠定基础。这节课既坚持了教师在课堂教学中的主导地位,更突出了学生的主体作用,符合新课程的教学理念,达到了预期的教学目标。

公开课后,由黄军生博士主持评课活动。他深度地分析了本节课的教学思想及新颖独

到之处,概括了以下几处亮点:

1. Thinking-based instruction(思维发展融入教学);

2. Strategy-embedded instruction(阅读策略嵌入讲解);

3. Intercultural-awareness raising(跨文化意识渗透课堂);

4. Time line as a clue(时间主线贯穿全文)。

同时,也提出了商榷意见,即是否适宜在高中教学阶段要求学生挖掘文本阅读中的Tone(基调)和 style(风格)等深层次的理解问题。最后,他评价说执教教师黄聚宝是一个教学型、研究型双具备的老师,富有教学思想。与会的其他专家、名师、学科带头人也都畅所欲言。

# "高中英语阅读课文整体教学"主题设计
## ——人教版高中英语必修五 Unit One "Great scientists"

福州第十八中学　刘晓宁

### 一、教学整体设计思路、指导依据说明

本设计拟以高中英语（NSEFC）第五模块第一单元 Great scientists 课文为例，讨论高中英语课文整体阅读教学的方法与途经，展示本课教学内容与设计思路。

整体教学观是"整体语言教学法"的核心观点，其流程是"整体→部分→整体"（即 $Whole_1$→Part→$Whole_2$）。阅读课文整体教学，指的是学生在教师指导下，整体理解阅读文本，知道文本大意，从文本中寻找具体信息和细节，在全面理解文本的基础上获得个性化理解，把语言知识转化为语言技能，实现知识向能力的转变，体现了"整体——部分——整体"的教学过程。在整体理解、局部加工、回归整体的教学过程中，教师的"导"与学生的"学"相互作用，使教和学有机整合，提高了阅读教学质量。

### 二、教学背景分析

#### 1. 课程标准分析

在英语教学中落实课程标准，就是贯彻执行国家教育部关于课程改革的决定。新课程标准的三维教学观，具体到英语学科就是要整合发展学生语言技能、语言知识、情感态度、学习策略和文化意识五个方面的素养，培养学生综合运用语言的能力。开展课程探究是培养学生综合语言运用能力的最佳手段。所以，在教学设计里，每一个教学活动中应有情景设计、学生探究、学生处理问题和巩固训练等环节。

#### 2. 教材内容分析

本单元围绕"科学家"这一主题开展听、说、读、写多种教学活动，主要话题是"科学家如何以探索、钻研、无畏的科研精神验证未知的科学真理"。通过本单元的学习，了解科学家们对人类发展所做出的贡献及其成果。这是一个非常贴近生活、具有社会意义、挖掘性强的教学主题。

#### 3. 学生情况分析

我校属省二级达标学校，学生的英语底子相对薄弱，但是针对高二学生的年龄特征，课堂教学的展开还算顺利。我所授课的班级学生思维敏捷，和老师相处和谐。在教学中我利用妥善的语境，加之良好的激励机制，使学生能积极参与教学活动，并愿意主动解决学习中遇到的困难，最终获得成功的体验。

#### 4. 教学重难点分析

本节课的重点在于培养学生的整体阅读能力，由此让学生了解科研的基本步骤，掌握基

本的阅读方式。以训练学生的逻辑思维,为后续的写作打下基础。

5. 教学目标分析

**知识目标**

1. Train the students' reading ability.

2. Learn and master the following:

(1) Words: characteristic, radium, painter, analyse, defeat, expert, attend, physician, cure, victim, absorb, suspect, enquiry, severe, pump, foresee, blame, handle, announce, instruct.

(2) Phrases: lift up, put forward, draw a conclusion, expose … to, link … to, absorb … into, be similar to.

(3) Structures: so … that … , neither … nor … , it seemed that … .

**能力目标**

Learn to describe people: characteristics and their qualities.

**情感目标**

通过文章让学生了解一些著名科学家的故事,激发学生学习科学、爱科学、用科学及勇攀科学高峰的精神,让学生利用一些日常用语同老师和同学交流当今科学发展的趋势及其对人类发展所产生的巨大作用。

三、阅读课文整体教学

(一)预习与导读

当代教育提倡"先学后教",预习是"先学后教"的重要环节,也是学好功课的前提,预习为培养学生自学能力、扫除课堂教学障碍、突出教学重难点、加大课堂容量提供了十分有利的条件。在阅读课文教学中,学生的预习会促进发挥学习主动性和积极性,带着疑难和兴趣来听课,是顺利开展课堂教学不可或缺的环节。教师应坚持要求学生课前预习,使之养成自主预习的好习惯。预习做好了,自主学习意识就强了,课堂效率就会有所保证。为了促进学生的预习,教师应采取必要的监控和评价措施,如抽查不同层次学生的预习情况,让学生展示课前准备的课件、图片或其他内容,课前花几分钟时间听写生词,以值日报告的形式汇报预习的结果。教师可以选用这些监控预习的活动,在课堂上检查、反馈和评价。

本单元的预习设计是向学生提出以下几个方面要求:一是听录音带,自己解决单词的读音问题;二是要求使用工具书,如字典,对词汇表中的词进行归类分析;三是阅读课文,了解与该话题相关的内容,并完成以下两项任务:

(1) To understand what the damages the "King Cholera" caused.

(2) To guess what kind of the person John Snow was. (job, achievement, quality)

上课时教师抽查学生预习的情况,并将抽查的情况计入小组得分。如:在课前花几分钟时间在幻灯片上进行单词的词义配对;以值日生报告的形式,回答昨天布置的问答题,向学生展示课前准备有关"霍乱"的课件,让学生描述霍乱的危害;还可以列出一些词汇如:patient, hard-working, confident, determined, expert, physician, victim 让学生选择,来描述"what kind of the person John Snow was.",为"读中"阶段的教学做必要的铺垫。通过预习,学生会发现一些难点,在课堂上他们对在预习中遇到的难点会更加关注,从被动地"听"变成主动地"学",大大提高了听课效率。由于预习,学生对课文的内容有了了解,课堂上就有了更多思考的空间,教师也可以从原来的"满堂灌"的授课方式,转化为启发,诱导式教学。因此长期坚持预习,能培养学生独立思考的能力和自觉学习的习惯,同时也是优化课堂教学的有效步骤。

在检查和评价预习之后,是导入环节。在"读前"的导入环节,教师应对教材进行必要的分析和交代(高月,2009)。为了激活学生有关科学家及 John Snow 的背景知识,激发他们的阅读兴趣,帮助他们了解本节课教学安排和思路,明确学习目标和学习方法,笔者从导内容、导目标、导方法三方面入手,

导内容:This unit is concerned with a great scientist John Snow. You are expected to learn how John Snow, the famous doctor of Great Britain, found the cause of the most frightening cholera and defeated it in his living time. After reading you should know the qualities and abilities that make John Snow such a famous person. This is a narrative story, from which you will learn how to describe the activities of a great person and great events with the order of steps...

导目标:本节课预设三个教学目标,呈现如下:

After reading the text, I would like you to get the following goals.

(1) Can tell the main idea of the passage and can describe the research steps.

(2) Can say something about a scientific research and choose one paragraph or some sentences you think most important and read them out fluently.

(3) Can tell the partner or class what you have learned from Dr. Snow and how you can handle the cholera

这三个教学目标分别是本课文的知识目标,技能目标和情感目标。目标设置层层深入,由浅到深:先是说出文章大意,找出主题句,理清文章结构,了解记叙文的阅读和写作方法;然后是让学生能够将学会的知识来叙述科学实验的步骤,让学生自己选择句子和段落朗读,引导学生欣赏文章的语言风格和写作风格;最后让学生在合作学习中能用所学到的知识阐述个人的观点,表达他们对科学及科学家崇敬的情感和用科学的方法解决问题的态度。用以上的这种导读形式引入教学,不仅使得教学目标具体化,而且操作性更强,便于教师观察教学目标的实施情况,还能更好地检测学生对文章的理解情况。

导方法:When you are reading, would you please pay attention to some sentences in the passage which to describe how Dr. John Snow defeated the cholera.

本篇课文是叙事性文章,以科学实验的步骤作为线索,叙述 John Snow 是如何通过考察、分析、探究的科学方法,发现并控制霍乱这种疾病的。因此,在指导学生阅读时,要教他们通过找主题句来归纳文章的线索,了解作者的写作方式。

在上述导读之后,教师提出两个问题让学生思考,用任务来启动阅读活动。

问题 1:Why was cholera called "King cholera"?

问题 2:How did John Snow finally prove his theory?

（二）阅读与理解

"读中"阶段是引导学生学习语言知识和语言技能、训练学生过程与方法、培养学生情感和态度的重要环节。通常情况下，阅读过程是由浅入深的，教师对课文进行"略读——细读——评读"，然后进行交际训练（王才仁，1996）。在"读中"环节，教师可采用"整体理解、细节推敲、评读结合"的方式，努力理清作者的思路与意向，结合有关知识做出相应的评价。在John Snow defeats "King Cholera"阅读教学中，教师可设置若干任务，展开课文教学。

在略读环节，教师要求学生在规定的时间内阅读全文，然后回答以下两个问题：

（1）Why was the cholera deadly?

（2）How did John Snow finally prove his theory?

这两个问题能帮助学生了解文章的主要内容：霍乱产生的原因、造成的危害以及斯诺医生找出病因的方法。在略读环节设置这两个问题，目的在于让学生对整篇文章有个大致的理解，这也是整体教学的第一步 ——"从整体入手"。在完成上述两个问题后，让学生做"乱句重组"练习，如：

_____John Snow began to test two theories.

_____An outbreak of cholera hit London in 1854.

_____John Snow marked the deaths on a map.

_____He announced that the water carried the disease.

_____John Snow investigated two streets where the outbreak was very severe.

_____Kind Cholera was defeated.

_____He found that most of the deaths were near a water pump.

_____He had the handle removed from the water pump.

这个练习的设置能让学生对整个事件的发生—发展—结束有个明确的认识，帮助他们初步了解John Snow科学研究的具体步骤，把握文章脉络，对课文内容和结构有进一步的理解，这是从"整体理解"到"细节推敲"的过渡。

在完成了"整体理解"之后，教师要将学生带入"细读环节"，帮助学生捕捉到具体信息并对细节有更好的理解。首先让学生完成以下表格。在完成表格的过程中，学生通过对细节的推敲，能获取更多的信息。

表 1

| Stage 1 | Find a problem | A large number of people died of cholera, but neither its 1. _____ nor its 2. _____ was understood. |
|---|---|---|
| Stage 2 | Make a question | ★Theory one: Cholera 3. _____ in the air and floated around until it found its 4. _____. <br> ★Theory two: When people absorbed cholera into their bodies with food, their bodies were 5. _____. |
| Stage 3 | Think of a method | John Snow began to gather information to prove that 6. _____ theory was correct. |

续表

| | | |
|---|---|---|
| Stage 4 | Collect results | John Snow marked locations of the dead people on a map. |
| Stage 5 | Analyse the results | John Snow looked into the cause of the disease to see if the cause was the 7. _____ from the pump. |
| Stage 6 | Find supporting evidence | People 8. _____ cholera after drinking the polluted water. |
| Stage 7 | Draw a conclusion | ★Polluted water carried the 9. _____. <br> ★The source of all the water supplies should be 10. _____. |

这个步骤的目的是帮助学生寻找文章中的研究的过程和结果,使他们能进一步了解斯诺医生开展研究的原因、方法、步骤和结论。这篇阅读文章是一篇以实验步骤为线索的叙事文章,学生通过完成表格的填写,能更全面地理解文章的脉络和结构,更好地寻找到有关细节,深入理解课文。在细读环节中,为防止学生对信息产生错误的理解,教师可以适当增加一些判断正误的练习。

如:

(    ) 1. Cholera was the most deadly disease in London in the middle of the 18th century.

(    ) 2. With the help of a map John Snow gathered information to prove his theory.

(    ) 3. John Snow believed in the theory that cholera attacked people when they breathed dirty air.

(    ) 4. John Snow made three suggestions about how to prevent cholera spreading again.

(    ) 5. John Snow was able to defeat cholera once he found its cause.

这种题目的设置,让学生对细节理解更透彻,对文章的内容理解更准确到位。

学生在充分理解课文之后,教师可要求学生回答几个开放性问题,要求学生分组讨论,发表各自的观点。

如:

(1)Why did John Snow want to face challenge to find the cause of cholera?

(2)What would happen if John Snow did the research without the map?

这两个问题的设置目的是让学生通过再一次的仔细阅读,去思考和处理已经获得信息,从而加深对文章的理解,挖掘文章中的隐性信息,体会和感觉文章中 John Snow 作为一名医生所表现出的良好品质和严谨的科学态度。完成上述几个阅读回合及相关的问题后,学生已经能理解课文细节,把握课文相关内容,对整体的结构有了比较清晰的认识,而且还能触及 Great Scientists 课文的主题,领会到作者的意图。

(三)加工与产出

课文教学不仅要帮助学生观察和理解表层信息,也要促进学生深层次理解课文的结构和意义。通常情况下,教师可采用快速准确地理解文章细节、剖析文章的逻辑层次、快速准确地理解多义词在句中的语义内涵或利用上下文线索确定词义、运用相关信息探索作者思路、利用文化背景知识提高理解能力、归纳段落的主题句、分析文章的逻辑层次、缩写或改写课文等方式。对于本课的教学,教师可采用框架的形式来对文章结构进行分析和理解主题的方法,以帮助学生巩固所学知识、深化拓展活用语言知识、提高语言运用能力。

通过"How many parts can the text be divided into?"这个问题引导学生分析课文的结构。分析发现,课文分为三大部分,第一部分是第一、二两段,主要阐述 How the question makes up;第二部分是课文的第三、四、五段,主要说明 How John Snow found supporting evidence;第三部分是课文的最后一段,陈述 John Snow drew a conclusion.接着教师和学生一起将刚才的分析设计成文本框架图。

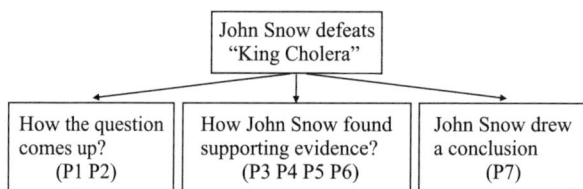

图 1

在此基础上进一步演变为思维导图,继续深化对课文的理解,即在每个部分后让学生补充实验步骤,在每个步骤后再写上 John Snow 做法。

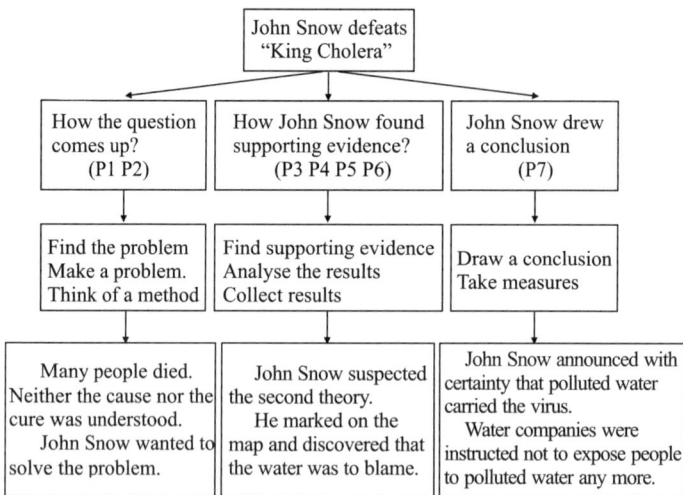

图 2

这张由师生共同完成的思维导图,让学生对课文进行了加工,帮助学生把握了课文的整体结构和意义,将所学到的知识条理化,系统化,让学生再次思考了课文的主题,了解文章结构,理解了作者的意图。在此基础上,教师引导学生根据这个思维导图上的信息和步骤,用本单元已经学会的单词、短语、句型以及过去分词来复述课文,既复习了单词短语,很好地促进了语言知识的掌握,又让学生掌握了叙事文章的阅读技能,使他们能够比较完整地认识本课的整体结构,巩固所学内容,并且能将学到的知识适当产出,将语言知识转化为语言技能,同时也养成了阅读和思考的好习惯。

最后教师让学生分组谈论一个问题,"If you were a doctor, what would you do in the disaster area when you found many people felt dizzy?"这个问题的设置贴近课本,紧扣教学目标,突出了学生的主体地位,给他们创造了表达的空间,让他们有充分的思考和想象,有话可说,学生还能从语言的组织过程中,对文本有个性化的理解,小组讨论让他们巩固了阅读的内容,让他们完成了语言学习从"学"到"用"的一个升华的过程,对知识有了进一步的产出。

四、教学评价

**评价内容:**本节课的教学评价包含两部分内容:教师评价和学生评价。评价既要注重对语言知识和语言技能的掌握情况,又要重视学生在学习过程中的情感态度和参与表现情况。根据本节课的教学内容、教学目标和教学重难点,教师应评价学生对本节课知识点的掌握情况,在整体阅读教学方法下对文章了解和理解的程度,以及对此篇文章事件的分析能力情况;学生的深层思维能力和表达能力;学生对于科学及科学家的敬重;合作和参与情况等。学生的评价可包含学生的自评和小组互评。评价的内容也是依据本节课的教学内容、教学目标和教学重难点进行的。学生对本节课语言知识的掌握情况,对文章的了解和理解认知情况,对教学信息的领悟程度,对教学资源的感受深度,以及学生参与合作的情况。

**评价方法:**观察,提问,练习和运用教学评定量表和核查表等。

表 2　教师评价表 (采用百分比制)

| 评价内容 | 得分 |
|---|---|
| 学生认知语言水平 | |
| 对教学信息的领悟程度(思维的活跃性) | |
| 教学过程调控的有效性 | |
| 对戏剧文本的理解分析程度(思维广度和深度) | |
| 对教学资源的感受深度 | |
| 学生参与活动态度 | |
| 学生情感态度价值观 | |

**学生自评和互评表:**先由学生按以下指标自行测评,再在小组内互评。采用 5 分制进行评分。1~5 分,表示得分由低到高,必要时可用语言补充说明。

表 3　学生评价表

| 评价内容 | 得分 |
|---|---|
| 语言知识掌握情况 | |
| 对文本理解情况 | |
| 参与小组活动情况 | |

续表

| 配音展示情况 | |
|---|---|
| 任务完成情况 | |

### 五、结语

英语学习过程既是新旧语言知识不断结合、不断建构的过程,也是语言能力从理论知识转化为实践应用的过程,这种结合与转化可以通过整体阅读和教学得以实现(范琳,2003)。阅读教学是高中英语重要的部分,它要求教师精心设计,在课堂上呈现新知识,集中训练阅读技能,通过课文导入、背景介绍、课文分析、语言品味、字词句篇、听说读写、迁移运用等方式,培养阅读思维能力(陈力,2009)。

从教学观看,课文整体教学方法是把语言学习与文化学习相结合,融听说读写训练于一体,不仅能培养学生阅读理解能力,而且会提高教师的主导作用(黄远振,2003)。从整体观看,阅读课文整体教学就是从整体理解出发,总体把握课文大意;梳理课文语言点,处理重难点;在认知加工的基础上,帮助学生整体地把握文本的结构脉络和语义脉络,培养学生语言思维能力。应当指出,Whole$_1$和Whole$_2$是两个不同环节,其内涵也不一样。假如二者是一样的话,或者Whole$_2$是Whole$_1$的简单重复,那么,这种整体教学只不过是线性的发展,就不可能获得进步和提升。实际上,整体教学法是一个螺旋式形态,Whole$_1$是Whole$_2$的基础,Whole$_2$是Whole$_1$的提高和发展,二者具有质和量的区别。本文是一篇记叙文体,文章特点是以科学研究步骤为线索展开,文本结构十分清晰,教师在Whole$_1$的教学过程中帮助学生理清文本结构,理解文章内容,再通过Whole$_2$环节帮助学生了解并掌握叙事文章的阅读技巧和表达,培养了学生听说读写的能力。在阅读教学中,预习与导读是基础,阅读与理解是过程,加工和产出是结果,这三个环节层层递进,步步深入,实现了语言知识向语言技能的转化。

总之,教师是学生阅读的引路人,首先要有整体的阅读教学观,把握课文整体,把课内阅读和课外阅读相结合,通过阅读教学中的导与学,培养学生在已有的知识水平和技能的基础上不断独立获取新知识并运用这些知识的自学能力,从而提高学生的英语素质。

# 《Learn Some English Proverbs》教学设计

柘荣第一中学　杨良雄

**【Language Skills and Language Knowledge】**

• To help the students learn more English proverbs than before, such as "Where there's life, there's hope." and "A word is enough to the wise."

• To help the students understand more fully some proverbs they have learned, such as "Time will tell."by explaining some proverbs in English.

• To develop their memory, imagination and creativity.

**【Attitudes toward learning】**

• To encourage students' active participation in learning, by using the whole class work, individual work, pair work, etc.

• To help students gain a sense of achievement and self-confidence, by using self-assessment.

• To help the students actively cooperate with others, by using group work.

• To develop the students' creative thinking ability, by using creative thinking activities, such as "using the proverbs to tell us the meaning behind the pictures".

• To help the students take a positive attitude towards with their life, by learning proverbs such as "Where there is life, there is hope."

**【Learning strategies】**

• Help the students use communicative strategies such as communicating by using proverbs.

• Help the students learn words and expressions through proverbs.

• Actively involve the students in learning by cooperating with their partners or group members.

**【Cultural Awareness】**

Raise students' cultural awareness, and help them take in something useful in proverbs, such as understanding "Do to others as you would have them do to you."

表 1　Teaching Procedure

| Teaching Steps & Time Allocation | | Teacher's Activities | Students' Activities | Purpose |
|---|---|---|---|---|
| Preparation 8m | Activity 1 8m | Teacher Tests Ss' knowledge of the English proverbs they've learned so far by asking them to fill in the following proverbs with a proper word.<br>Ⅰ. **Fill in the following proverbs with the proper words.**<br>（1～10 **are taken from Junior English textbooks.**）<br>1. The early bird ____ the worm.<br>2. Easier said than ____.<br>3. ____ speak louder than words.<br>4. No man is born ____ or learned.<br>5. ____ in yourself is the first step on the road to success.<br>6. A little ____ knowledge/learning is a dangerous thing.<br>7. Practice makes ____.<br>8. One tree can't make a ____.<br>9. Where there is a will，there is a ____.<br>10. It's the thought that____.<br>（11～16 **are taken from Module I**）<br>11. Friends are ____ ____；the older, the better.<br>12. A friend in need is a friend ____.<br>13. A friend to ____ is a friend to none.<br>14. The best m____ is an old friend.<br>15. False friends are ____ than open enemies.<br>16. Time will ____. | Students fill in the proverbs with the proper words. | Activate Ss' prior knowledge |
| | Activity 2 2 m | Teacher conducts a survey about how well Ss have remembered English proverbs. | Students count the correct answers they have got. | 1. Help Ss to go over what they have learned.<br>2. Gather information about what they have learned about the proverbs they have learned.<br>3. Help Ss to reflect on what they have learned. |

续表

| Teaching Steps & Time Allocation | | Teacher's Activities | Students' Activities | Purpose |
|---|---|---|---|---|
| Presentation & Practice | Activity 1 7 m | Present new proverbs by asking Ss to complete the following proverbs with a proper word. **Fill in the proverbs with a proper word.** 1. Two ____ are better than one. 2. Well ____ is half done. 3. Never say ____. 4. A word is e____ to the wise. 5. First things ____. 6. Don't judge a book by its ____. 7. It's never too late to m____. 8. All roads ____ to Rome. 9. Blood is thicker than water. 10. A bird in the hand is w____ two in the bush. 11. It is easy to be ____ after the event. 12. All good things must come to an. | Ss complete the proverbs with a proper word. | Help Ss to fill in the blanks according to the context. |
| | Activity 2 7 m | Ⅱ. **Ss are given the first half of a proverb and show the other half.** 13. Love me, _____. 14. Like father, _____. 15. When in Rome, _____. 16. Out of sight, _____. 17. Live _____. 18. Never trouble trouble _____. 19. Where there's life, _____. 20. God helps those _____. | Ss show the other half of the proverb. | Ask Ss to do the exercise according to the context, for these proverbs containing a particular pattern, thus helping Ss to be an independent learner. |
| | Activity 3 4 m | Matching Game: Ask SS to match sentences on the right with ones on the left to form a proverb. | SS match sentences on the right with ones on the left to form a proverb. | Test Ss' concentration and memory, by laying all of the proverbs face down on a surface and flipping the boards face up over each turn. |
| | Activity 4 0.5 m | Ask Ss to read aloud together. 21. Where there's smoke, there's fire. 22. You can't have your cake and eat it too. 23. Don't count your chickens before they are hatched. 24. Do to others as you would have them do to you. 25. As you make your bed, so you must lie in it. | Ss read aloud together. | Help Ss to go over what they have learned. |

续表

| Teaching Steps & Time Allocation | | Teacher's Activities | Students' Activities | Purpose |
|---|---|---|---|---|
| Presentation & Practice | Activity 5 1.5 m | Ask Ss to fill in the blanks according to what Ss have just learned. 21. Where there's smoke, _____. 22. You can't have your cake _____. 23. Don't count your chickens _____. 24. Do to others _____. 25. As you make your bed, _____. | Ss fill in the blanks according to what Ss have just learned. | Help Ss to go over what they have learned. |
| | Activity 6 2 m | Ask the students to read all the proverbs they have learned today and try to remember them. | | Help Ss to go over what they have learned. |
| Production | Activity 1 5 m | Ⅲ. **Complete each dialogue with a proper proverb.** Dialogue 1 Mary: I want to lose weight, but I'm not willing to change the way I eat. Tom: _____. Dialogue 2 Jane: Can you show me how to use this computer? Kate: Why ask me? I don't know anything about it. Jane: Nor do I, but _____. Dialogues 3 & 4 (Omitted) | Ss complete each dialogue with a proper proverb. | Help Ss to learn to use proverbs in a real situation. |
| | Activity 2 4 m | Ⅳ. **Would you please tell us what we should learn from the picture by using the proverbs we have learned today?** Picture 1 Picture 2 | Ss tell us what they should learn from the picture by using the proverbs they have learned today. | Help Ss to learn to use proverbs in a real situation. |

续表

| Teaching Steps & Time Allocation | | Teacher's Activities | Students' Activities | Purpose |
|---|---|---|---|---|
| Production | Activity 2<br>4 m | Picture 3<br><br>Picture 4<br> | Ss tell us what they should learn from the picture by using the proverbs they have learned today. | Help Ss to learn to use proverbs in a real situation. |
| Progress | Activity<br>4 m | Concentration Game：How many of the following proverbs have you learned by heart? Please read as quickly as possible!<br><br>1. Two heads are better than one.　2. Well begun is half done.　3. When in Rome, do as the Romans do.<br>4. Like father, like son.　5. Live and let live.　6. Where there's life, there's hope.<br>7. A word is enough to the wise.　8. Do to others as you would have them do to you.　9. You can't have your cake and eat it too.<br>10. As you make your bed, so you must lie in it.　11. Love me, love my dog.　12. Don't judge a book by its cover.<br>13. Blood is thicker than water.　14. Out of sight, out of mind.　15. All roads lead to Rome.<br>16. First things first.　17. A bird in the hand is worth two in the bush.　18. All good things must come to anend. | | Help students learn proverbs by matching the numbers and the proverbs and thus the students will do all they can to learn the proverbs by heart. |

续表

| Teaching Steps & Time Allocation | Teacher's Activities | Students' Activities | Purpose |
|---|---|---|---|
| Assignment | 1. Go over the lessons and translate the proverbs we have learned today into good Chinese.<br>2. Please write a passage entitled one of the following proverbs.<br>  a. Where there is a will, there is a way.<br>  b. It's never too late to mend.<br>  c. Practice makes perfect.<br>  d. Well begun is half done. | 1. Enable Ss to go over what they have learned.<br>2. Apply what they have learned to writing. | |

**【设计说明】**

一、教材的选择:为什么要将英语谚语作为这节课的教学内容?

《普通高中英语课程标准(实验)》十分注重课程资源的开发,指出"积极开发和合理利用课程资源是英语课程实施的重要组成部分"。教师不仅是教材的使用者(user),而且也是教材的开发者(developer)和评价者(assessor)。基于这一思想,多年来,本人一直致力于开发英语谚语校本教材。

大家都知道,语言是文化的重要载体。《英语课程标准》在"文化意识目标"中就指出"要扩大学生接触异国文化的范围,帮助学生拓展视野,使他们提高对中外文化异同的敏感性和鉴别能力,为发展他们的跨文化交际能力打下良好的基础。"

《课程标准》在七级"文化意识目标描述"中更是明确提出高中生要理解英语中的常用成语和俗语及其文化内涵。广义上,谚语则是俗语的一种,是流传于民间的比较简练而且言简意赅的话语,是被大众所认同的,是英语文化的重要组成部分。因为,英语谚语生动活泼、富含哲理、耐人寻味。学习英语谚语,不仅有利于我们了解中英文化的异同,更有助于陶冶我们的情操,同时,也有利于学生英语语言的输入,还可帮助提高英语的语感,所以,我不断将英语应用于我的教学之中,例如,接触到 diamond 这个词时,我就让学生接触"Diamond cut diamond."这个谚语,又如,学到 forgive 时,就让学生品味一下 forgive and forget,在教学中。我发现学生对英语谚语的十分喜爱。因此,我萌发了将谚语作为校本教材开发的一个部分,我将英语谚语分为 Proverb about Actions, Proverb about Friendship Proverb about "Life", 以及 Proverb about "Dogs", Proverb about "Birds" 等方面。本节课也是我自编英语谚语校本教材的一个组成部分,是在学生初步认识英语谚语前提下所开设的一堂课。

二、教学目标及实现目标的手段或方式

第一个纬度是"语言技能和语言知识目标维度 Language Skills and Language Knowledge",我本着帮助学生积累更多的英语谚语的思想,例如:通过多种活动形式让学生记住 "Where there's life, there's hope." 和 "A word is enough to the wise."等等,同时,让学生进一步理解已经学过的谚语,如"Time will tell.",这主要通过用英语解析或翻译等形式以达到教学目标。此外,通过 memory game 等活动,将无意注意与有意注意有机地结合在一起,培养学生对语言的关注度,并发挥他们的想象力和创造力。

第二个维度是情感态度方面"Attitudes toward learning",在这一方面,我主要鼓励学生大胆参与课堂教学活动,这主要通过 the whole class work, individual work, pair work,等等。

同时、通过自评方式既让学生看到自己的不足,又让学生树立学好英语的信心。通过小组活动,培养学生的合作意识。通过设计"use the proverbs to tell us the meaning behind pictures" 这项活动,激发学生的创造性思维。此外,通过学习 "Where there is life, there is hope." "God helps those who help themselves."等谚语来帮助学生树立积极的人生态度。

第三个维度是学习策略方面,主要将谚语应用于具体的语言环境中,体现了 learning by using 的思想,通过谚语学习习得语言知识,把语言知识的学习作为学习谚语的副产品,也就是我们所说的 by—product, 也就是通过谚语学习不知不觉学到语言知识。

第四个维度是文化意识方面:提升学生的文化意识,吸收英语谚语文化中有益的成分,例如,让学生明白"Do to others as you would have them do to you."等等谚语在西方谚语中特有的地位。

三、教学过程及思路

**第一,注重"旧知"和"新知"的关系。**我在教学中设计的第一环节就是让学生先复习以前所学的谚语,而导入新的谚语,从而激发了学生学习的内驱力。通过设计问卷让学生学会自我分析。

**第二,注重"个体"与"小组"的关系。**在教学中,我设计了个体活动、两两活动、小组活动等形式,整节课学生的思维也较为活跃。例如,在复习以前所学谚语,要求学生完成句子时,因为练习较为简单,我采用个体活动的形式,又如,学习新的谚语,我所设计的第一道练习——A. Complete the proverbs with proper words. (one word each blank)也较为简单,因此,采用个体活动形式。学习新谚语,进行第 3 个活动——Match sentences on the right with ones on the left 时就采用了两两活动形式,描述画面所揭示的道理时(Would you please tell us what we should learn from the picture by using the proverbs we have learned today?),我设计了小组活动的形式。

**第三,注重"巩固"与"提升"的关系。**在学习新谚语时,遇到难度较大的谚语,完成活动后,我腾出时间给学生朗读或复习,例如,当学习了本节课的 25 个谚语时,我将讲义发给学生,让学生及时复习,并帮助学生答疑解惑。作业的第二道题,就强调学生能学以致用,选用所提供的谚语,写 1 篇书面表达。所设计的最后一道练习,既起到复习巩固的作用,又强化学生的记忆。

**第四,注重"有意注意"与"无意注意"的关系。**教学中,不断用各种活动刺激学生的大脑,让学生在无意中学习英语。同时,通过 memory game,强化学生注意,从而提高学习的实效性。

**第五,注重"语言"与"思维"的关系。**通过画面创设较为真实的情景,激发学生的思维,学生所提供的答案,有些我事先也没有预料到。例如:第 1 幅画,大部分人可能只想到 Like father, like son.但学生却想到了 Blood is thicker than water.又如,第 4 画中学生提供了丰富多彩的答案，有的我是始料不及的；例如，有的学生说：Where there's life, there's hope. Never say die.

第六，注重"语言"与"文化"的关系。形式与意义的关系，谚语所体现的内在含义在呈现第 2 个画面时，我将万圣节也融入其中：When in Rome, do as the Romans do. 当遇到 Do to others as you would have them do to you. 我强调这是西方谚语中被称为 the golden rule 的谚语。同时，关注"中国文化"与"英语文化"的关系。教学中，不回避汉语，必要时，要求学生将英语谚语翻译成汉语，同时，布置的第一道作业就是要求学生将本节课所学的谚语译成通顺达意的汉语，因为，毕竟英语谚语与汉语谚语有一定差别。

# 《Why Not Carry On Her Work?》教学设计

福建教育学院外语研修部　周大明

**教科书书名:**人教版 NEW SENIOR ENGLISH FOR CHINA STUDENT'S BOOK Module 4（必修）

**设计主题:**Unit 1　Women of achievement

—— Why Not Carry On Her Work? Using language (Integrating skill)

## 一、整体设计思路、指导依据说明

本节课遵循交际教学法的任务型教学理念,并且充分考虑任务难度分级的三个因素:输入材料、活动和学习者。依据克拉申(Krashon)的学习理论,有足够信息的 input(输入)→才能产生 output(输出),因此,在输入材料方面,笔者打破"围绕教材"的教学形式,借 Women of achievement 的话题,将阅读材料的内容拓展和延伸,从学生上网查找的中外卓有成就的女性素材到学生熟悉的老师(本人)、班上的女同学等;如何使不同程度的学生在英语学习中都能积极参与教学活动是课堂设计的关键,本节课创设了七个教学活动,通过让学生竞猜、限时快读、听故事、泛读等不同形式的输入大量的语料,达到有效输出(竞答、讨论、辩论、写作等)的目的;同时,本节课从学生的生活经验和兴趣出发,通过男女生对抗赛的形式,让学生在完成七个教学任务的过程中习得语言并达到语言综合实践的目的。本节课的总体设计如下:

1. 通过脑力风暴(brainstorming)→引出"卓有成就的女性"的话题(激起学生的学习兴趣)。

2. 通过限时快读四段有关卓有成就的女性的小短文和 Quiz questions(快读是为了训练学生的观察力、注意力、高度集中的目的;"信息沟活动"information gap activities 是为了检查所有学生是否已获得共享的信息)。

3. 泛读国内著名女医生林巧稚的故事(快速查找有关成就、品质等 key sentences)→根据阅读材料编写读者与作者对话的角色扮演,达到让学生与学生、学生与文本对话的目的。

4. 教师伴随 MV,讲述自己的亲身故事,让学生竞猜。(通过真实的语言情境,不但激起学生的好奇心和激发学生的学习热情,还作为"范文",为下个教学环节"如何描写人"做铺垫)。

5. 通过讨论,由浅入深(词→句→篇章)地引导学生如何描写人,达到思维策略训练的目的。

6. 运用所学的词汇和句式描述本班的女同学并让其他同学竞猜是谁?(活学活用,学以致用!)

7. 男女生就今天的课堂表现(评价得分)展开进一步的辩论。(谈古论今,谁说女子不如男?)

新课程下的教学应该是师生在一定情境中借助文本交往互动、平等对话的过程,本节课通过设计真实的语言情景,组织学生运用所学语言完成具体任务,达到 Integrating skills 的教学目标。

二、教学背景分析

人教版高中英语模块四第一单元的中心话题是 Women of achievement,本节课是单元第四课时,内容是关于女医生林巧稚的阅读材料,作者采用自问自答的写作风格,文章内容不难理解,依据高中英语《新课程标准》,教学目标是 Using language,因此,本节课将文章作为泛读材料,融合听、说、读、写(Integrating skills)开展语言综合实践课。同时,根据《新课程标准》强调的语言教学应从学生的兴趣、生活经验和认知水平出发,倡导体验、实践、合作交流的学习方式,本节课联系学生生活实际,创设六个教学任务,通过男女生对抗赛的形式,让学生运用所学语言材料积极参与语言实践活动,并且,通过课前以及课堂上的资源共享和增加真实的语言输入量,延伸了课文教学内容,达到有效拓展课程资源和提高课堂教学实效性的目的。

首先,笔者在课前要求学生查找伟大女性及其成就的相关资料、复习描述人的品质、特征等的单词,为本节课的导入做好知识和心理的接受准备。教师本人也做好为学生输入真实语料的准备——将教师自己成长以及患病的亲身经历,编写成故事,并且用照片、音乐做成图文并茂的 MV,让学生的"视听"受到冲击,切身体会"在艰难中获得成功的不易"。其次,在教学过程中,设置难易结合的问题,使不同层次的学生在知识、能力、情感、兴趣和自信心等多方面都有所发展和提高,比如第二、第三和第五个教学环节中任务的设计。第三和第五个环节采用的活动途径,倡导学生的体验和参与,如设计读者与作者对话的角色扮演,让学生与学生、学生与文本对话;还有师生共同讨论如何描写人,使得课堂上师、生、生生互动。尤其是第四个教学环节,教师富有感染力地讲述自己的成长故事,不仅让学生学会如何描述一个人,还起到了很好的德育渗透的作用。还有为了更好地拓展学用的渠道,在第六个教学环节中设计描述班上的女生,让大家互猜,这对学习内容是一种加深和拓宽。最后,就整节课男女生在课堂上表现的得分情况,根据辩题展开男女生辩论,通过学生自主、合作的语料搜集、交流讨论、辩论等学习方式,达到发展学生的英语思维以及提高语言综合运用能力的目的。

学生情况分析:学生的英语基础虽不大好,但他们思维活跃、爱表现、争强好胜,尤其是对感兴趣的事物表现出很强的探索欲望,通过前三个模块新教材的学习,已具有一定的信息素养,即已经能从书本、电视、网络等多种渠道获取信息,但他们信息的加工、提取、运用的能力还较弱,因此,本节课遵循信息加工学习理论、学习策略和研究性学习理论的观点,通过课前学生上网查找资料、男女生准备辩论的资料以及体验和参与课堂活动等任务安排,以期引起学生的学习兴趣和探究热情。

三、教学目标分析

本节课的总体目标是 Integrating skills,培养学生的综合语言运用能力。本节课的三维目标如下：

**【知识与能力目标】**

1. 知识目标

（1）Ss are expected to identify some useful words and expressions: specialist, refer, rate, sickness, intend, emergency, generation, kindness, considerate, consideration, deliver, modest, refer to, by chance, come across, carry on.

（2）Ss are expected to use the following expressions in describing people

What does she look like? → appearance \ characteristics…

What do you think about…? Why do you admire her? → quality…

How would you describe her? → She looks as if…    She could be…

The impression she makes on me is… I think she is the kind of person who…

2. Ability goals 能力目标

（1）Ss will better their reading skills such as predicting，skimming and scanning. Predicting to guess the content of the passage.

Skimming to get the general idea of the text.

Scanning to get detailed information and get to understand the passage better.

（2）Ss are expected to describe some girls who you admire most in our class and let others guess who they are.

（3）Ss are expected to write a description of a woman he /she admires most.

**【过程与方法目标】**

1. 通过自主探究、小组合作学习激励学生积极参与教学活动。

2. 通过上网查找资料,培养学生观察、分析、归纳、整理信息的能力,增进对英语探究方法的理解。

3. 课堂激励策略:课堂上尽量多提供展现自我的机会,让学生通过头脑风暴、竞答、竞猜、男女生 PK 等启发英语思维。

**【情感态度与价值观目标】**

1. 通过不同形式的阅读激发学生学习英语的兴趣。

2. 通过完成不同的教学任务,培养学生主动探索、敢于创新、善于交流、乐于协作的良好品质。

3. 通过自主、合作、探究的学习活动,培养良好的合作精神,愿意与他人分享各种学习资源。

4. 通过了解有成就的女性、老师、女同学、女医生林巧稚等的事迹,帮助学生树立正确的价值观,并进一步增强对"男女平等"这一观点的认同。

四、教学重点、难点分析

**【教学重点】**

阅读不仅仅是为了能判断 T or F 和能够选择 ABCD,为了能让学生品尝丰富的语料和获得精神的洗礼,从而喜欢阅读,本节课通过创设不同的语言情境,营造有利于学习者语言习得和内化的(Internalized)语言环境,引导学生正确、深入地阅读并能理解文本的含义,达到真正与文本对话的目的。

**【教学难点】**

本节课是语言综合实践课,难点在写作,因此,通过不同方式的"input"达到最终解决"output"的问题。在训练学生语言表达能力的同时,注重通过不同的语料输入激发学生的想象力和培养学生的英语思维能力,以全面提升学生的语言素养。

五、教学过程设计

**Step 1:Greetings & Lead－in（Brainstorming）**

T:Can you predict what we are going to talk about in this period?

SS:? …

Women of achievement

T：Let's see the title of this unit Women of achievement，what will come into your mind(s)?

SS: great women, successful women, famous women…

T：Good! Can you name some women with great achievements?

SS：Song Qinling, Zhang Haidi, Helen keller, Pearl S. Buck, Marie Curie, Mother Teresa, Zhang Haidi, Rosa Parks, Florence Nightingale, Margaret Thatcher…

**【设计说明】**通过对课题的预测和"脑力风暴"达到激发学生学习兴趣和提高英语思维能力的目的,同时,引出 Women of achievement 的话题,让学生争相说出已知道的有成就的女性,通过竞答达到唤起学生已有的知识,为本节课的学习做一个信息铺垫。

**Step 2:Previous Knowledge**

The teacher shows the students some information about four great women and let them guess who they are and what achievements they have.

**【设计说明】**为了检查学生课前查找、整理、归纳有成就女性资料的能力,教师预设四位名人,让各组的组员共同准备"谜面"——共享课前上网搜索的资料,然后,教师通过课件让男女生限时阅读并竞猜这四位名人(通过快读达到训练学生的观察力、注意力、记忆力高度集中的目的),再通过 Quiz questions 检查所有学生是否已获得共享的信息。该环节称为"信息沟活动"(information gap activities),它是交际教学法的核心内容,该环节的内容资料是师生自主查找的,存在着信息差距,而师生通过交流、分享这些不完整的信息,完成了一个共同的任务即达到了一定的信息平衡。

**Step 3:Extensive Reading**

1. Raise a question

T：Let's see the title Why not carry on her work，do you understand the writer's meaning? Dose the writer carry on her work?

SS：?

T：Read the text again and find out three of Lin Qiaozhi's achievements.

2. Discussion：The teacher discusses the writing method with the students together.

3. Role play：Make up a dialogue between the writer and the reader.

【设计说明】①通过再次阅读文章,理解 Why not carry on her work? 的含义,深刻体会文本的内容,深层阅读理解训练能使学生的思维能力、想象力得到发展;②要求学生找出林巧稚的三个主要成就,目的是检查和训练学生对语料的筛选和概括理解能力;③这篇文章的特点是作者以第一人称书写,采用自问自答的写作风格,因此设计让学生运用并改写阅读材料中提出的问题,编写读者与作者之间的对话,这样对学生的积极加工学习信息起到关键作用,同时,提供学生大胆表达自己见解的机会,培养学生勇于质疑、探究,从而培养学生的自主学习能力。

**Step 4:Tell an English teacher's story**

1. The teacher tells a true story about herself

She was a funny－looking, good－natured lady with a determined heart. She was a country girl，but she never gave up her dream. Through hard work，she entered a good university and became an English teacher in a big city. Everything was all right. She dreamt of a bright future … But unfortunately，she was diagnosed with a serious disease. Her doctor advised her to have an operation immediately. But she could not ignore her students who stayed at the crucial moment. After hesitation，she gave up the best time to cure her disease and kept on working. Three months later，her disease became serious and she had to have a big operation followed by treatment with radiation. When her students achieved good marks in their study，she was experiencing a painful and difficult time to fight against her disease. Every night she could not sleep because of the pain. Her students and friends sent their best wishes to encourage her. With great efforts，she could stand up again. Living with the disease made her realize how precious life is. She has also learned to appreciate every minute. To live her life to the fullest，she keeps on self－study. Through hard work she took her master's degree in education and obtained some teaching achievements. Although she'll never be completely free from the disease，she believes that there's nothing difficult in the world as long as you stick to it. She does believe that a bright future is waiting for her.

【设计说明】考查学生的听力水平以及训练学生捕捉信息的能力。

伴随轻缓的音乐,教师富有感情的讲述自己的成长故事,在教师创设的舒缓的情境中,让学生感知语言的感染力并在语境中理解并领会所讲故事的深层含义,达到训练听力和情感熏陶的目的。

**Step 5：Discussion**

1. First，the teacher asks the students to discuss how to describe a person.

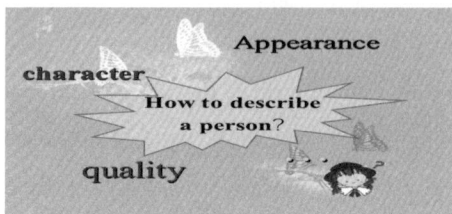

2. Then，the teacher asks the students to list some words they know to describe a woman's characher\appearance\quality.

On the blackboard

| Boys | Girls |
|------|-------|
| helpful | patient |
| honest | resposible |
| energetic | humorous |
| diligent | considerate |
| ... | ... |

3. At last，the teacher sums up the words and the useful expressions in describing people.

【设计说明】通过讨论,由浅入深地引导学生如何描述或描写一个人。师生共同讨论的目的是引导并训练学生的英语思维能力,以此实现思维策略训练的教学宗旨。

**Step 6：Speaking ＆Guessing**

T：Ok，follow me and use the tips to describe some girls who you admire most. Try to describe them and let others guess who they are.

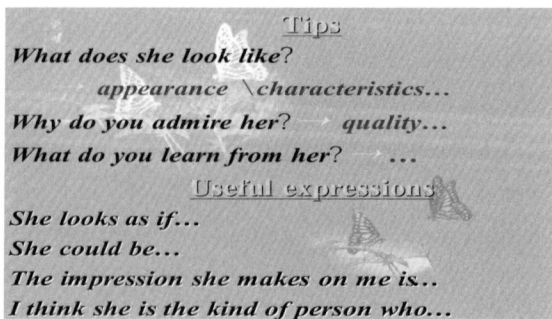

【设计说明】通过对班上最钦佩女生的描写和让其他同学竞猜,既训练学生语言的表达

能力又能检测学生的语言运用能力,该环节旨在培养、训练和发展学生的语言思维能力以及提高语言的综合运用能力。

**Step 7:Debating & & Consolidation**

Pros:Girls are able to do more than boys.

Cons:Girls aren't able to do more than Boys.

【设计说明】通过男女生激烈的辩论,既达到德育渗透在教学过程中的目的又能体现语言的交际功能。本环节的设计旨在引导学生将在阅读中所学的知识运用于自己的实践中,从而在充分的语言输入之后实现有效的语言输出。同时,针对学生回答的情况进行评价以及对课堂内容做最后的总结。

**Step 8:Homework**

1. Continue to debate:

Pros:Girls are able to do more than boys.

Cons:Girls aren't able to do more than Boys.

2. Write a passage about a woman or a girl who inspires you.

(写一篇成长路上激励你的女性,如妈妈、老师、姐姐、朋友……)

【作业设计说明】1. 课后学生继续到网络或图书馆收集辩题的有力论据。作业的设计使课堂教学有的放矢,既是为了让学生在课后加深理解记忆并运用学过的知识,也是为了让课堂的内容得到延伸和拓展,更是重建与提升课程意义及人生意义的重要内容。网络时代,新课程背景下的作业应当成为学生课外、校外的一种生活过程和学习方式,而不是负担;2. 写一篇关于一位激励你的女性的文章。既延伸了话题,又巩固了课堂所学的新知。

## 六、教学评价设计

**评价内容:**

(一)课堂上教师对男女学生的评价表

表1  On the blackboard

| Task | Girls | Boys |
|---|---|---|
| Task 1 Brainstorming | 正 | |
| Task 2 Fast reading | | |
| Task 3 Role play | | |
| Task 4 Guessing game | | |
| Task 5 Discussing | | |
| Task 6 Speaking &Guessing | | |
| Task 7 Debating | | |

(注:学生每完成一次任务,比如回答一次问题,给1分,一个"正"字代表5分。)

（二）课后学生对教师和教学过程的评价表

表2　What do you think about our class?

| 教学内容 | 教学方法 | 教学课件 | 课堂氛围 | 课堂评价 |
|---|---|---|---|---|
| | | | | |

V：Very good　　　G：Good　　　J：Just so so.　　　N：Need improving

**评价方法：**

《英语课程标准》在基本理念中提出：要建立能激励学生学习兴趣和自主学习能力发展的评价体系，根据我校学生的实际情况以及本节课的教学目标，本节课的评价方法如下：

1. 注重课堂的过程性评价，本节课采取男女生对抗赛的形式贯穿整节课即对男女生在各个教学环节的表现进行评价和打分，同时，为了便与竞赛和评价，本节课的座位安排是男女生分坐两组，通过对学生整个学习过程的评价来激发学生的学习热情并且让学生在学习的过程中体验进步与成功，并建立自信心，促进学生发展。

2. 采取形成性评价与终结性评价相结合的方式，包括教师课堂过程性评价、男女生互评、小组互评、学生自评和学生对教师以及教学过程的评价等，尤其重要的是，评价中要注重质性评价以及关注学生的个性差异，对于学生在课堂上的表现，教师要体现对学生的主体意识的尊重，时时用激励性的语言予以肯定和鼓励，相信一定会起到罗森塔尔效应（即教师期望效应）的良好效果。

**【设计说明】**

学习英语是为了达到运用英语进行语言交际的目的，所以语言学习的最好方法是综合语言训练。人教版高中英语教材顺应英语学习的价值追求，开设综合语言学习（Integrated Skills Training）板块，这种课型对长期适应了听、说、读、写分项教学的传统课的老师来说是一大挑战。语言是一种实践性的工具，所以语言学习的最好途径也应该是语言实践。根据这一理念，本节课的设计遵循"Learning by doing, doing for learning"（学中做、做中学）的原则，按照以问题为导向、以活动为载体、以思维为导向的思维型课堂教学模式，让学习活动的主线贯穿整个课堂，体现"学习内容问题化、问题思维化、思维活动化"的设计原则，通过系列活动的完成，达到读、说、写语言技能的训练和逻辑性思维能力、批判性思维能力和创造性思维能力的发展。

# 《高三英语阅读理解指导课》(人教版)教学设计与分析

漳州第一中学　蔡丽英

## 一、课例实施背景

高考阅读理解是决定学生高考成败的关键部分,"得阅读理解,得高考英语天下"已经是不争的事实。学生高考阅读理解中的阅读材料直接从英文报刊和网络文章中精选,稍作修改,原汁原味,句子的平均长度和复杂程度远远高于课文,语言结构趋于复杂,出现长句、特长句。长句中包括一个或多个从句,而且夹杂多种语法现象,如插入语、倒装句、省略句、被动句、双重否定句等。实践证明,句子长度和句子结构复杂程度是影响考生阅读理解速度和准确度的重要因素之一。

英语课程标准对中学生提出的阅读速度标准是每分钟 70～80 个单词。一般来说。高考阅读理解部分的总词数(包括阅读材料、设题和选项)在 1900～2600 词之间,参考考试时间为 35 分钟。但是影响考生阅读速度的因素有很多,主要包括:总词汇量,所设问题的难度、读者的背景知识、材料本身的特点(包括句子平均长度、话题、体裁、行文风格)等。

因此,如何教会学生在高考阅读理解中的六项技能要求显得就很重要。而且,高考阅读理解六大考查项目中的"理解语篇主旨大意"和"根据上下文提供的线索推测生词的词义"这两项技能又常常是教师和学生教与学的难点。

在去永泰送教下乡前和永泰一中的老师做了沟通,他们认为高考中的阅读理解一直是学生的学习难点,他们很希望能为他们开一节公开示范课,特别是教师如何在一节课45分钟内有效地指导学生高考阅读理解六大考查项目中的"理解语篇主旨大意"和"根据上下文提供的线索推测生词的词义"这两项技能。

## 二、教学目标确定

基于以上背景,考虑到永泰一中老师们对送教下乡的需求和高三学生在高考复习过程中最常见的学习困难确定了指导学生阅读理解中的"理解语篇主旨大意"和"根据上下文提供的线索推测生词的词义"这两项技能为本节课的教学目标。力求课堂简约、高效。

## 三、学生与教学材料分析

永泰一中的学生相对于漳州一中的学生在英语基础方面和学习能力方面会有一定的差距。特别是在词汇量掌握方面、长难句和作者所要表达的文章大意方面的能力会比较弱。特别是在学生本身与文本的互动方面会力不从心。在一节课内力求让学生通过教师指导对所学的教学内容有一定的掌握,而且又是通过借班上课,教师对学情了解处于被动状态,学生真正水平的拿捏会有挑战。因此,在上本节课的时候,我在第一部分准备了两篇阅读理解

文章,这两篇文章只挑选针对"理解语篇主旨大意"技能的训练题目,把其他题目去掉,只留下理解文章主旨的题目,如:

1. According to the passage, what is the main idea of this passage?

2. What is the writer's main purpose in the passage?

3. What is the writer's attitude towards international games?

4. From this passage, we can infer that ____.

第二部分:准备了 4 题"根据上下文提供的线索推测生词的词义"的两项练习。在选材上严格控制词汇量和篇章长度。以精讲多练为宗旨。在文本的体裁和题材上进行分析,让学生理解英语不同篇章的体裁的写作手法,对阅读有所帮助,有所收获。

四、教学重、难点分析

本节课的教学重点是:通过教师的讲解、指导后让学生掌握高考阅读理解考查六个项目中的"理解语篇主旨大意"和"根据上下文提供的线索推测生词的词义"两项技能。

难点:教学时间上的控制和学生理解能力的配合,A 篇文章第一题的设项的干扰度较大,在学生完成后要花一定的时间讲解。

58. What is the main idea of this passage?

A. Saving money is necessary and important.

B. One dollar saved is one dollar earned.

C. A good living habit leads to success.

D. Bad luck sometimes means a chance in life.

因此,在 PPT 设计时将该题的 supporting sentence 写出来。考虑到学生在做阅读理解经常犯的错误,不是因为文章看不懂,而是对体裁写作手法理解甚少,对 4 个选项的文字理解出现偏差,对选项所设干扰免疫力较差而产生的错误。

五、教学实施过程设计

1. Introduction（1 分钟）

因为是借班级上课,老师的自我介绍显得尤为重要,在介绍自己和学生们的关系为"I am your one day teacher"后,在学生的笑声中和他们拉近了距离。再加上学生们对我的好奇心,师生关系是会很融洽的。

2. The importance of reading（4 分钟）

Reading helps in mental development and is known to stimulate the muscles of the eyes. Reading is an activity that involves greater levels of concentration and adds to the conversational skills of the reader. It is an enjoyment that enhances the knowledge acquired, consistently.

The habit of reading also helps readers to understand new words and phrases that they come across in everyday conversations. The habit can become a healthy addiction and adds to the information available on various topics. It helps us to stay in touch with contemporary writers as well as those from the days of yore and makes us and makes us sensitive to global issues.(addiction, contemporary, yore 可以作为猜词的训练材料。)

目前高考是 Reading for exam、占 40％，每题 2 分、个别省满分 120 的情况下阅读还是 40 分、在雅思、托福、四、六级等各类考试中阅读总是占最大比率。

3. 高考阅读理解考查六项技能介绍(1 分钟)

先让学生总结后教师再用 PPT 呈现：

(1)理解语篇主旨大意；

(2)理解文中具体信息；

(3)根据上下文提供的线索推测生词的词义；

(4)根据文中事实和线索作出简单的判断和推理；

(5)理解文章的基本结构和文脉逻辑关系；

(6)理解作者的观点、意图和态度。

4. "理解语篇主旨大意"技能指导、讲解(4 分钟)

所有的细节加起来＝大意。

如：8＋9＋7＝24、8、9、7 是细节。24 为大意，比每个细节都大，是由若干部分组成。常常是观点，而不是事实。

如：Running is the best exercise.( main idea)

It strengthens you heart. (detail)

It's fun to run with your friends. (detail)

It helps you keep fit. (detail)

技巧指导：

(1)重点理解首末段、首末句。如果没有明显的主题句，就通过关键词句来概括。

(2)认真审题，看清楚要求回答的是"全文主旨"还是"段落主旨"；推断的是"作者的观点、意图"还是"别人的观点、意图"。

(3)主旨在文首或文尾时，注意文章前后段意思是否有转折，如有 therefore, thus, but, however, in short 等转折，那么该句很可能就是主题句。

(4)作者有意识反复强调的观点，通常是主旨。

(5)段首句是疑问句时，对该句的回答往往是文章的主旨。

5. 同堂练习

(1)两篇阅读同堂练习与讲解(15 分钟＋5 分钟)

### (A)

For years, he had difficulty saving to buy a house because something would always happen and use more money. Although he made efforts, he simply could not go long before spending the extra money that he had saved.

Then one day a car accident badly damaged the car his wife was driving. The repairs might cost them five thousand dollars. Unfortunately, they were now in debt and so the car would have to wait. He realized that they needed a solution to their money problems. He worked long and hard for weeks, saving and managing his money in a way he had never done before. In a few months he had saved enough money to have his wife's car repaired.

Once the car was repaired, he discussed with his wife how quickly they had put aside the money they needed. During their discussion his wife encouraged him to open a second account so they could continue to put away the same amount of money that they were saving every week for the car repair. This money would go towards the house they had always wanted to buy.

In a little over a year he saved more than twenty thousand dollars and was able to make the down payment. He did something in a short while that he had failed to achieve in his previous attempts.

This man's experiences gave him a different feeling about money. He and his wife have continued to keep their second account. This time they have decided to start saving for their retirement, putting away just a little less every week than they did for their house.

One man developed a new set of good qualities because he had a goal that was important for him to achieve — he made a plan to achieve it and followed through. The experience of a single bad luck taught him a valuable lesson and challenged him to plan his saving, and spending habits again. In the process he also changed his family's life. He now enjoys the material benefits along with a sense of success and pride.

1. What is the main idea of this passage?

    A. Saving money is necessary and important.

    B. One dollar saved is one dollar earned.

    C. A good living habit leads to success.

    D. Bad luck sometimes means a chance in life.

(down payment 可以作为猜词练习;划线部分在 PPT 体现来讲解学生解题的依据,提醒学生要重点理解首末段、首末句。如果没有明显的主题句,就通过关键词句来概括)

### (B)

Some people argue that the pressures on international sportsmen and sportswomen kill the essence(本质) of sport—seeking for personal excellence. Children kick a football around for fun. When they get older and play for local school teams, they become competitive but they still enjoy playing. A single person's standing for his country cannot afford to think about enjoying himself; he has to think only about winning. He is responsible for an entire nation's hopes, dreams and fame.

A good example is the football World Cup. Football is the world's most important sport. It is even more important now that the United States is seriously taking it up. Winning the World Cup is perhaps the greatest of international sporting success. Mention "Argentina" to someone and the chances are that he'll think of football. In a sense, winning the World Cup "put Argentina on the map".

Sports fans and supporters get quite irrational about the World Cup. People in England felt that their country was somehow important after they won in 1996. Last year thousands of Scots sold their cars, and even their houses and spent all their money traveling to Argentina where the finals were played.

So am I arguing that international competition kills the idea of sports? Certainly not! Do the Argentineans really believe that because eleven of their men proved that they are most skillful at football, their nation is in every way better than all others? Not really. But it's known that you won, and that in one way at least your country is best.

2. What is the writer's main purpose in the passage?

    A. To explain the role of sport

    B. To compare Scotland with Argentina.

    C. To show that Argentina is better than all others.

    D. To prove that the essence of sport—seeking is lost.

3. What is the writer's attitude towards international games?

    A. Nations that meet on football are unlikely to meet on a battle field.

    B. Nations that win in international games prove best on the sports field at least.

    C. Nations that win the football World Cup are considered as best in all ways.

    D. Nations that give much attention to international competitions are world—famous in many ways.

4. From this passage, we can infer that _____.

    A. We should learn from England

    B. We should learn from Argentina

    C. We should play football only for fun, not for fame

    D. We should give chances for other countries to win the World Cup

（2）"根据上下文提供的线索推测生词的词义"技能指导、讲解（2分钟）；四题猜词练习与讲解。（13分钟）。

**1**

However, men quickly found more convenient and reliable ways of telling the time. They learned to use the shadows cast by the sun. They marked the hours on candles, used sand in hour—glasses, and invented water—clocks. Indeed, any serious student of antique should spend as much time as possible visiting palaces, stately homes and museums to see some of the finest examples of clocks from the past.

1. According to the passage, the underlined phrase stately homes probably means:

    A. state-owned houses

    B. houses in very good condition

    C. grand houses open to the public

D. houses where statesmen meet regularly

**2**

The plant is often pruned so that it remains only 60～90 centimeters high. <u>pruning</u> is important because it encourages the growth of tender shoots, or young leaves. It is from these shoots that the best tea is got.

2. According to the passage, the underlined word "pruning" probably means:

    A. regular cutting of the plants    B. frequent watering

    C. regular use of chemicals    D. growing the plants high in the mountain

**3**

At first Kate thought the Romanian girl could not speak and understand English. Nadia would not reply to anything Kate said…. Kate could not figure out why the school had put Nadia in a class where she could not understand what people were saying.

Nadia's voice was a whisper. "I understand English. I will learn." Nadia's English was perfect. Kate was <u>perplexed</u>. She couldn't understand why Nadia did not like to speak.

3. According to the passage, the underlined word "perplexed" probably means _____.

    A. puzzled    B. angry    C. shocked    D. serious

**4**

In this time of rapid development, China must rescue and protect its cultural heritage and make use of the heritage properly, Chinese officials told a national conference on cultural heritage.

Speaking at the conference on Thursday, the Chinese Minister for Culture, Sun Jiazheng, said the rapid growth of the Chinese economy provided a more solid base and better conditions for protecting cultural heritage, but that the <u>conflict</u> between large-scale construction and cultural preservation has grown even more serious.

4. According to the passage, the underlined word "conflict" probably means _____.

    A. difference    B. development

    C. struggle    D. protection

准备一下奖品和巧克力对答对学生加以奖励,让学生有成就感。

六、教学反思

该节课注重教学过程简约的原生态化,学生同堂练习来验证教学效果。从学生的反馈上看,学生对这样的教学方法很欢迎。他们认为这样简约、高效的课堂对他们的学习才会起到真正的帮助。我们现在过多的教学呈现对学生学习没有很多的帮助;阅读理解讲评课应该注重在一节课解决学生一、两个学习困难,这才是我们教学的真正目的。这样的课以后还可以在我们学校多尝试。答对学生给巧克力作为奖励也是一个很好的方法。不足之处是,因为是公开课,听课教师多,教室学生桌椅太拥挤,不利于教师在学生解题时了解学生反应,今后可以在教师桌椅编排上加以改进。因为是同堂练习,学生做题时间较长,课堂显得有些沉默。

# 《Tomorrow's World》教学案例

南安第一中学　吕文谦

一、案例背景

1. 设计理念

根据《英语课程标准》的指导思想,英语课程改革的重点是要改变传统教学过分重视语法和词汇知识的讲解与传授,即忽视对学生实际语言运用能力的培养的倾向,强调课程从学生的学习兴趣和认知水平出发,倡导学生体验参与、合作与交流的学习方式和"任务型"的教学模式,由学生共同努力来实现教学目标。教师要引导学生利用所学语言来完成任务,促进学生运用所学外语获取信息,处理信息,使用信息与人交流,让学生去发现问题、设计问题并解决问题,提高合作意识,培养合作精神,从而实现学生的主体地位,发展学生的综合语言运用能力。

2. 教学内容

本课 Tomorrow's World 的中心话题是谈未来,内容主要涉及人类对未来网络空间的想象、猜测和思考。课前,教师先指导学生将信息技术与英语学习相整合,鼓励学生利用网络资源及多媒体技术积极探索和运用知识。让学生展开想象,搜集有关资料,并制成课件。通过多媒体及网络的运用,可以培养学生搜集和处理信息的能力,获取新知识的能力,分析和解决问题的能力以及合作与交流的能力,拓展学生学习的渠道。更重要的是多媒体及网络的使用使得师生实现资源共享,并最大限度地让学生参与到教学活动中来,从而真正实现学生在教学活动中的主体地位。

二、案例描述

**片段一:精心设计课前准备,为学习新知做好铺垫**

在课前,教师让学生自愿分成几个学习小组,并向他们提出要求,布置学习任务。在教师的指导下,全班学生组成 5～6 人的小组,共 6 组。教材 Unit 4 的主要话题就是 The future of cyberspace,因此,以该话题为核心,让学生利用课外时间从网络等渠道收集有关未来网络空间的材料,准备在课堂上交流。通过活动来调动学生课外英语学习的积极性,锻炼学生以合作形式收集资料、处理信息的能力,为学生提供运用英语的机会。各小组收集好素材后,在教师的指导下进行取舍和整理,并制作成多媒体课件。教师在课前对每组的课件进行审核,指导学生选取重要的信息。学生对这项任务表现出前所未有的自信和热情,同时教师对他们及时给予了鼓励和表扬,更是激发了他们更高的参与热情。

**分析:**课前教师考虑到网络这个话题应该是学生们所感兴趣的,通过这一活动应该能激发他们的学习兴趣,调动起他们的积极性。果然,利用课外时间,学生从收集素材到制作课件,充分展现了他们的自主学习能力,合作探究与交流能力,富有个性的创造能力和表达能力。当然,教师的指导作用是不容忽视的,还有教师对每组的合作做出及时和积极的评价也是必须的,学生受到了激励和肯定,会更有助于他们形成积极主动的学习态度。

**片段二:精彩导入,调动学生学习英语的积极性**

上课伊始,教师先播放一段未来网络空间的视频,自然而然地引入 The future of cyberspace 这个主题。然后,教师再把学生分成四个小组,先让他们思考 How do you think computers and internet are going to affect our life?这个问题,然后引导他们进行讨论,在小组中交流。教师布置限时抢答,学生们积极举手回答,想象也非常丰富,一下子调动了学生们的积极性,使课堂气氛活跃起来。抢答之前,教师将几个可能会用到的句型写在黑板上,如:Suppose that…,Imagine that…,It is likely that…,It is possible that…等,并指导学生运用。

**分析:**由于课前就让学生收集材料,制作 PPT,因此一进入课堂他们就有点小兴奋。等到视频一播放,他们的情绪就更高涨了。采用限时抢答,引入竞争机制,学生的积极性一下子就调动了起来,课堂的教学氛围非常良好。

**片段三:搭建平台,让学生充分展示学习成果**

学生展示自制课件。

接下来的教学环节,教师适时抛出讨论的话题 Do you feel pessimistic or optimistic about the future of the internet? Why? 让各学习小组讨论了起来,甚至有产生争论的现象。教师深入到学生中间,倾听他们的讨论,及时给予激励性评价。然后各小组代表上台展示课件并讲解,讲解有关网络空间的未来,表达本组的观点,如,"We are optimistic about the future of the Internet,because the Net has become part of our life. We do many things on it,such as…"etc.上台的几个学生代表表现得很好,有时还能即兴发挥,正反双方不时还有辩论。

**分析:**在这一环节中学生自己展示课件,用英语结合图片资料,讲解未来网络世界,表达自己的观点,教师适时给予鼓励和点评,充分体现了"以教师为主导,学生为主体"的教学理念,培养学生的思维技能,同时让他们认识现实世界,形成自己的世界观,发现自己认识的价值。对于提前布置制作课件任务,教师担心学生完不成任务。但事实证明,学生的潜力是可以激发的,他们制作的课件非常棒。

**片段四:拓展及作业的设置**

布置任务,分组讨论。

在完成上一环节之后,教师又布置了一项任务,即分组讨论:"What will you be in the future",以小组的形式进行讨论、交流与合作,并选一名代表进行书写记录,最后向全班同学汇报。学生讨论时,教师要给予指导,比如:What will you do? How will you prepare for it? 然后布置作业:Write a passage about what you will be in the future.

**分析:**通过合作学习激励了学生的创新热情,有助于培养学生合作精神。本环节的设置,将英语教学的听、说、读和写四步有机地结合起来,充分培养了学生用英语交流和实际运用英语的能力。但是由于时间关系,学生的讨论有点仓促,只能让他们课后继续讨论。

### 三、教学反思

**1. 角色转换,体现"以学生为主体"的教学理念**

虽然授课的班级的英语水平一般,但整节课气氛很活跃,学生学习英语的积极性高。在教师的指导下,学生发言及表演的时间占了整节课的三分之二,转变了由过去的教师"教"为主转变为学生"学"为主。充分体现了"以学生为主体"的教学理念,英语教师的角色不再是单纯的知识传授者,而是学生学习的组织者、引导者、参与者和促进者。在学生们的发言及表演中,教师看到了每个学生的闪光点,加强了师生之间的沟通与互动,调动了学生学习英语的积极性,培养了他们的合作精神和实际运用英语的能力。

**2. 培养了学生的合作意识**

尤其是教师鼓励学生课前收集素材,制作课件及上台讲解,让学生真正参与到教学中来,极大地提升英语课堂教学的实效性。此举提高了学生之间的自主、合作与探究意识,培养了团队精神。同时,还提高了学生的口语表达能力,培养了学生的英语综合运用能力。

通过 Tomorrow's World 一节课中的教学案例,让我意识到,作为教师,应该不断学习教育教学理论知识,拓宽课程设计的思维空间,充分发挥学生想象力,开启学生创新思维,最大限度地让学生参与到教学当中来,创设英语语言环境,培养学生的英语核心素养,引导他们去理解、感知;交流互动,表达思想和培养他们的各种思维能力和思维方式以达到他们通过学习英语认识自己的目的。

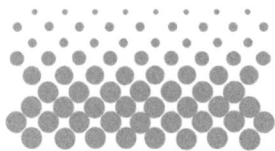

# 物　理

## 《闭合电路的欧姆定律》课例

莆田第一中学　陈国文

　　精彩的物理课堂源于教师精妙的教学设计。物理教师最重要的创造就是要从"问题情景设计"和"学生活动设计"两方面下功夫,"问题情景设计"要能引发学生的深度思考,并上升为"物理问题",这就需要更多采用演示实验引入、物理学史介绍引入等多种引入方式;"学生活动设计"主要采用两条途径:一是"以导学自主"的方式进行,即通过自学,在学生间相互交流中发现问题和解决问题,并展示自己对问题的理解与收获,从而深化对知识的理解;二是以"科学探究"方式进行,其教学程序为:提出问题—猜想与假设—制订计划与设计实验—进行实验与收集证据—分析与论证—评估—交流与合作。不同的课型选择不同的教学方式,一节课中要能在探究教学的某些环节有突破,而不能刻板地做到面面俱到。

　　在闭合电路欧姆定律这节课的设计中有三个特点:一是知识的逻辑结构十分清晰,从三个实验入手引入新课,通过比较引发学生质疑,实验探究中师生合作得到的数据精确有效,能对问题的解决提供真实的数据支持,通过与科学结论进行比较建构物理知识;二是关注学生的认知发展,能认真倾听学生的对话,捕捉学生思维中的闪光点,设计合理的梯度让学生实现问题的解决,在环环相扣的问题追问中让学生获得认知水平的发展;三是恰当使用科学探究,一节课中能从实验探究和理论探究两方面实现难点的突破,在数据的收集与分析方面很出彩。

　　下面是"闭合电路欧姆定律"这节课的教学设计,本教学设计在参加第三届全国物理名师教学大赛中获一等奖。

表1

| 课题 | 《闭合电路的欧姆定律》 人教版 选修3-1 第二章 第七节 | |
|---|---|---|
| 教材分析 | 闭合电路欧姆定律是"恒定电流"一章的核心内容,具有承前启后的作用。既是本章知识的高度总结,又是本章拓展的重要基础;通过学习,既能使学生从部分电路的认知上升到全电路规律的掌握,又能从静态电路的计算提高到对含电源电路的动态分析及推演。同时,闭合电路欧姆定律能够充分体现功和能的概念在物理学中的重要性 | |
| 重点难点分析 | 重点:1. 推导闭合电路欧姆定律,应用定律进行有关讨论<br>　　　2. 路端电压$U$与负载$R$(或干路电流$I$)的关系<br>难点:闭合电路中电势升降关系的理解,路端电压$U$与负载$R$的关系的理解 | |
| 学情分析 | 通过前面的学习,学生已经了解了电动势的基本概念及部分电路的欧姆定律的分析方法。理解静电力做功与电荷量、电势差的关系,了解静电力做功与电能转化的知识,已经具备了通过功能关系分析建立闭合电路欧姆定律,并应用闭合电路欧姆定律分析问题的知识与技能 | |
| 教学目标 | 知识与技能 | ①能够从探究实验和能量守恒的角度分析出电源的电动势等于内、外电压之和<br>②理解闭合电路欧姆定律及其公式,并能熟练地用来解决电路有关的问题<br>③理解路端电压与负载(或干路电流)的关系,知道这种关系的公式表达和图线表达,并能用来分析、计算有关问题 |
| | 过程与方法 | ①通过实验探究闭合电路的电势升降关系和理论探究电源的电动势等于内、外电压之和及学生实验探究闭合电路中路端电压与负载的关系,培养学生利用"实验研究,得出结论"的探究物理规律的科学思路和方法<br>②通过利用闭合电路欧姆定律解决一些问题,培养学生运用物理知识解决实际问题的能力 |
| | 情感态度价值观 | ①通过从能量守恒的角度推导闭合电路的欧姆定律,培养学生能量守恒的思想;通过外电阻的改变而引起$I、U$变化的深入分析,树立事物之间存在普遍的相互联系的观点<br>②通过本节课教学,加强对学生科学素质的培养,探究物理规律培养学生的创新精神和实践能力 |
| 教学策略 | 探究引导策略:探讨式学习,教师启发引导<br>　　教学中注意结合实际,采用实验探索和理论分析相结合的方式,启发学生动手动脑,在教师的指导下积极参与课堂活动。通过对各种演示实验以及学生实验现象的观察、分析,得出结论的探究式教学,培养了学生的实验能力、观察能力及实事求是的科学态度<br>　　学习过程中,要让学生主动参与、乐于探究、善于思考、勤于动手,注重搜集和处理信息,获取新知识并能解决问题。这样充分体现了教师的主导作用和学生的主体地位 | |
| 教学资源 | 演示实验用:6 V干电池组、学生电源、化学电池、数字电压表两个、50 Ω可变电阻一个、灯泡4个、单刀单掷开关五个,定值电阻一个<br>　　学生实验用:3 V干电池组、单刀单掷开关,20 Ω、3 A滑线变阻器,3 V电压表,0.6 A电流表,导线若干(约30组) | |

续表

| | | 教学过程设计 | |
|---|---|---|---|
| 环节 | 教师活动 | 学生活动 | 设计意图 |

| 环节 | 教师活动 | 学生活动 | 设计意图 |
|---|---|---|---|
| 引入新课 | 演示一:四盏小灯泡并联,由四个电键控制,外电路如图所示,用四节干电池串联作为电源,接入 AB 两端,逐一闭合电键,观察小灯泡的亮度变化情况;再逐一断开电键,观察小灯泡的亮度变化情况<br><br>演示二:换一个电源,用学生电源的直流 6 V 档供电,逐一闭合电键,观察小灯泡的亮度变化情况;再逐一断开电键,观察小灯泡的亮度变化情况<br><br>演示三:在图示电路的干路上加一个约为 1 Ω 的电阻,再接学生电源的直流 6 V 档,逐一闭合电键,观察小灯泡的亮度变化情况;再逐一断开电键,观察小灯泡的亮度变化情况<br><br>请学生描述观察到的现象,并谈谈自己的体验,提出问题或尝试解释 | 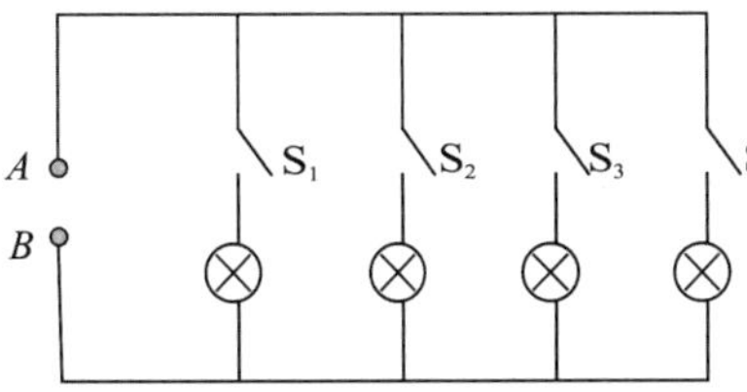 <br>学生描述观察到的实验现象<br>演示一:逐个闭合电键,灯泡变暗;逐个断开电键,灯泡变亮<br>演示二:电键闭合、断开,灯泡的亮度几乎不变<br>演示三:逐个闭合电键,灯泡变暗;逐个断开电键,灯泡变亮<br><br>学生谈自己的体验,尝试解释实验现象<br>演示一:灯泡变暗,说明电源两端的电压变小(学生疑惑:谁分走了那一部分电压?)<br>演示二:学生电源提供的是稳定的电压,所以亮度不变化,可以说明演示一中电压的减小不是由于导线分走的电压所至<br>演示三:现象与演示一类似,学生猜想,是否可以认为干电池是由恒定的电动势和定值内阻构成的 | 目的是克服初中所学的认为电源两端电压不变的思维定式,实验现象和学生现有知识相冲突激发学生的求知欲,使学生很快进入新课学习的状态<br><br>通过三个实验的对比让学生能认识到电池可以看成是由恒定的电动势和定值内阻构成的 |
| 新课教学 | **一、电路的结构**<br>上述实验有不同的电源供电,外电路也比较复杂,要弄清楚整个电路所支配的规律,有必要研究闭合电路的欧姆定律<br>那么闭合电路由哪些构成? 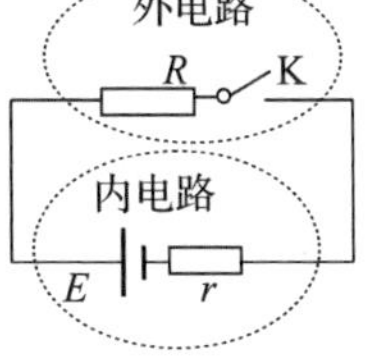<br> | 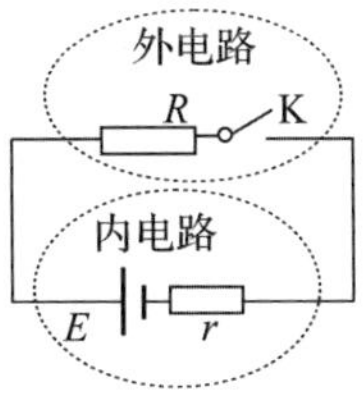 <br>闭合电路由外电路和内电路组成,如图示用电器、导线组成外电路,电源内部是内电路。 | 加强概念教学,使学生形成清晰正确的电路结构 |

续表

| 环节 | 教师活动 | 学生活动 | 设计意图 |
|---|---|---|---|
| 新课教学 | 　　闭合电路由外电路和内电路组成,如图示用电器、导线组成外电路,电源内部是内电路 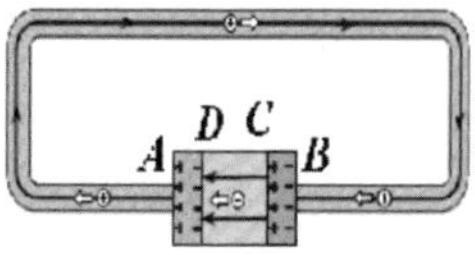<br><br>　　定性了解内外电路的电势升降情况<br><br>**二、闭合电路的欧姆定律**<br>　　探究一:电源没有接入外电路时,电源电动势与极板电势提升的关系: 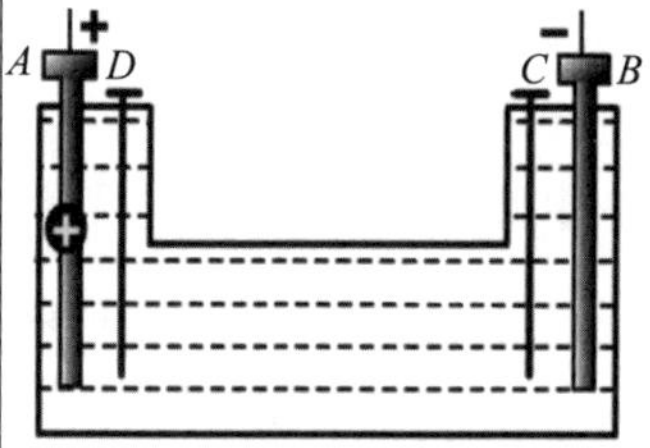<br><br>测出各接线柱间的电势差<br>提问:$UCD=0$的原因是什么?<br><br>　　探究二:电源有接入外电路的情况,电源电动势与内外电路电势降落的关系: 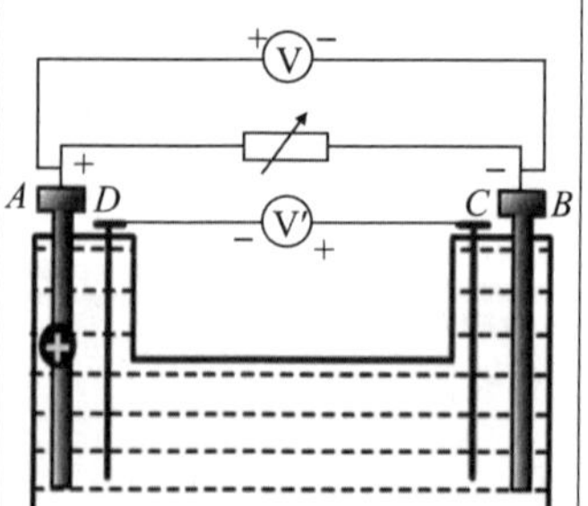<br><br>改变外电阻,测出几组内外电压 | 　　学生定性了解内外电路的电势降落情况。在外电路中,正电荷在恒定电场的作用下由正极移向负极;在电源中,非静电力把正电荷由负极移到正极<br><br>　　实验结果:$U_{AB}=U_{AD}+U_{CB}$<br>　　　　　　$U_{CD}=0$<br>　　数据分析:电源的电动势为电极附近由于非静电力做功,两次电势提升之和<br><br>　　学生:$U_{CD}=0$的原因是内电路没有电流,内电阻上没有电势的降落<br><br>学生按下表记录数据,并进行分析。<br><br>| $U_外$(V)<br>$U_内$(V) | | | |<br>| --- | --- | --- | --- |<br>| $U_外+U_内$<br>(V) | | | |<br><br>　　实验结果:$U_外+U_内=$定值改变外电阻,测出几组内外电压<br><br>　　学生:在闭合电路中,电源内部电势升高的数值等于内、外电路中电势降落的数值,即 $E=U_外+U_内$ | 　　对闭合电路有整体定性的了解<br><br><br><br><br><br><br>　　通过实验,让学生比较直观地了解到电动势与内外电路的电势升降关系<br><br><br><br><br><br><br><br><br>　　帮助学生从实验探究、理论探究两条途径理解闭合电路欧姆定律 |

续表

| 环节 | 教师活动 | 学生活动 | 设计意图 |
|------|---------|---------|---------|
| 新课教学 | 提问：<br><br>谈谈对课本中图 2.7-2 的理解 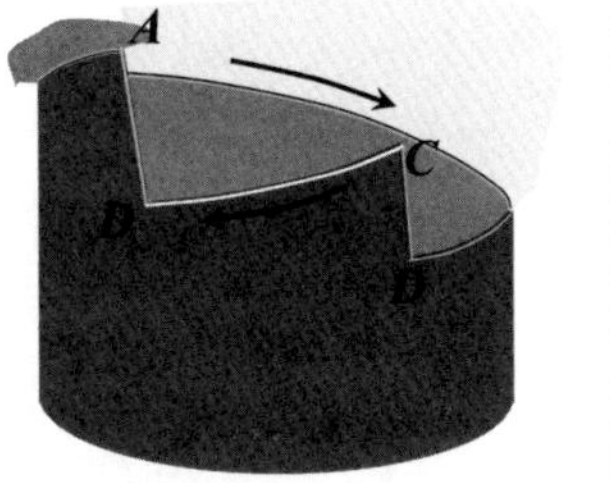<br><br><br><br>3. 根据能量守恒定律推导闭合电路欧姆定律<br><br>（1）写出在 $t$ 时间内，外电路中消耗的电能 $E_外$ 的表达式<br><br>（2）写出在 $t$ 时间内，内电路中消耗的电能 $E_内$ 的表达式<br><br>（3）写出在 $t$ 时间内，电源中非静电力做的功 $W$ 的表达式<br><br>从能量守恒的角度推导闭合电路的欧姆定律<br><br>科学史介绍：闭合电路欧姆定律是德国物理学家欧姆在 1826 年由大量的实验研究得出的结论<br><br>**三、路端电压与负载的关系**<br><br>可见，由于电源内阻的存在，当外电阻发生变化时，干路电流也就会变化，路端电压也随之发生变化<br><br>下面，我们利用实验探究路端电压与负载（或干路电流）的变化关系<br><br>教师引导：<br><br>（1）介绍实验电路图：电压表测路端电压、电流表测干路电流 | 学生：<br><br>（1）$E_外＝I^2Rt$<br><br>（2）$E_内＝I^2rt$<br><br>（3）$W_非＝Eq＝EIt$<br><br>根据能量守恒定律，$W＝E_外＋E_内$<br><br>即 $EIt＝I^2Rt＋I^2rt$<br><br>整理得：$E＝IR＋Ir$<br><br>或者 $I＝\dfrac{E}{R＋r}$，这就是闭合电路的欧姆定律<br><br>闭合电路欧姆定律：闭合电路中的电流跟电源的电动势成正比，跟内、外电路的电阻之和成反比，这个结论叫作闭合电路的欧姆定律<br><br>学生分组实验，根据导学卡： 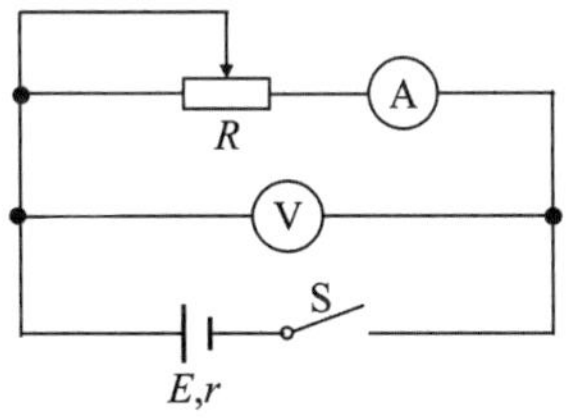<br><br><br><br>1. 观察实验中调节滑线变阻器时电压表和电流表的变化规律<br><br>2. 讨论分析解释实验现象<br><br>$$U＝E－Ir$$<br><br>3. 作 $U\text{-}I$ 图线并分析图线的特点<br>请学生代表展示探究成果 | 通过教师引导培养学生分析归纳的能力，并介绍闭合电路欧姆定律研究的科学史，正确完整建构物理知识<br><br>培养学生的实践能力，观察实验现象、利用所学知识解释现象的能力，交流合作能力，并使学生从中体会到成功的乐趣<br><br>使学生理解函数图线的物理意义，并培养运用物理图线解决物理问题的能力 |

续表

| 环节 | 教师活动 | 学生活动 | 设计意图 |
|---|---|---|---|
| 新课教学 | （2）提醒学生,注意电学实验的安全性、精确性;可操作性<br>（3）引导学生先定性观察实验现象,再记录实验数据并进行定量分析<br>　教师评价探究结果:<br>（1）重点利用观察到的现象分析路端电压与负载(或干路电流)的关系;并借多媒体课件作图,进行分析讨论得到断路、短路的两种特殊情况,及图线斜率的物理意义<br>（2）展示学生作的 $U$-$I$ 图线<br>**四、巩固提升**<br>　例题、如图所示,$R_1 = 14$ Ω,$R_2 = 9$ Ω。当开关处于位置 1 时,电流表读数 $I_1 = 0.2$ A;当开关处于位置 2 时,电流表读数 $I_2 = 0.3$ A。求电源的电动势 $E$ 和内电阻 $r$ 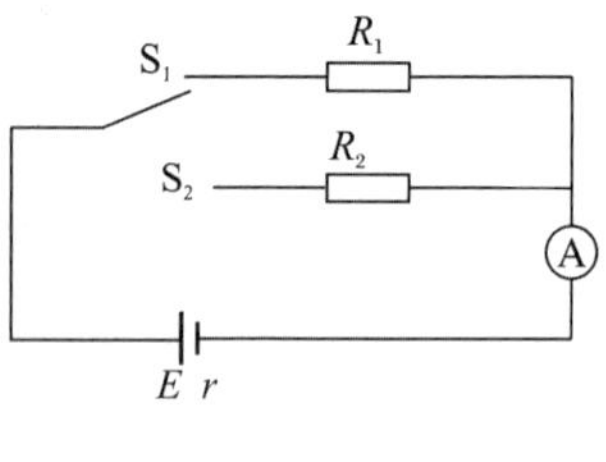<br> | 　学生讨论:对观察到的现象进行分析,相互交流,并能应用闭合电路的欧姆定律分析现象<br><br>　请学生代表上讲台写出计算过程 | 　通过练习强化学生闭合电路欧姆定律的理解,培养学生运用所学知识解决实际问题的能力<br><br>　拓展思维,做到举一反三 |
| 小结 | 　让学生完成课堂小结,同学们可相互补充 | 　学生小结:通过本节课的探究,主要学习了以下两个问题:<br>　1. 闭合电路欧姆定律的内容、公式的理解;<br>　2. 路端电压 $U$ 与负载 $R$(或干路电流 $I$)的关系<br>　①$R$ 增大时,$I$ 减小,$U$ 增大;$R$ 减小时,$I$ 增大,$U$ 减小<br>　②现象解释:$I = E/(R+r)$ 以及 $U = E - Ir$<br>　③$U$-$I$ 图线的理解及其应用得出断路、短路两种特殊情况 | 　让学生小结,同学们可相互补充,这样使同学们有意识地养成总结归纳的好习惯,不仅要总结知识,还要总结科学方法 |

续表

| 环节 | 教师活动 | 学生活动 | 设计意图 |
|---|---|---|---|
| 作业 | 布置作业 | 课本第 65 页,问题与练习:1、2、3、4、5 | 巩固所学的知识 |

| | 第7节:闭合电路欧姆定律 |
|---|---|
| 板<br><br>书<br><br>设<br><br>计 | **一、电路结构**<br>闭合电路的组成 $\begin{cases}外电路\\内电路\end{cases}$<br><br>**二、闭合电路欧姆定律**<br>闭合电路欧姆定律:闭合电路中的电流跟电源的电动势成正比,跟内、外电路的电阻之和成反比,这个结论叫作闭合电路的欧姆定律<br><br>$$I=\frac{E}{R+r}$$<br>$$E=IR+Ir$$<br><br>**三、路端电压 $U$ 与负载 $R$(或干路电流 $I$)的关系**<br>1. 实验现象:$R$ 增大时,$I$ 减小,$U$ 增大<br>$R$ 减小时,$I$ 增大,$U$ 减小<br>2. 解释:利用 $U=E-Ir$($E$、$r$ 是一定的)<br>3.$U$-$I$ 图线的分析和理解:<br>①反映了 $U$ 和 $I$ 的变化关系<br>②图线延长与 $U$ 轴的截距的物理意义:断路状态,断路时的<br>路端电压等于电源电动势<br>线延长与 $I$ 轴的截距的物理意义:短路状态,短路电流很大,不允许出现短路现象<br>图线斜率的物理意义:图线倾斜程度跟内阻 $r$ 有关,图线倾斜绝对值越大,内阻越大 |

| 教<br>学<br>反<br>思 | 本节设想从三个小实验设计问题情景,让学生在体验中发现并提出问题,教师认真倾听学生的对话,及时捕捉学生的原认知对本节教学的影响。从两个探究实验的数据分析中,加深对电源内部电势升降的理解和电源存在内阻的认识,从而明确电源电动势在数值上等于内外电路的电势降落。依据能量守恒进一步从理论上探究闭合电路的欧姆定律,并能用该定律对路端电压随外电阻的变化的实验现象进行分析。活动的场景设计中要倡导学生之间的沟通交流,共同提高,从实验得出的结论要与科学结论进行比较,从而正确地建构物理知识。 |

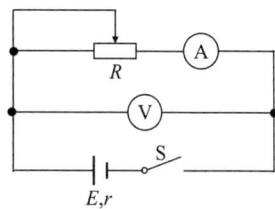

　　我认为精彩的物理课堂本质应该是创造条件让学生在知识的探究中产生自己的思想、体验和理解,要把"教学"与"研究"结合起来,用研究的意识、思维、视角、观点、方法,开展教学,或者说给教学注入研究的"元素"。让学生在课堂上实现人生价值和追求。

# 《探究磁场对电流的作用》课例

福州第一中学  林立灿

一、引入新课

教师先播放一段有关天宫一号与神舟八号对接的视频资料。

师：这是前几天刚进行过的我国天宫一号与神舟八号对接的视频。这一事件使我国成为继美国和苏联后第三个掌握在外太空实现航天器对接技术的国家，我国许多科技爱好者对这项技术很感兴趣，同学们也一定对如何实现对接感兴趣吧，但由于保密等原因，我们无从知道。在今天这节课的最后，老师会给出一个对接设想，请同学们来评判。（板书：探究磁场对电流的作用。）

二、新课教学

1. 奥斯特电流磁效应实验介绍及安培力的定义

师：1820 年 4 月，丹麦物理学家奥斯特在哥本哈根大学的一间教室讲课。在做实验时，他将导线平行放置在磁针的上方，接上电源，磁针竟然偏转了。当时学生未意识到这个小小偏转的含义，而奥斯特却为此激动万分。他继续深入研究，3 个月后，他发表了研究结论：不仅磁铁能产生磁场，电流也能产生磁场。奥斯特的发现也引起了法国物理学家安培的重视并开始相关的研究。安培认为，既然磁铁之间存在力的相互作用，通电导线对磁铁也有力的作用，那么通电导线之间也一定存在相互作用。经过研究，安培还得出两通电导线之间相互作用力的定量表达式，并指出它们之间的相互作用原因是通电导线处在对方导线所形成的磁场中，因此作用的实质是磁场对电流的作用。后人为了纪念安培在这方面对人类的贡献，将磁场对电流的作用力称为安培力。（板书：将磁场对电流的作用力称为安培力。）

2. 安培力方向的判定方法

师：通过高一的学习，同学们知道，要完整把握一个力，必须知道力产生的原因、力的方向及力的大小。安培力产生的原因是磁场对电流的作用力，那安培力的方向如何确定呢？紧接着教师用自制仪器让学生认识安培力并用此来归纳安培力方向。

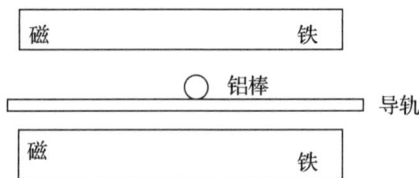

图 1

用两大块磁铁构成竖直方向的均强磁场，在其中安放一对金属导轨，使导轨平面处于水平面，将一轻质铝棒垂直于导轨放置。导轨通过导线和开关与 J1209 高中教学电源［采用 40 A(8 s)。注：采用这一档位接通开关时，电源可提供 40 A 的直流电，时间持续 8 s］相连，使得铝棒、导轨、开关和电源组成一个闭合回路。如图所示为该装置的剖面图。当未闭合开关时，导体棒静止不动；当闭合开关时，导体棒朝某个方向运动，通过分析，很容易得出使金属棒运动状态发生改变的力就是我们上面提到的安培力,由铝棒的启动方向可以判定确定安培力的方向。教师通过调换电流方向及磁场方向,共得出 4 幅电流方向、磁场方向及安培力方向结构图,这些结构图都体现电流方向、磁场方向与安培力方向是相互垂直的。教师先用三根不同颜色的铅笔将第一幅结构图表示出来,然后请 9 位同学分三组也用三种不同颜色的铅笔模仿老师把余下的 3 幅结构图表示出来。最后让 9 位参与的同学互相观察各个手中的结构图并参考教师手中的结构图,在教师引导下,都能顺利通过整体旋转,变成同一幅结构图。

师:由此可见,当电流方向与磁场垂直时,安培力的方向与电流方向及磁场方向都垂直,也就是安培力的方向垂直于电流方向与磁场方向组成的平面。但我们总不能每次都用铅笔来比画安培力的方向吧!人们想到能否用身体的已有结构归纳一种简易的判定安培力方向的方法呢?人们普遍认可的是左手定则。板书:安培力方向由左手定则判定。

教师播放左手定则动画,和学习一起理解左手定则内容并学会使用左手定则判定。

3. 安培力的大小

师:我们知道了安培力的方向可由左手定则判定,现在我们要一起来研究安培力的大小与哪些因素有关,它的表达式应该是怎样的。前人在研究安培力大小时首先碰到一个问题,请同学们先看一个演示实验。

在该实验中,教师在长 10 cm、宽 2 cm、厚 0.5 cm 的木块两端用两个金属螺帽固定一条长 14 cm、宽 2 cm 的锡箔纸(有大约 4 cm 长的锡箔纸是被折叠压在木块上,教师在实验的前个晚上用十几本厚实的书压折叠好的锡箔纸达数小时,使其安装在木块后与木块贴平。)通过两端螺帽接触点、导线和开关与 J1209 高中教学电源[采用 40 A(8 s)]组成闭合回路。在闭合开关后,教师手执木块缓慢转动木块,让通过锡箔纸电流方向由与磁场平行方向转到与磁场垂直方向,实验结果很明显发现,开始时(即电流与磁场垂直时),锡箔纸依然贴平在木块上,随着转动,锡箔纸张开,当木块转到与磁场垂直时,锡箔纸张开最大,并伴有相当清脆的响声,这个实验很容易说明一个问题,安培力的大小与电流与磁场的方向有关,当电流方向与磁场方向垂直时,安培力最大,当电流方向与磁场方向平行时,不受安培力。

师:既然是当电流方向与磁场方向垂直时,通电导线所受的安培力最大,物理学家就先从研究电流方向与磁场方向垂直的情形开始研究安培力的大小与哪些因素有关。今天我想用传感器设备在较高精度下与同学们一起探究这个问题。

教师首先介绍实验设备。设备主要由一个 U 型磁铁(能供长、宽、高约为 20 cm、3 cm、3 cm 的增强磁场)、长宽为 20 cm 和 10 cm 的矩形线框(共 200 匝,总电阻约 40 Ω)、力传感器、电流传感器、数据采集器、电脑、电源[J1209 高中教学电源(稳压 24 V)]、总阻值为 300 Ω 的滑动变阻器、开关及导线若干。用导线将电源、线框、开关、滑动变阻器(采用限流式接法)及电流传感器组成闭合回路,通过改变滑动变阻器测得不同电流值时的线框(即 200 根通电导线)所受安培力的大小。第一次将线框 20 cm 长边置于 U 型磁铁中进行实验,第二次将线框 10 cm 短边置于 U 型磁铁中进行实验。上述两次实验中电流方向均与磁场方向垂直,且均放置在磁场的同一位置。在介绍完实验原理和操作方法后,教师请一位同学上台帮助教师填写实验记录表格(为节省时间,教师在课前已把两个实验表格画在黑板上),同时提醒同学们观察教师操作并实时观测投影到大屏幕上的实验数据,并监督在讲台上板书实验数据的同学记录是否有误。实验结果得到如下数据：

**表 1　实验一：在磁场中导线的长度 $l = 0.2$ m**

| $F/N$ | 0.65 | 0.82 | 1.29 | 1.69 | 1.96 | 2.33 | 2.61 |
|-------|------|------|------|------|------|------|------|
| $I/A$ | 0.12 | 0.15 | 0.24 | 0.31 | 0.36 | 0.43 | 0.48 |

**表 2　实验二：在磁场中导线的长度 $l = 0.1$ m**

| $F/N$ | 0.33 | 0.47 | 0.66 | 0.82 | 0.99 | 1.21 | 1.32 |
|-------|------|------|------|------|------|------|------|
| $I/A$ | 0.12 | 0.17 | 0.24 | 0.30 | 0.36 | 0.44 | 0.49 |

师：我们真的很幸福，今天我们能够在如此高的精度上重温 100 多年前物理学家的科学实验。我们不难得出一个结论，当在磁场中的导线长度不变时，安培力的大小与电流强度的大小成正比。请同学们将两张数据表再对比看看，能得出另外什么结论？

由于教师在原来实验操作时特意地安排测出两种长度下在电流分别是 0.12 A、0.24 A、0.36 A、0.48 A 时受到安培力的大小值，在教师的引导下，学生通过比较这 4 个电流值所对应的 8 个安培力的值，也会发现：当电流大小不变时，安培力的大小与在磁场中的通电导线的长度成正比。

正当同学们都满足于取得实验结论时，教师又抛出一个议题。

师：同学们有没有看到，老师在每个表格中还有一行都没有实验数据呢，知道它留着什么用吗？

学生一片茫然。过一会儿，教师接着说。

师：通过上面数据我们发现，安培力大小与处在磁场中的通电导线的长度及电流大小有关，长度越长，电流越大，则所受的安培力也越大。它们之间还有什么内在的联系呢？我现在请同学用计算器算出每一个实验数据下安培力大小与电流强度大小和导线长度大小乘积的比值，即 $\dfrac{F}{Il}$，并将计算后的数值填写在第三行中。

结果得到如下表格：

**表 3　实验一：在磁场中导线的长度 $l = 0.2$ m**

| $F/N$ | 0.65 | 0.82 | 1.29 | 1.69 | 1.96 | 2.33 | 2.61 |
|-------|------|------|------|------|------|------|------|
| $I/A$ | 0.12 | 0.15 | 0.24 | 0.31 | 0.36 | 0.43 | 0.48 |
| $\dfrac{F}{Il}$ $(NA^{-1}m^{-1})$ | 27.08 | 27.31 | 26.87 | 27.27 | 27.22 | 27.09 | 27.19 |

表 4　实验二:在磁场中导线的长度 $l=0.1$ m

| $F/N$ | 0.33 | 0.47 | 0.66 | 0.82 | 0.99 | 1.21 | 1.32 |
|---|---|---|---|---|---|---|---|
| $I/A$ | 0.12 | 0.17 | 0.24 | 0.30 | 0.36 | 0.44 | 0.48 |
| $\dfrac{F}{Il}$ $(NA^{-1}m^{-1})$ | 27.50 | 27.65 | 27.50 | 27.33 | 27.50 | 27.50 | 27.50 |

同学们高兴极了。

师:同学们又发现什么?

学生:比值都相等。

师:实验多少都存在误差,应该说,在误差允许的范围内,它们的比值是相等的。这说明在磁场的同一位置,不同长度通以大小不同的电流,受到的安培力不同,但安培力与电流大小和导线长度的乘积的比值是个定值,说明这个比值反映了磁场的客观存在,正像科学家定义电场强度一样,物理学家将这一比值定义为磁场的磁感应场强度,用 $B$ 表示,即:

$$B=\frac{F}{Il}(板书)$$

即:$F=IlB$(此式为安培力大小的表达式)。

师:同学们还记得,我们当初学习电场知识时,引入电场强度的定义 $E=\dfrac{F}{q}$,并说明电场强度的国际单位是 N/C,按同样道理我们今天磁场的磁感应强度的国际单位应该是 N/(Am),但物理中却定义 1 N/(Am)为 1 T,即 1 特斯拉。而特斯拉是很大的一个单位,我们目前知道地磁场的磁感应强度只有十万分之五的特斯拉,这又是为什么呢?

教师在投影屏上打出一张有关美国科学家特斯拉生平介绍的 PPT,并阐述。

师:尼古拉·特斯拉是世界知名的发明家,共获得 112 项美国专利。特斯拉被认为是历史上一位重要的发明家。他在 19 世纪末和 20 世纪初对电和磁的贡献也是知名的。他毅然不顾爱迪生的反对,倡导人类使用交流电。特斯拉的专利和理论工作形成了现代的交流电电力系统,其中包括交流电动机,他以此帮助推动了第二次工业革命。由于晚年他在经济上经常处于困境,1943 年 1 月 7 日,孤独地死在旅馆里。在他百年纪念时(1956 年),国际电气技术协会将国际单位制系统中磁感应强度的单位命名为"特斯拉"以纪念他对人类的伟大贡献。

三、与课前引入呼应

师:到此我们已经较完整认识了安培力,那学完安培力后,在实现中有何应用? 现在老师要向同学们展现老师对天宫一号与神舟八号对接的设想。

在此环节,教师用自制的设备进行演示。将一个磁铁较强的小条形磁铁用白色塑料泡沫包装(实验前要预先充磁)用以代表神舟八号,将一多匝线圈(原先是用于演示通电螺线管磁场的方向的)也用白色泡沫塑料包装用以代表天宫一号。用细线把线圈和磁铁吊挂在铁架台上,让条型磁铁的轴线与线圈的轴线在同一直线上并保持恰当的距离(如下图所示),线圈与 J1209 高中教学电源[采用 40 A(8 s)]相连,这次教师为了让实验更有感染力,用亚声遥控开关来控制线圈与电源接通与断开。教师离开讲台走到学生中,与学生一起倒数 5 个数,按下遥控开关,清晰地看到两者相互吸引,磁铁被吸入线圈中。学生自发地报以热烈的掌声。

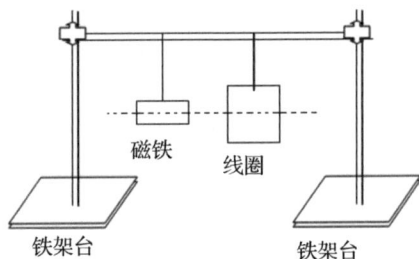

师:我个人认为天宫一号与神舟八号的对接是通过这样的原理来实现的,因为我们国家研究电磁铁和永磁体的水平是国际一流的。

此时屏幕显示的一张介绍华裔美籍物理学家、诺贝尔物理学奖获得者丁肇中教授研制阿尔法磁谱仪(Alpha Magnetic Spectrometer)的 PPT。

附:课例说明

2011 年 11 月在福州一中举行的对全省公开的教学公开周中本人执教了一节公开课"探究磁场对电流作用"。本案例就是那节公开课的真实记录。公开课视频已挂在福建教育学院名师授课网上。本节课受到学生的喜欢,也受到观摩教师的广泛好评。

本人认为,现在的高中教育有 80% 的时间是在课堂上进行的,因此课堂教学的质量在很大程度上决定了教育的质量。高中物理教育是高中教育的重要组成部分,由于其学科的特殊性,高中学生普遍认为物理不好学,都畏惧物理学科。为了树立学生学习物理的信心,培养学生对物理学科的兴趣。教师要明确自身在课堂教学中的主导作用,通过不断学习、研究和自我完善,在物理课堂教学中展现物理学科的魅力,让学生认识到知识的来龙去脉,在体验科学探究过程,了解科学研究方法,掌握物理知识的同时,也能确实感受到物理人文给他们带来的思想升华。

# 《压力的作用效果》教学课例及点评[①]

泉州市泉港区教师进修学校　郭卫东

【教学目标】

1. 知识与技能

(1)知道压力的概念,会区分压力与重力。

(2)知道影响压力作用效果的因素,理解压强的概念、公式和单位,会进行压强的简单计算。

(3)知道减小和增大压强的办法,并能对一些简单现象进行解释。

2. 过程与方法

(1)通过利用身边随手可得的物品让学生做探究实验,从而归纳出压力的作用效果与哪些因素有关.初步认识控制变量科学方法。

(2)运用实验结果对压强概念建立过程,培养学生分析、比较、归纳和推理能力。

3. 情感态度与价值观

(1)通过对生产生活中增大、减小压强实例的分析,使学生做到学以致用,培养学生理论联系实际的能力。

(2)通过学生动手探究实验,培养学生相互合作、共同探索的团队精神,养成主动参与、乐于探究、勤于动脑动手的好习惯。

【教学重点】

压强的概念及其应用。

【教学难点】

压强概念的建立。

【教学用具】

1. 教师备有:砖5块、开口蒙有薄纸的木盒、钳子、橡皮块。

2. 学生备有:文具盒、薄塑料尺、砝码、铅笔、长方体铁块、装满面粉的纸盒、橡皮擦。

【教学方法】

探究式教学。

---

① 注:课例内容为沪科版义务教育初中物理教科书《物理》八年级第8章第1节。

**【教学过程】**

一、设疑引学

1. 演示:在开口蒙有白纸的木盒上逐个平放上5块砖,纸也不被压破,而竖放上一块砖,纸即被压破,启发学生思索、对比,予以探究。

2. 通过课件展示并提问:儿童玩耍时,压破薄冰,落入水中,为了救出落水儿童,并避免压破薄冰,应当怎样接近落水儿童采取救护措施?

要回答上述问题,就得学习第八章第一节"压力的作用效果"(板书课题)。

(笔者注释:对比实验结果,出乎学生意料之外;而多媒体展示一例,设置疑难,导致课堂讨论气氛热烈,启发学生的求知欲,为新课教学拉开帷幕。)

二、新课教学

1. 压力(板书)
学生探究实验一:将文具盒竖放,用食指压盒盖表面,观察有什么现象?
实验表明:盒盖凹陷是因为手指对它有力的作用。
学生探究实验二:将塑料尺两端水平架起,先用手指压薄塑料尺表面,再改用砝码放在尺上,这时尺同样发生弯曲。
实验表明:此时,砝码与手指一样对尺表面也产生力的作用,砝码的作用力是它的重力所致。
小结:上述盒盖、尺受到的力都是与尺的表面相垂直。
定义:物理学上将垂直作用在物体表面上的力,叫作压力。(板书)
巩固:
(1)实例:人站在松软的地上,会在地面压出深深的脚印,这是因为人对地面产生了压力。
(2)演示:用钳子夹橡皮擦,钳子对橡皮擦也产生了压力。
分析与对比上述实例,指出压力可以由重力引起,也可以与重力无关,压力大小并不一定等于物体重力的大小。

2. 压强(板书)
(1)探索压力的作用效果跟压力大小的关系
学生探究实验一:每人拿出一支铅笔,笔尖朝下对着手指,先后以大小不同的压力作用,移去铅笔,比较两次结果有什么不同?
学生探究实验二:每两人一组,将一长方体铁块平放在面粉表面,移去铁块,观察有什么现象?
再重叠平放两块铁块,观察两次实验结果有什么不同?
引导学生得出:压力的作用效果跟压力的大小有关。(板书)
(笔者注释:仅费举手之劳,让学生随时随地利用随身所带的学习用品或随手可得的材料做低成本实验,既可解决仪器不足的困难,又能激发学生学习物理的兴趣,培养学生的动手能力。同时,这里选用面粉做实验,因较松软,使实验结果十分明显。)

（2）探索压力的作用效果跟受力面积大小的关系

学生探究实验一：将铅笔尖朝下，放在手指上，稍稍用力按，再将铅笔倒立，用同样大小的力向下按，观察两次实验结果是否相同？

学生探究实验二：将铁块分别平放、侧放、竖放在面粉表面，分别观察三次实验中压痕深度是否相同？

启发：三次深度不同，是不是由于压力大小不同引起的？

既然压力相同，而引起压力的作用效果不一样的原因又是什么？

启发分析：这是由面粉表面上所受力的那一部分面积不同引起的。

小结：说明压力的作用效果还跟受力面积的大小有关。（板书）

追问：那么，要如何比较压力的作用效果呢？

（笔者注释：这一启发性的发问，很自然地转入压强概念的引入，这样，环环紧扣，将教学内容逐步引向深入，符合学生认知发展规律。）

（3）通过分析以上实验数据引入压强概念，向学生指出，上面用的是以前实验课用以测密度的铁块，已经测出其质量是 78 g、重 0.764 N、规格是 2 cm×5 cm×1 cm，让学生计算，当平放时，受力面积为 10 cm²（图 1 所示是面粉表面被压出的痕迹）。这样，每平方厘米上受到的压力有 0.076 4 牛顿，而竖放时，受力面积为 2 cm²（如图 2），这样，每平方厘米上受到的压力有 0.382 N，恰好是平放时的 5 倍，所以竖放时作用的效果较显著，压出的痕迹也就较明显。

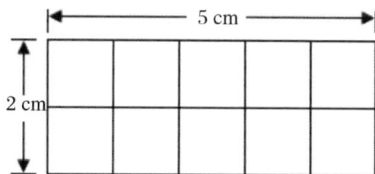
图 1

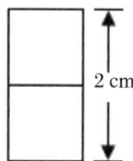
图 2

因此，可以用单位面积上受到压力的大小来比较压力的作用效果。

定义：在物理学中，把物体所受的压力与受力面积的比叫压强。（板书）

（笔者注释：压强概念的建立，是本节课的难点，而这里让学生通过小组讨论，由学生自己定量分析实验中的数据得出压强概念，显得十分自然，既突破了教学难点，又培养学生分析问题的能力。）

（4）压强公式（板书）。

计算：若作用在 3 m² 面积上的压力是 600 N，那么桌面受到的压强为多大？

引导学生计算：压强＝600 N/3 m²＝200 N/m²。

因此计算压强的公式是：压强＝压力/受力面积，即 $P=F/S$。

（5）压强单位（板书）。

从上可以看出，压强单位是"N/m²"。

（笔者注释：根据压强定义，通过具体计算，得出压强公式及其单位都较自然，学生较易接受。）

"N/m²"有一个专门的名称叫作帕斯卡，简称帕，符号 Pa。这是为了纪念法国科学家帕斯卡。

(6)压强的计算：

课件展示例题(课本 p145)，引导学生分析题意，并强调解题规范。

在例题中我们可以看到图钉尖对墙面的压力明显比坦克对地面的压力小得多，对墙面的压强却大得多，在日常生活和工农业生产中类似压强有着广泛的应用。

3. 增大与减小压强的方法

(1)想一想、议一议：

给你一把刀和一个萝卜，现在如果让你帮父母切一盘萝卜，你该怎样切才能更容易把萝卜切开呢？（课件展示）

(2)学生探究实验：

用随身所带的学习用品小刀和橡皮擦刀模拟"切萝卜"，同时要求在实验过程中完成下列问题：

(1)"切萝卜"时用力大容易切开还是用力小容易切开？

(2)刀背"切萝卜"和"刀刃切萝卜"，哪个更容易些？

(3)从实验中你发现增大和减小压强的两种方法是什么？

(4)举几个生活中常见的增大压强、减小压强的例子。

(笔者注释：结合生活实例，并用小刀和橡皮擦动手模拟"切萝卜"，这样手脑并用，使学生更容易学会增大与减小压强的方法。)

三、交流与小结

(一)回顾本课主要内容

1. 压力应注意以下两点。

(1)力的方向与表面"垂直"；

(2)只有当物体平衡放置在水平面时，在数值上，压力＝物重。

学生探究实验：将薄塑料尺(或锯条)的一端搭在桌子边缘，另一端用手指端平。在塑料尺的中间部位向下施加一个压力，塑料尺便向下弯曲，压力越大，它向下弯曲就越大，从塑料尺的弯曲程度，可以表征它所受到的压力大小。再在塑料尺中间放一重物，可以看到塑料尺被压弯，用手指慢慢抬高一端，塑料尺的弯曲程度逐渐减小，说明重物对它的压力逐渐减小，但是在抬高过程中，物体重力大小却是不变的。

由此可知，重力大小并不是一定等于压力大小，它们是两种不同性质的力。

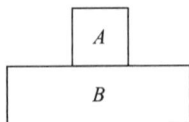
图3

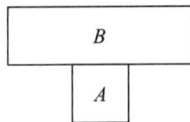
图4

2. 压强公式 $p=F/S$ 中的 $S$ 指的是互相挤压的物体的接触面积。

如图3、图4中 $A$、$B$ 两种放法不同，试找出图3中 $B$ 和图4中 $A$ 的受力面积(课件展示)。

（笔者注释：小结使所学知识条理化，便于学生巩固记忆，并帮助学生理解和应用所学的知识。）

（二）释疑巩固

以学习小组为单位，抢答引课中的两个问题.

使教学做到前后呼应，达到复习巩固的目的。

四、布置作业

1. 复习课文，预习下节课内容。

2. 书面作业：p147:1、3、5。

**【自我点评】**

整节课自始至终让学生随时随地利用随身所带的学习用品或随手可得的材料做随堂实验，亲自观察和探究，经过分析实验现象和实验数据归纳得出压力概念、压力的作用效果与压力大小和受力面积大小的关系，而且在突破压强概念建立难点时，有独到之处，即巧妙地让学生通过分析实验中的数据得出压强概念，这样既突破了教学难点，培养学生分析问题的能力，又有利于学生加深理解物理概念和规律。同时将学习和探索的主动权交给了学生，收到了较好的教学效果，这无疑使学生的观察能力、探究能力、实验能力等智能因素得到发展。

更为重要的是，这又是一堂充分体现我的"让低成本实验走进物理课堂"教学主张的教改尝试课。整节课倡导利用学生身边随手可得的物品，师生共同开发出系列低成本实验教具，充实物理课堂实验资源，使广大学生都有可能手脑并用地学习，在经历科学探究过程中体验学习的乐趣，这也应当成为当前初中物理课堂教学改革的方向。

但由于学生动手实验机会较多，课堂教学的时间较紧，对压强计算花时较少、生活中增大与减小压强的例子让学生举例不多，这在以后的教学中应以加强。

# 《抛体运动》教学设计

福州第三中学　林　杰

**【教材内容分析】**

本节课为山东科学技术出版社出版的《物理》必修 2 第 3 章第 3 节内容。在这节之前，学生已经学习了运动的合成与分解方法，本节课为该方法的具体应用。在应用中不仅要了解平抛运动的规律，而且更为重要的是学会用运动合成与分解方法来解决具体问题。平抛运动是日常生活中较为常见的一种变速曲线运动，如何把所学知识应用到日常生活中，让知识变得更加有用，也是本节课所要达到的目标。

**【学生学习情况分析】**

本班学生学习基础较好，经过高中一个学期的学习，问题解决能力和实验动手能力都有一定的基础；因此可以大胆地让学生在自主合作的解决问题的过程中学会运动的合成和分解的方法，在实验中，培养研究习惯，启迪学生的智慧。

**【设计思想】**

本节课主要采用任务驱动的方法，通过学生对任务的完成，在实验探讨中感受科学研究过程的科学严谨性和逻辑性，体验科学研究的过程，培养实事求是的科学态度；本节课不仅要让学生知道平抛运动及其规律，学会运动合成和分解的方法，更是要让学生成为学习的主人，在自主合作、动手动脑完成任务过程中，培养研究习惯，增长自己的智慧，使学生的科学素养得到全面提升。

一、教学目标

1. 知识与技能目标

(1)知道什么是平抛运动；

(2)初步掌握平抛运动的规律；

(3)深刻理解运动独立性原理和合成原理；

(4)初步会用运动合成分解方法解决曲线运动问题。

2. 过程与方法

(1)通过对平抛运动的分析，初步掌握运用运动合成分解的方法，体验解决复杂问题的基本思想——化繁为简。

(2)通过平抛初速度的测量实验，感受实验动手过程中，科学思想和方法的重要性。

3. 情感态度价值观

通过对平抛运动初速度测定实验，体验物理知识和方法在解决问题中的巨大作用，感受物理知识以及其中蕴含思想和方法，增长我们的智慧。

### 二、教学重难点分析

教学重点:学会运用运动合成分解的方法。

教学难点:如何利用平抛运动规律求得初速度。

### 三、教学过程设计

(一)新课引入

视频播放:平抛水面喷泉——身边有许多曲线运动

演示 1:小球的平抛运动,

布置任务:如何确定如图所示实验中,小球在 $t$ 时刻的位置和速度? 请同学们分组,讨论,拿出解决方案。

方案具体要求:

1. 明确目标;

2. 所用理论和方法;

3. 具体实施步骤;

4. 数据表格及处理方法;

5. 结论。

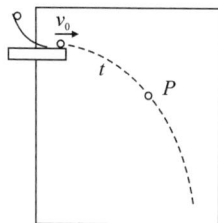

**图 1**

在学生交流方案过程中,弄清下列平抛运动问题。

(二)平抛运动

问 1. 平抛运动的条件是什么?

1. 条件:初速度方向——沿水平方向只受重力作用

问 2. 生活中哪些物体的运动可以看成平抛运动,请举例说明——引导学生关注身边物理现象。

问 3. 用什么理论来研究平抛运动? ——让学生了解运动合成与分解法是解决曲线运动的一种重要方法。

2. 研究平抛运动方法——运动合成和分解法

问 4. 如何确定分解方向? ——了解分运动方向确定的依据。

依据:根据平抛运动效果来确定分运动方向,即:往前——水平方向,往下——竖直方向。

问 5. 如何确定分运动的性质? 理由是什么? ——体验确定分运动性质的方法。

理论:运动的独立性原理,即分运动性质由分运动方向上受力和初始速度来定,两个分运动之间不会互相干扰。

演示 2:验证水平方向分运动是匀速运动。

DIS 的光电门测出小球挡光时间,进而测出平抛初速度,然后让小球从不同高度下滑,则小球在水平面上的水平距离则不相同,由于竖直方向上运动不受水平方向上运动影响,因此,水平方向的距离与初速度成正比——实验证实平抛水平方向上是匀速运动。

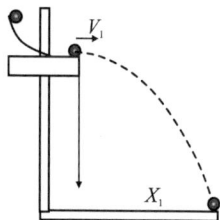

**图 2**

表1

| | 小球直径 d/m | 遮光时间 t/s | 初速度 v₀/m/s | 水平位移 x/m |
|---|---|---|---|---|
| 1 | 0.019 1 | 0.022 3 | 1.166 3 | 0.323 6 |
| 2 | 0.020 5 | 0.022 3 | 1.087 8 | 0.302 8 |
| 3 | 0.023 5 | 0.022 3 | 0.950 1 | 0.265 6 |
| 4 | 0.027 8 | 0.022 3 | 0.803 0 | 0.225 1 |
| 5 | 0.035 1 | 0.022 3 | 0.635 1 | 0.177 2 |
| 6 | 0.057 5 | 0.022 3 | 0.388 2 | 0.108 0 |

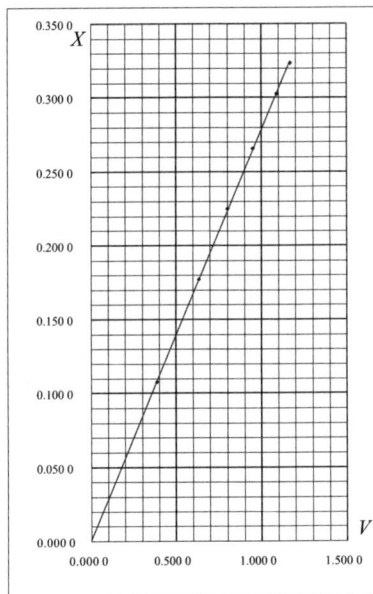

图 3

数据说明什么？用什么方法来说明你的结论？（让学生利用数据,解释现象）

3. 平抛运动的规律

问 6. 分运动的规律是什么？（让学生了解确定分运动性质的方法）

水平方向：$a_x=0$　　$v_x=v_0$　　$x=v_0t$

竖直方向：$a_y=g$　　$v_y=gt$　　$y=\frac{1}{2}gt^2$

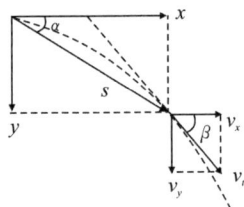

图 4

问 7. 如何确定平抛 $t$ 时间的位移 $s$ 和速度 $v_t$？

$$s=\sqrt{x^2+y^2}　　　　\tan\alpha=\frac{y}{x}=\frac{gt}{2v_0}$$

$$v_t=\sqrt{v_x^2+v_y^2}　　　　\tan\beta=\frac{v_y}{v_x}=\frac{gt}{v_0}=2\tan\alpha$$

（三）应用——学以致用

问 8. 如何测量平抛运动的初速度？

方案一：测出平抛运动飞行时间 $t$ 和水平距离 $x$,然后：$v_0=\frac{x}{t}$。

演示 3. 让学生测量平抛运动的时间 $t$,感受此方案的不可行性。——培养学生理论联系实际的感觉,评价的意识。

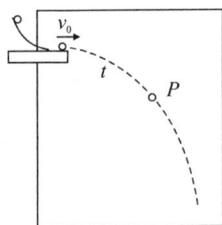

图 5

方案二：测出小球下落高度 $h$ 和水平射程 $x$,然后通过计算可得：

$$h=\frac{1}{2}gt^2,v_0=\frac{x}{\sqrt{\frac{2h}{g}}}=x\sqrt{\frac{g}{2h}}。$$

问 9. 下落高度从哪里测量到哪里？（球有一定大小）——引导学生实验中回到实际情

况下的实验。

问 10. 本实验方案影响实验精度的除测量误差之外还有哪些可能的原因？——引导学生从学过的原理来分析,明确平抛运动的条件。

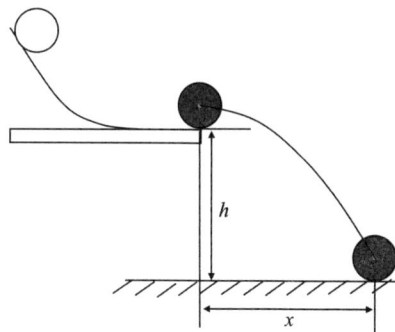

**图 6**

方案三:画出小球平抛运动的轨迹,从轨迹中求出小球平抛的初速度。

问 11. 如何确定小球平抛轨迹？（让学生进行讨论后再拿出方案）

方法 1:频闪照相法。如图所示。

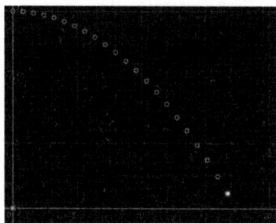

**图 7**

方法 2:先确定水平位移,通过实验得到竖直位移,然后在画到坐标纸中。

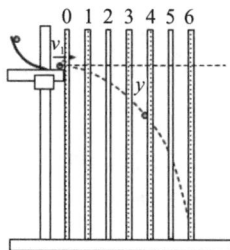

**图 8**

方法 3:先确定竖直位置,通过实验确定水平位移,然后在画到坐标纸中。

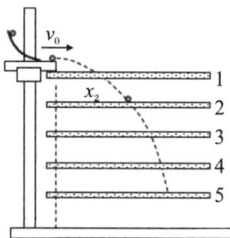

**图 9**

方法 4:把方法 2、3 合并,添加一块竖直平板,在平板上同时留下小球的水平位置和竖直位置。

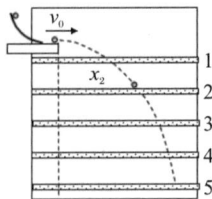

图 10

问 12. 实验中,要注意什么问题?

注意问题:1. 板要调整竖直;

2. 斜槽末端应调整到水平;

3. 要在纸张中用重垂线画出竖直方向;

4. 每次小球应从同一点开始运动。

问 13. 得出轨迹后如何求出初速度? ——从轨迹求初速度
的方法?

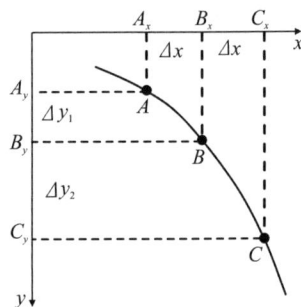

图 11

$$\Delta y_2 - \Delta y_1 = gT^2$$

$$v_0 = \frac{\Delta x}{T} = \Delta x \cdot \sqrt{\frac{g}{\Delta y_2 - \Delta y_1}}$$

实验测量和数据汇报如右图所示。

四、教学反思

本节课把教学重点由平抛运动规律的研究,转变为运动合
成分解方法的应用方法为重点,让学生在具体解决问题的过程中不仅学会用运动合成和分
解的方法来解决曲线运动问题,而且还初步掌握了平抛运动的运动规律。这就是物理教学
中教会学生如何运用知识和方法具体解决问题,而不是只教知识,让学生回归教学本然。

本节课让学生在完成测量具体平抛运动初速度实验的实验情境中完成学习任务,要确
定一个平抛运动的轨迹不是一件容易的事,对学生来说是个很困难的任务,而且实验过程中
要求有相当的精度;学生不仅需要有知识,而且还要有方法。在解决实验过程一个又一个困
难过程,增长了能力,提高了信心,启迪智慧,让知识变得更加有用。这样的课,学生在完成
任务的过程中,不知不觉的学到知识,提高了科学素养,而且兴趣前所未有地得到提升。

本节课教学过程也出现一些问题,问题之一,45 分钟上课时间太短,不能给学生充足的
讨论、交流、完成任务的时间,有相当多同学并没有完成实验任务;有些地方应该有更多的讨
论时间并没有给足,影响了教学效益。问题之二,学生分组合作机制没有很好实现,每 2 位
同学为以小组,发现讨论过程不充分,不够深入,没有提高合作学习效率。问题之三,学生人
数太多,学生在讨论时教师不能及时了解学生讨论的情况,没能关注每一位同学的成长,这
也是教学中存在的问题。问题之四,这次公开课在展示学生设计方案时,由于展示台对比度
没有调整合适,使学生方案投影效果不够好。主要原因是我在教学准备时麻痹大意,没有想
到会出现这种情况;是没有把展示台各个按键可能出现的问题找出,并找出对应措施,以后
要研究清楚展示台各个按键可能出现的问题,再进入上课状态。

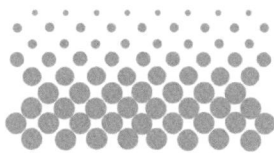

# 化　学

## "物质在水溶液中的行为"(第一节)课例

福州第一中学　陈　熙

### 一、学情分析

这是在三明一中高二理科班的一节化学课,我对授课班级的学生情况不了解,只能按课程标准和鲁科教材来设计这节教案。

通过必修模块的学习,学生已经了解和形成电解质的概念,知道电解质溶液能够导电,在常见的化合物中,酸、碱和盐是电解质,电解质和非电解质是比较抽象的概念,这是物质分类的一种新视角,对于这种物质分类方法,学生存在一定的理解难度,经过几乎一年的时间间隔,现在又要在此基础上深入学习电解质的分类,记忆的淡去和概念的生涩会构成学习的障碍。第一节"水溶液"的基础是水,关于水,学生都知道水是由水分子构成的物质,水又是电解质定义中非常重要的溶剂,本节课就要解决对溶剂水的再认识问题,加深对电解质的定义和物质是由微粒构成观点的理解,在此基础上了解水的电离平衡、水的离子积常数和温度对水的电离平衡的影响。

### 二、知识与技能

1. 了解水导电性实验的实质,理解水是一种极弱的电解质,并能其书写电离方程式。
2. 加深对水是由微粒构成的理解。
3. 了解 $K_w$ 的含义和水电离过程的能量变化,了解温度对水的电离平衡的影响。
4. 常温下 $K_w$ 的数值。

### 三、重难点

1. 水的构成微粒,纯净物、混合物的区别。

2. 水是一种极弱的电解质,水的电离是吸热过程。

3. $K_c$ 的推导和 $K_w$ 的含义。

### 四、过程与方法

通过提出一系列的问题,引发讨论,汇总后,我通过自己设计的创新性实验,解决问题,通过实验探究和问题的讨论,力图培养分析、推理、综合和归纳等方面的能力,通过本节内容的学习,深化对物质是由微粒构成的理解,通过实验数据了解水存在电离平衡和温度对平衡的影响。

### 五、教学过程

1. 复习已有知识:必修 1 学过的电解质和非电解质的定义,提问学生,结合学生的回答,强调定义中的要点——几个关键词:化合物、水溶液、熔融、导电。

2. 拿出实验样品:一瓶纯净水、一瓶矿泉水,展示标签,提出矿泉水是电解质溶液吗?学生回答问题;其中溶质是哪类物质? 根据含量可知,溶质的浓度应该很小,再提出问题,该矿泉水导电吗? 学生回答,我使用 MF47 型万用表的 10 K 电阻挡(表笔改用碳棒)测量矿泉水的电阻值,测量结果电阻大约 $3 \times 10$ kΩ,说明能导电,矿泉水是各种化合物(主要是各种盐)的水溶液,能导电,是各种电解质形成的溶液;再提出问题,假设纯净水是纯水,水能导电吗? 学生回答,教师归纳,答案就两种导电或不导电,我再测量水的电阻值,测量结果电阻大约 $10 \times 10$ kΩ,再提出问题,水是电解质吗? 引发讨论? 根据讨论,回归电解质的定义,水是化合物吗? 是;水呈液态,是化合物的熔融状态吗? 是;有电阻值存在,说明导电吗? 能导电;符合电解质的定义吗? 符合。是电解质吗? 是。

3. 通过分析水存在阻值,说明能导电,意味着水中存在自由移动的离子,请分析可能是什么离子,写出它们的化学式,组织讨论,教师提示质量守恒定律和物质呈电中性等原则,学生写出 $H^+$ 和 $OH^-$;再结合阻值很大,说明水的导电性很弱,意味着离子浓度很小,水的电离很弱,那么这瓶水中的微粒有哪些? $H_2O$、$H^+$、$OH^-$,这些微粒的数量关系呢,$H_2O$ 占绝大部分,$H^+$ 和 $OH^-$ 很少,现在,你理解水是由什么微粒构成的物质了吗? 回答:水是由大量的 $H_2O$ 和极少量的 $H^+$、$OH^-$ 构成的,那么这水是纯净物吗? 教师解答,体系中的 $H^+$、$OH^-$ 是 $H_2O$ 电离产生的微粒,从物质角度分析,只有一种,故水是纯净物。通过阻值恒定可知,导电性恒定,离子浓度恒定,那就意味着水中存在一个电离平衡,请写出电离方程式:学生板书:$H_2O \rightleftharpoons H^+ + OH^-$。

4. 从平衡的视角分析此电离方程式,建立 $K$ 的表达式并进行数学处理,由于电离程度很小,表达式中的分母 $[H_2O]$(平衡浓度),可看作与起始时的 $[H_2O]$ 相同,

$$K_c = \frac{[H^+] \times [OH^-]}{[H_2O]} \qquad K_c \times [H_2O] = [H^+] \times [OH^-]$$

由于 $[H_2O]$ 是定值,故 $K_c \times [H_2O]$ 是定值,定义 $K_w = K_c \times [H_2O]$,即 $K_w = [H^+] \times [OH^-]$。

定义 $K_w$ 为水的离子积常数,简称离子积常数。$K_w$ 的意义是,反映水中 $[H^+]$ 和 $[OH^-]$ 的关系,温度一定,$K_w$ 是一个常数。在常温下,$K_w = 1.0 \times 10^{-14}$ mol² · L⁻²,此时,水中

$[H^+]=[OH^-]=1.0\times10^{-7}\,mol\cdot L^{-1}$。

5. 我提出问题,哪些因素能影响水的电离平衡呢? 结合学生的回答,探讨温度对该电离平衡的影响。将水加热煮沸,再用 MF47 万用表测量沸水的电阻值,测量结果电阻大约 $8\times10\,k\Omega$,通过电阻值大小的对比可知,沸水的导电性增强了,意味着离子浓度增大了,说明升温,促进了电离,请同学写出电离的热化学方程式:

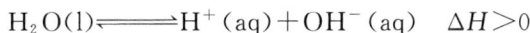

$$H_2O(l)\rightleftharpoons H^+(aq)+OH^-(aq) \quad \Delta H>0$$

总结,升温,$K_w$ 增大,100 ℃时,$K_w=5.5\times10^{-13}\,mol^2\cdot L^{-2}$,因此,水中的绝大部分的微粒是 $H_2O$,$H^+$、$OH^-$ 是极少量的。

六、主板书

---

**物质在水溶液中的行为——水溶液**

**一、水的电离**

1. 电解质　非电解质

2. 水是弱电解质

$$H_2O\rightleftharpoons H^++OH^-$$

$$K_c=\frac{[H^+]\times[OH^-]}{[H_2O]}$$

$$K_w=[H^+]\times[OH^-]$$

温度对 $K_w$ 的影响

$$H_2O(l)\rightleftharpoons H^+(aq)+OH^-(aq) \quad \Delta H>0$$

副板书

| 温度 \ 物质 | 矿泉水 | 纯水 |
|---|---|---|
| 常温 | 3 Ω | $10\times10\,k\Omega$ |
| 沸水 | | $8\times10\,k\Omega$ |
| t/℃ | $K_w/mol^2\cdot L^{-2}$ | |
| 25 | $1.0\times10^{-14}$ | |
| 100 | $5.5\times10^{-13}$ | |

---

七、说明与点评

(一)说明

1. 设计了利用万用表的 10 K 电阻挡测定纯水的电阻,通过阻值说明纯水能导电,电阻值大说明导电弱,是弱电解质,建立水的电离平衡概念,加热纯水,电阻值减小,说明导电性增强,水的电离平衡向右移,电离是吸热过程。建立 $K_w$ 的表达式和水的离子积的概念。

2. 通过实验深化对物质是由微粒构成观点的理解,认识到水是由大量的水分子和极少量的氢离子和氢氧根离子构成的物质。

3. 通过实验说明升温能促进水的电离。

(二)点评

陈熙老师设计了创新性的实验,用万用表测量常温、沸水的电阻,将抽象的理论转化为鲜活的数据,靠数据说话,该节课概念的形成、完善,完全根据实验数据,整节课问题环环相扣,推理一气呵成,是一节成功的课。该节课能充分体现陈熙老师的教学特色,化学实验是化学课教学的灵魂,教学中的某些重点难点可以通过设计针对性的实验进行突破,体现了教师使用自己的教材传授知识,该教师教学严谨,方法清新,真实的实验数据使抽象的概念、定义的形成显得水到渠成,极为自然与严谨。

# 《工业合成氨》教学设计

三明第一中学　严业安

一、教材分析

本节教学设计使用山东科学技术出版社出版的《化学反应原理（选修）》第2章第4节"化学反应条件的优化——工业合成氨"一课时教学内容。本节内容是前三节"化学反应的方向"、"化学反应的限度"、"化学反应的速率"的延续，是对前三节知识的综合应用。合成氨工业对化学工业、国防工业和我国实现农业现代化具有重要意义，是重要的化学工业之一；同时氮气、氢气合成氨反应也是一个学生熟悉的、典型的平衡体系。本节以合成氨反应为研究对象，有利于学生应用化学平衡理论和化学反应速率理论尝试综合选择化工生产的适宜条件，从而体会化学理论的学习对生产实践的指导作用。

二、学情分析

1. 学生的认知、思维水平

他们正处于生理的高速发展期，认识能力和知识水平都达到了较高的层次，他们正经历着从习惯于感性思维、形象思维向更加关注理性思维、抽象思维的转轨期，所以在教学中注意引导学生分析、讨论，使他们的认识过程从直观的体验和想象上升到理性的思维阶段。

2. 学生的学习方式

经过高中一年的训练，学生善于质疑、主动思考、积极获取知识的学习习惯已基本养成，参与意识、合作意识已有较明显提高。

3. 学生已有知识基础

通过本章前三节的学习，学生对化学平衡理论和化学反应速率理论有了一定程度的认识。

三、教学目标

1. 知识与技能

(1)了解如何应用化学反应速率和化学平衡原理分析合成氨的适宜条件。

(2)了解应用化学反应原理分析化工生产条件的思路和方法，体验实际生产条件的选择与理论分析的差异。

(3)通过对合成氨适宜条件的分析，认识化学反应速率和化学平衡的调控在工业生产中的重要作用。

2. 过程与方法

(1)通过对合成氨适宜条件的研究选择，学会把握主要矛盾、统筹兼顾解决问题的能力，培养理论联系实际的能力。

(2)在运用理论解决问题的过程中,进一步加深对所学理论的理解,提高实际应用能力。

3. 情感态度与价值观

(1)初步形成从多方面综合思考问题的意识。

(2)认识化学反应原理在工业生产中的重要作用,提升学生对化学反应的价值的认识,从而赞赏化学科学对个人生活和社会发展的贡献。

### 四、教学重点和难点

1. 知识与技能上的重难点

应用化学反应速率和化学平衡原理选择合成氨的适宜条件。

2. 过程与方法上的重难点

了解应用化学反应原理选择化工生产条件的思路和方法。

### 五、设计思想

根据新课程的教学思想和确定的教学目标,先让学生就合成氨反应的热力学、动力学问题分别进行讨论,再综合考虑工业生产中的各种因素,对合成氨反应的适宜条件进行选择。在讨论时注意问题设置的难度,利用平衡移动原理对反应转化率的探讨只局限在定性分析的水平上,而对于化学反应速率的研究则从半定量的角度进行。

我把本节的教学过程分为三个环节:(1)分别利用学过的化学平衡和化学反应速率理论讨论合成氨的适宜条件;(2)综合考虑合成氨生产中动力、设备、材料、生产效率等因素,寻找工业合成氨的优化生产条件;(3)展望合成氨的发展前景,拓宽学生的视野。

### 六、教学过程设计

表 1

| 教学环节 | 教师活动 | 学生活动 | 设计意图 |
|---|---|---|---|
| 课题引入 | 【联想·质疑】利用氮、氢为原料合成氨的工业化生产曾是一个较难的课题,从第一次实验室研制到工业化投产,经历了约 130 年的时间 化学反应 $N_2(g)+3H_2(g)\Longleftrightarrow 2NH_3(g)$ 看起来十分简单,为什么合成氨的工业化生产会经历如此漫长的发展过程? 合成氨工厂为什么需要那么庞大而复杂的生产设备和特殊的生产条件? 【投影】合成氨的车间外貌和生产设备图(略) | 倾听、思考 浏览图片 | 创设问题情境 |
| 提出问题 | 【设问】假如你是一个工厂的厂长,对畅销产品的成本、生产效率作何要求? 【引入】现在工厂合成氨气,应从哪些方面选择合成氨的反应条件呢? | 回答:降低成本、提高生产效率、增加产品的产量和质量 回答:从反应限度和反应速率两个方面 | 引入新课,激发兴趣 培养学生思维的有序性 |

续表

| 教学环节 | 教师活动 | 学生活动 | 设计意图 |
|---|---|---|---|
| 问题探究 | 【交流·研讨】合成氨反应是一个可逆反应：$N_2(g)+3H_2(g) \rightleftharpoons 2NH_3(g)$。已知 298 K 时：<br>$\Delta H=-92.2$ kJ·mol$^{-1}$，<br>$\Delta S=-198.2$ J·K$^{-1}$·mol$^{-1}$<br>请根据正反应的焓变和熵变分析 298 K 下合成氨反应能否自发进行？<br>【提问】请同学们写出合成氨反应的热化学方程式，并讨论说明合成氨反应的特点。<br>【评价并板书】<br>$N_2(g)+3H_2(g) \rightleftharpoons 2NH_3(g)$<br>$\Delta H=-92.2$ kJ·mol$^{-1}$ | 估算得出 $\Delta H-T\Delta S<0$，推知该反应可以自发进行<br>书写合成氨反应的热化学方程式<br>归纳：① 可逆反应；② 正反应是放热反应；③ 正反应是气体的物质的量减小（或熵减小）的反应 | 使学生体会一般的研究思路：第一步是进行热力学分析，先判断反应的方向<br><br>为讨论合成氨适宜生产条件作准备 |
| 问题探究 | 【板书】<br>第四节　化学反应条件的优化——工业合成氨<br>一、合成氨反应的限度<br>【交流·研讨】请利用化学平衡移动的知识分析什么条件有利于氨的合成 | 回答：降低温度、增大压强有利于化学平衡向生成氨的方向移动<br>$N_2$ 与 $H_2$ 的体积比为 1∶3 时，平衡混合物中氨的含量最高 | 进行热力学分析，利用平衡移动原理分析如何提高氨的产量 |
| 问题探究 | 【板书】二、合成氨反应的速率<br>【交流·研讨】<br>1. 你认为可以通过控制哪些反应条件来提高合成氨反应的速率？ | 回答：<br>1. 升高温度、增大压强、增大反应物浓度、使用催化剂 | 第二步是进行动力学分析，研究反应的速率问题 |
| 问题探究 | 【交流·研讨】<br>2. 实验研究表明，在特定条件下，合成氨反应的速率和参与反应的物质的浓度的关系式为：$v=kc^{1.5}(N_2)c^{1.5}(H_2)c^{-1}(NH_3)$。请你根据关系式分析：各物质的浓度对反应速率有哪些影响？可以采取哪些措施来提高反应速率？<br>3. 请你根据下表所给的数据分析催化剂对合成氨反应速率的影响：<br><br>| 条件 | Ea/kJ·mol$^{-1}$ | k(催)/k(无) |<br>|---|---|---|<br>| 无催化剂 | 335 | 3.4×10$^{12}$ |<br>| 使用铁催化剂 | 167 | (700 K) | | 2. 合成氨反应的速率与氮气浓度的 1 次方成正比，与氢气浓度的 1.5 次方成正比，与氨气浓度的 1 次方成反比<br>增大 $N_2$、$H_2$ 浓度，将 $NH_3$ 及时从混合气中分离出去<br><br>3. 使用催化剂可以使合成氨反应的速率提高（上万亿倍） | 问题 1 是让学生从整体上对影响化学反应速率的各种因素进行定性分析<br>问题 2 强调：反应速率关系式由实验测定获得<br>问题 1～3 旨在培养学生分析问题的能力 |

续表

| 教学环节 | 教师活动 | 学生活动 | 设计意图 |
|---|---|---|---|
| 问题延续 | 【板书】三、合成氨的适宜条件<br>【交流·研讨】<br>1. 根据合成氨反应的特点,应分别采取什么措施提高反应的平衡转化率和反应速率?请将你的建议填入下表。<br><br>**提高反应的平衡转化率 / 提高化学反应速率**<br><br>提高反应的平衡转化率:反应特点 / 措施;提高化学反应速率:反应特点 / 措施<br><br>放热 / ; 活化能高 /<br>分子数减小 / ; 低温时反应速率低 /<br>平衡常数不大(298 K 时,$k=4.1\times10^6$) / ; 原料气浓度增加能提高反应速率 /<br>氨气浓度增加能降低反应速率 / | 填写表格。<br><br>**提高反应的平衡转化率**<br><br>| 反应特点 | 措施 |<br>| 放热 | 降低温度 |<br>| 分子数减小 | 增大压强 |<br>| 平衡常不大 | $N_2$、$H_2$ 的循环使用 |<br><br>**提高化学反应速率**<br><br>| 反应特点 | 措施 |<br>| 活化能高 | 使用铁催化剂 |<br>| 低温时反应速率低 | 升高温度 |<br>| 原料气浓度增加能提高反应速率 | 增大反应物浓度增大压强 |<br>| 氨气浓度增加能降低反应速率 | 减小生成物浓度(及时分离出氨气) | | 旨在使学生体会这是用理论解决实际问题的一个重要步骤,需要综合评价热力学与动力学的研究结果,还必须考虑实际工艺技术等各方面因素 |
| 问题延续 | 2. 从化学平衡和化学反应速率两个角度来综合分析,你认为合成氨的适宜条件该如何确定?请参考下列图表内容进行分组讨论 | 分 8 个小组进行交流研讨,得出结论 | 通过小组讨论,培养小组合作的学习能力 |
| 问题拓展 | 【投影】<br><br>**讨论的内容**<br><br>(1)增大压强既可提高反应速率,又可提高氨的产量,那么在合成氨工业中,压强是否越大越好?<br><br>(2)催化剂对化学平衡的移动没有影响,在合成氨工业中要不要使用催化剂,为什么?<br><br>(3)降低温度有利于化学平衡向生成氨的方向移动,那么生产中是否温度越低越好?<br><br>(4)在合成氨工业中,反应物 $N_2$ 和 $H_2$ 的浓度比例应该如何确定?<br><br> | 第 1、2 小组:理论上压强越大越好。但是压强越大,对设备的要求高、压缩 $N_2$ 和 $H_2$ 需要的动力大,因此应根据反应器可使用的钢材质量及综合指标来选择压强<br>第 3、4 小组:需要。使用催化剂可以提高合成氨反应的速率,实际生产中选用铁催化剂<br>第 5、6 小组:不是。虽然降低温度有利于平衡正向移动,但是温度越低反应速率越小,达平衡所需的时间越长,因此温度不宜太低。此外,铁催化剂在 700K 左右的催化活性最大。综合以上因素,实际生产中温度一般选择在 700K 左右(主要考虑催化剂的活性)<br>第 7、8 小组:从化学平衡的角度分析,在氮气和氢气的物质的量比为 1:3 时,平衡转化率最大 | 旨在提示学生从理论分析(化学平衡和化学反应速率理论)和生产实际(如高压对设备材质、加工制造的要求和所需能耗的多少、温度对催化剂活性的影响等)两个角度考虑问题<br>培养学生读图能力 |

续表

| 教学环节 | 教师活动 | 学生活动 | 设计意图 |
|---|---|---|---|
| 问题解决 | 【投影】实际生产中的处理方法:及时将气态氨冷却液化分离出去;及时将氮气和氢气循环利用。<br>【交流·研讨】<br>　3. 为了提高合成氨生产的能力,你认为还可以在哪些方面做进一步改进?(请结合课本67页最后一段到68页第一段的内容)<br>【板书】　　　研讨的结果<br><br>| 外部条件 | 工业合成氨的适宜条件 |<br>\|---\|---\|<br>| 压强 | 适当高压,一般在 $2 \times 10^7 \sim 5 \times 10^7$ Pa |<br>| 温度 | 适宜温度,700 K 左右 |<br>| 催化剂 | 使用铁催化剂 |<br>| 浓度 | 适时将产物氨液化分离,未转化的 $N_2$ 和 $H_2$ 进行循环利用。适当提高氮氢比,$n(N_2):n(H_2)=1:2.8$。 | | 观看投影,获取信息<br><br>阅读教材,得出结论:实验表明适当提高 $N_2$ 的比例,当 $N_2$ 和 $H_2$ 的物质的量比为 1:2.8 时更能加快合成氨反应的进行 | 培养学生自学能力,概括能力<br><br>结合生产数据介绍合成氨实际生产条件,使学生在解决实际问题的过程中进一步加深对所学理论的理解 |
| 小结反思 | 【小结·反思】关于合成氨的工业化生产<br>　1. 合成氨的工业条件的选择——反应速率和化学平衡共同作用的结果<br>　2. 选择合成氨的条件时,既不能片面地追求高转化率,也不能只追求高反应速率,而应该寻找以较高的反应速率获得适当平衡转化率的反应条件<br>　3. 此外,还应该考虑原料的价格、未转化的合成气(氮气和氢气)的循环使用、反应热的综合利用等问题 | 课堂反思<br>　1. 知识收获<br><br>　2. 方法收获 | 培养学生的归纳能力和反思能力 |
| 归纳总结 | 【设问】选择适宜生产条件的原则是什么?<br>【评价并板书】选择适宜生产条件的原则<br>【投影】选择适宜生产条件的原则:<br>　(1)既要注意外界条件对反应速率和化学平衡影响的一致性,又要注意外界条件对反应速率和化学平衡影响的矛盾性<br>　(2)既要注意温度、催化剂对速率影响的一致性;又要注意催化剂的活性对温度的限制<br>　(3)既要注意理论上的需要,又要注意实际操作的可能性 | 讨论出:注意浓度、压强、温度、催化剂等对反应速率和化学平衡的共同影响<br>理解并笔记 | 激励探究精神<br><br>对学生渗透矛盾存在的普遍性的哲学观点 |

续表

| 教学环节 | 教师活动 | 学生活动 | 设计意图 |
|---|---|---|---|
| 问题展望 | 【投影】<br>合成氨的工业前景 | 感受 | 拓宽学生的视野 |
| 练习巩固 | 【随堂检测】<br>1. 在合成氨工业中,为增加 $NH_3$ 的日产量,下列变化过程不能使平衡向右移动的是(　　)。<br>　　A. 不断将 $NH_3$ 分离出来　　B. 使用催化剂<br>　　C. 采用 $700$ K 左右的高温　　D. 采用 $2×10^7 ～ 5×10^7$ Pa 的压强<br>　　2. 工业上用以合成氨的原料之一———氢气,有一种来源是取自石油气。有人设计了以下反应途径,假设反应都能进行,你认为最合理的是(　　)。<br>　　A. $C_3H_3 \xrightarrow{\text{极高温}} C+H_2$<br>　　B. $C_3H_3 \xrightarrow{\text{高温脱氢}} C_3H_6+H_2$<br>　　C. $C_3H_3+H_2O \xrightarrow{\text{催化剂}} CO+H_2$<br>　　D. $C_3H_3+O_2 \longrightarrow CO_2+H_2O, H_2O \xrightarrow{\text{电解}} H_2+O_2$<br>　　3. 接触法制取硫酸的 $SO_2$ 催化氧化过程中,反应 $2SO_2(g)+O_2(g) \underset{}{\overset{\text{催化剂}}{\rightleftharpoons}} 2SO_3(g)$ $\Delta H<0$ 的适宜温度为_____,其理由是_____。此反应是气体体积缩小的反应,但工业生产中并未采用加压措施的原因是_____。为提高 $SO_2$ 的转化率,工业上常使用的方法是_____。<br>有关实验数据如下表所示:<br><br>| 　　　压强<br>　转化率<br>温度 | 不同压强下的转化率(%) | | | |<br>\|---\|---\|---\|---\|---\|<br>\| \| 100 kPa \| 500 kPa \| 1000 kPa \| 5000 kPa \|<br>\| 450 ℃ \| 97.5 \| 98.9 \| 99.2 \| 99.6 \|<br>\| 500 ℃ \| 85.5 \| 92.9 \| 94.9 \| 97.7 \| | | | | |<br><br>【随堂检测参考答案】<br>　　1. 解析:因催化剂不影响化学平衡移动,合成氨是放热反应,降低温度有利于平衡向生成氨的方向移动。答案:B,C。<br>　　2. 解析:注意本题反应方程式未配平,而工业生产要求成本低、原料利用率高、反应条件相对比较温和。答案:C。<br>　　3. 450 ℃。加快反应速率,但温度过高不利于 $SO_3$ 生成,提高催化剂的活性等合理答案。<br>　　常压下 $SO_2$ 的转化率已经很高,若采用较大压强,$SO_2$ 的转化率提高很少,但需要的动力更大,对设备的要求更高,成本提高很大。通入过量的空气。 | | 检测目标完成情况<br><br>题 1 考查内容是逻辑思维能力<br><br>题 2 考查内容是思维的广阔性和综合性。<br><br>题 3 考查内容是思维的灵活性和深刻性。 |
| 布置作业 | 【作业】<br>课本第 70 页的"迁移应用"。 | | |

七、教学小结与反思

本教学案例中教材分析与处理合理得当,教学目标设定全面,教学步骤设计精细,教学程序符合学生的认知规律和化学知识的内在逻辑结构。引导学生从化学反应速率和化学平衡原理两个维度选择合成氨的适宜条件,注重科学方法的引导,让学生通过教材中提供的"交流·研讨"组织学生展开讨论,使学生深刻体会化学理论的学习对生产实践的指导作用。

本节教学过程中,将课堂主动权交给学生,确立了学生的主体地位。教师以学生的高层次思维训练为主线,把合作与探究结合起来,让学生始终保持着探究的兴趣和热情,真正地落实了课堂教学的三维目标。

八、案例评析

本节课的重点是让学生了解应用化学反应原理选择合成氨的适宜生产条件的思路和方法,初步形成从多方面综合思考问题的意识。严老师这一节课体现了较多的新课程理念,改变了过去单纯传授化学知识为主的教育过程,着眼点放在促成学生的有效学习,也就是促成学生的认知过程和科学方法、科学素养形成过程的有效。这节课有两个突出的亮点。

第一,"问题"教学。利用"如何从化学反应速率和化学平衡原理两个维度选择合成氨的适宜条件"这个核心问题来贯穿整个教学过程,使学生快速进入问题解决的思考状态。利用问题形成认知冲突,使学生了解与特定学习目标之间的距离,通过问题促成学生反思自己的学习过程,从而维持"有效学习"的积极心向。

第二,化学问题解决过程中贯穿方法教育。让学生通过教材中提供的"交流·研讨"组织学生展开讨论,使学生深刻体会化学理论的学习对生产实践的指导作用。促进了教学向深度和广度同时发展,使学生处于灵活、积极的学习状态中,把化学的"教"与"学"提高到一个崭新的层次,不只是教会学生如何"学会化学",而是提供给学生学习的方法,使学生知道如何去学习,即教会学生如何"会学化学",进而探索化学,从根本上促进了学生对化学知识的领悟,促成了学生有效学习的实现。

# 创设问题情景　促学生快乐学习
## ——以离子反应为例

厦门第一中学　钟灿富

**【教学背景】**

化学是在分子层次上认识物质和合成新物质的一门科学。教学目的：了解物质的组成、结构和性质的关系，认识化学变化的本质。认识实验、假说、模型、比较、分类等科学方法对化学研究的作用；体验科学探究的过程，学习运用以实验为基础的实证研究方法；树立安全意识，能识别化学品安全使用标识，初步形成良好的实验工作习惯；能够独立或与同学合作完成实验，记录实验现象和数据，完成实验报告，并能主动进行交流；知道酸、碱、盐在溶液中能发生电离，通过实验事实认识离子反应及其发生的条件，了解常见离子的检验方法。

**【教学要点】**

离子反应是中学化学的重要理论之一，理解离子反应（离子反应的含义、发生的条件、离子反应方程式的书写）是学好中学化学的关键之一，所以，离子反应也是整个高中化学的重点之一。本部分内容主要有电解质与非电解质、离子反应发生的条件和离子反应方程式等三方面的知识，考虑到学生初中阶段掌握的化学方程式较少，理论知识比较枯燥，电解质与非电解质的概念从初中学习过的电离方程式引入，离子反应发生的条件和离子反应方程式均先进行实验探究，再分析实验现象和结论，同学之间展开讨论交流，最后归纳总结。

**【学习目标】**

1. 使学生了解电解质（强电解质和弱电解质）的含义。
2. 使学生了解离子反应和离子反应方程式的含义。
3. 使学生了解离子反应发生的条件和离子反应方程式的书写方法。

**【学习重难点】**

离子反应和离子反应方程式的书写方法。离子反应方程式的书写方法。

**【案例设计基本理念】**

将微粒观确定为单元教学的观念目标，为学生的思维活动指明方向。为发挥微粒观对教学的引领作用，将微粒观转化为更加具体的基本理解：酸碱盐都是电解质→溶于水可产生自由移动的离子→酸碱盐在水溶液中发生复分解反应的本质是离子之间的反应→离子之间的反应是有条件的→离子反应可以用离子方程式来表达。

问题1：分类的思想是研究物质的重要方法。$H_2SO_4$ 所属类别可为_____。

问题2：$H_2SO_4$ 溶液能导电吗？为什么？

问题3：请你回忆哪些类别的物质属于电解质？写出 $Ba(OH)_2$、$HNO_3$、$Na_2SO_4$、$BaCl_2$

的电离方程式。

设置以上问题的目的：美国当代著名的教育心理学家奥苏贝尔认为,课堂教学中应遵循的一个总的原则就是要根据学生原有知识水平及学生已有的知识经验进行教学,本课的新课引入以复习"电解质的电离"入手,建立新旧知识的联系,产生意义学习,进而自然地进入到新授内容"离子反应"中。建立新旧知识的联系,贴近学生的最近发展区,为有效的新课学习打下基础。

问题4：$Ba(OH)_2$ 溶液能导电吗？将 0.2 mol/L $Ba(OH)_2$ 溶液 20 mL 与 0.2 mol/L $H_2SO_4$ 溶液 20 mL 混合,混合后的液体导电能力有何变化(增大;减小;不变),为什么？

设置问题的目的：从微观的视角分析硫酸溶液导电的原因。当硫酸与其他电解质混合时,溶液中会产生多种离子,这时溶液的导电能力有何变化？离子之间互相有何影响？引导学生运用微粒观,将研究视角从物质转到反应,并确立本节课的研究视角：在离子及其相互作用的基础上研究酸碱盐等电解质溶液之间的反应。本环节利用导电性实验帮助学生建立一个研究问题的方法———导电性实验可将微观问题宏观化,是研究离子是否大量存在的有力证据。

观察实验现象后对本实验展开讨论,形成认识：硫酸与氢氧化钡溶液导电是因为它们属于电解质,在水中电离出自由移动的离子。而两者等物质的量混合以后,由于离子之间发生反应,结合成沉淀和水,溶液中没有自由离子,所以不导电。

让学生认识到电解质溶液之间的反应实质是离子之间的反应,从而建立离子反应的概念,并且从微观的角度进一步增强了学生对宏观实验现象的解释能力。导电性实验装置在本次使用,其作用主要是实证性,用宏观的现象证明微观的本质。

问题5：将 0.2 mol/L $BaCl_2$ 溶液 20 mL 与 0.2 mol/L $H_2SO_4$ 溶液 20 mL 混合,混合后的液体还能导电吗？为什么？

问题6：写出 $BaCl_2$ 溶液与 $H_2SO_4$ 溶液反应的化学方程式,有更准确的表示方法吗？

设置问题的目的：面对学生的认知冲突,由学生自主探究,引导学生设计出实验方案。根据学生的设计,第三次使用导电性实验装置,这次的作用在于探究性。经过实验证明,并非所有离子都参与了反应。

**本环节的设计意图**：使学生通过实验探究,学会主动使用该装置,学会寻找宏观证据解决微观问题的方法。从离子及其相互作用的角度分析酸碱盐之间的反应,认识了离子反应的实质,同时也归纳得出离子反应发生的条件。

回到问题的根本,从离子的来源,即电离方程式的角度出发,引导学生关注反应过程中离子间的定量关系,进一步训练学生定量思维的意识。

问题7：写出下列各组溶液反应的离子方程式：

①$H_2SO_4$ 与 $Ba(NO_3)_2$　　②$Na_2SO_4$ 与 $BaCl_2$

③$HCl$ 与 $NaOH$　　　　④$H_2SO_4$ 与 $KOH$

⑤$HNO_3$ 与 $Ba(OH)_2$

问题8：比较上述反应①②及 $BaCl_2$ 溶液与 $H_2SO_4$ 溶液反应的离子方程式,③④⑤反应的离子方程式,能得出什么结论？

问题9：回顾初中学习的复分解反应发生的条件,对比上述 7 个反应的离子方程式,你能归纳出离子反应发生的条件吗?

设置以上三个问题的目的:进一步认识离子反应的本质;熟练离子方程式的书写技能。采取分组的方法,归纳得出离子方程式不仅可以表示某个具体的反应,还可以表示一类反应。而讨论 $SO_4^{2-} + Ba^{2+} = BaSO_4\downarrow$ 可以代表哪些反应的意义在于可以发展正逆两种思维顺序,看到具体的物质能够想到它含有哪些离子,若看到离子时也能够想到哪些类的物质里含有这种离子,即能够用宏观的和微观的两种视角看物质和反应,实现微粒观的建构。

培养学生归纳总结的能力,使学生在原有认识的基础上,进一步学会从微观角度了解复分解反应的本质,并形成解决问题的基本思路。

通过给学生提供层次丰富的学习内容和创设真实有意义的学习情景,恰当地利用化学实验使学生获得感性认识,促进学生想象思维,在宏观实验事实的支持下发展了学生的微观认识。

**【案例点评】**

以建构主义理论及维果斯基的"最近发展区理论"为指导,通过有效设计一系列富有层次的问题和实验,搭建认知台阶,充分利用师生、生生之间的互动,促进学生思考与探究,重点帮助学生了解离子反应概念的形成过程,理解离子方程式的意义,并能借助对溶液中参与反应离子的分析,书写简单的离子反应方程式,领悟"离子方程式不但能表示特定物质间的某个反应,而且可以表示同一类型的离子反应",提高学生主动学习的意识,减少大脑的认知负荷,提高认知效率。在重视知识与技能目标的同时,突出过程与方法和情感态度与价值观目标的协同,让学生在设计的多边互动和自主探索中,学习运用科学方法,感受认识事物总是由现象到本质的认识方式。把较枯燥的理论知识的学习渗透在学生最喜欢的化学实验和交流讨论之中,既激发了学生的学习兴趣,又培养了实验探究能力、观察能力、分析问题解决问题的能力、归纳小结的能力、交流与合作能力等等多方面的能力。本教学案例力求达到这样的境界:以最简洁的线条拉动学生最丰富的情感体验,以最简捷的方式让学生获得最丰厚的收成,以最接近学生的起点带领他们走向离他们最远的终点(达成的目标)。

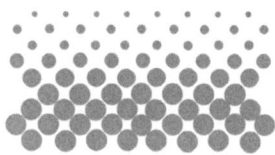

# 政 治

## 《生活与哲学》(价值与价值观)教学设计

福建师范大学附属中学　李　华

**【教材分析】**

本框属于必修4《生活与哲学》第四单元第十二课第一框题。其内容主要分两目,第一目主要是让学生明白人的价值的含义。第二目主要介绍价值观的导向作用。本框题教学内容是贯彻新课程标准4.11规定的"识别事实判断与价值判断的表现,说明价值判断的意义,理解价值观对人们行为的导向作用"的要求。

**【教学目标】**

**知识目标:** 识记价值、价值观、价值观的导向作用;理解人的价值的内容、如何评价人的价值;能运用所学分析物的价值和人的价值的不同,深化对人的价值的理解。

**能力目标:** 使学生具有自觉运用马克思主义哲学的基本观点和方法,正确分析和看待社会、人生的能力,初步具有正确认识和评价人的价值的能力。

**情感态度及价值目标:** 使学生树立起人的价值在于奉献的正确价值观。

**【学情分析】**

当代青少年生活在张扬个性、弘扬主体意识的时代。他们面对五光十色的传播度透明度日增的世界,他们尚缺乏价值判断和选择能力。因此,青少年一代的价值观教育成为现代教育中的一个重要课题。进行价值观教育的关键是对价值观的形成特征有比较系统的了解。高二学生学习了必修4《生活与哲学》前三单元的哲学知识,初步掌握了运用唯物论、辩证法的观点去认识问题、分析问题,对辩证唯物主义历史观有了初步的理解,初步树立了正确的理想信念,这为本课教学目标的落实奠定了知识基础。

**【设计思想】**

杜威说:"一切教育都是通过个人参与人类的社会意识而进行的。这个过程几乎是在出生时就在无意识中开始了。它不断地发展个人的能力,熏染他的意识,形成他的习惯,锻炼他的思想,并激发他的感情和情绪。"思想政治课教学总是与丰富多彩的现实世界联系在一起,其小课堂常与大社会联系在一起,因此我们在教学活动中必须要让学生体验或领悟到教学对自身生命活动的意义,进而使个体世界与生命世界对接,生成教学意义,实现教学价值。本课采用亲历政治的生活教学,真实案例情景导入,围绕案例探究课的内容,感悟价值观对人生的导向作用。师生共同设置教学情境,开展学生的探究活动,采取课堂辩论、讨论等形式,进一步理解价值观的导向作用,树立奉献意识。

**【教学重难点】**

重点:理解价值观的导向作用。

难点:人的价值在于对社会的责任和贡献。

**【教学过程】**

# 源于生活　发人深省

教师:一年前,两岁女童小悦悦在佛山市某市场内被两辆车相继辗轧。随后,18名路人冷漠走过,使该事件引起社会极大关注。如今肇事司机已经被绳之以法。在观看视频的过程中,我的心情非常沉重,因为许多视频都大篇幅地再现当时小悦悦被碾压的情景,我很不想和同学们再次回顾那可怕、冷漠的一幕。所以选择的视频相对没那么血腥,现在请大家观看视频。

视频情景导入:《广东佛山:小悦悦事件肇事司机获刑三年六个月》

**探究活动一:你如何看待"小悦悦"事件?**

教师:你对这个事件怎么看?请说说看。

学生:分别从理解、愤怒、心寒几个方面发表自己的看法。

教师:不论是同学们怎样看待这个事件,其实都是自身价值观的体现。这让我们感受到了世态炎凉,但也让我们思考:人生的价值何在?什么是价值观?价值观对我们有什么样的影响?从这节课起,就让我们进入历史唯物主义人生价值观的学习,共同探讨人生的意义.请同学们将课本翻到96页,今天我们学习第十二课第一框题:《价值与价值观》。

# 体验合作　自主学习

教师:先请同学们浏览课文找到相关知识点并结合所提供视频分组准备解读。具体布置如下:第一组:什么是价值?什么是人的价值?第二组:如何评价一个人价值的大小?

第三组:什么是价值观?价值观对人的活动有什么作用?

第四组:什么是价值观的导向作用?

**一、价值与价值观(板书,主要通过课件体现)**

1. 人的价值(板书)

师:现在我们请第一组的同学代表回答:什么是价值?什么是人的价值?同时结合"小悦悦事件"谈对价值概念的理解。

(1)价值的基本含义

生:哲学意义上的价值就是指一事物对主体的积极意义,即一事物所具有的能够满足主体需要的属性和功能。

师:很好,哲学意义上的价值是由主、客体两方面构成。价值是一种关系,是人的需要与事物属性和功能间的相互关系。生活中,无论是衣食住行、自然环境,还是文学作品、科学理论,只要对我们有积极意义能满足我们的某种需要,那么就认为是有价值的。因此哲学上的价值概念,涵盖了个不同领域事物的价值,具有高度的概括性和普遍性。

过渡:那么人的价值也是这样吗?它跟事物的价值有何不同?

# 模拟生活 体验人生

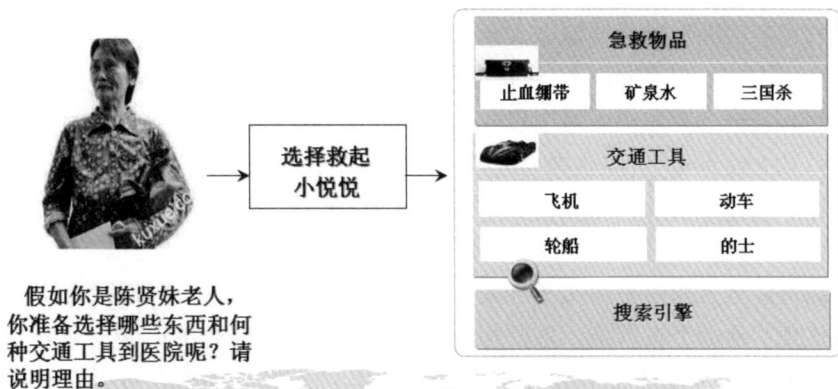

图 1

探究活动一:假如你是陈贤妹老人,选择救起小悦悦,你准备选择哪些东西和何种交通工具到医院呢?请说明理由。

学生发言:

选择止血绷带——小悦悦失血较多;

选择矿泉水——小悦悦需要补充水分;

不选择三国杀——游戏在救人方面无用;

选择出租车——去医院最便利;

不选择飞机、动车——此时此地无法派上用场。

教师和学生共同得出结论:同学们之所以会选择这些东西,是因为它们对救助小悦悦有用,这些物品的某些属性和功能能满足我们救人的需要。可见价值是一种关系,即事物对人的积极意义。物的属性和人的需要是构成价值的不可缺少的两个方面。

教师:人有价值吗?人与物的价值有什么不同?

学生发言:人对物有需要,物对人没有需要。

教师讲解:物的价值是一事物对主体的积极意义,而事物本身是没有需求的。人既是价值的创造者,又是价值的享受者,人的价值包括社会价值和自我价值两个方面。

(2)人的价值在于创造价值(板书)

个人对社会的责任和贡献(贡献——社会价值);社会对个人的尊重和满足(索取——自我价值)。人既是价值的创造者,又是价值的享受者,那么什么才是我们衡量人的价值的标准?为什么?

(3)如何评价人的价值(板书)

# 直面生活　感悟人生

在小悦悦事件中,直到第19个路人陈贤妹老人才救起了小悦悦,这是有价值的,也是陈婆婆朴实而高尚的个人品质表现。当有老板奖励她10万元,阳山政府也奖励她1.78万元时,一些别有用心的人质疑陈贤妹老人这样做是炒作行为,是为了钱,为了出名。

教师:接连不断的采访和颁奖,将陈贤妹原本平静的生活彻底打乱,为了避开风头,她甚至"逃离"佛山,回到老家阳山。对于现在人们的冷漠,陈贤妹说她不会怕,"只要能帮到人,我都会去帮,救人最重要"。陈贤妹老人该不该获得奖励?为什么?有人为陈贤妹老人抱打不平,认为:"救人却引起别人质疑,还给家人带来不便,那真不值得!"请用人生价值的知识就此观点发表你的看法。

学生:陈贤妹老人为社会做出了巨大贡献,实现了她的社会价值,而社会也给予她很高的尊重,这体现了他的个人价值。陈贤妹老人虽然被人误会和质疑了,但是她实现了自己的人生价值。因为人生价值在于对社会的责任和贡献。总之,人能创造价值满足社会和他人的需要,是价值的创造者,同时也会从他人和社会那里获得回报,实现自我满足,也是价值的享有者。所以,人的价值是社会价值与自我价值的统一。

教师:既然人的价值包括两个方面,用哪一方面来衡量人的价值呢?我们请第二组同学回答:如何评价一个人价值的大小?

**【直面生活　感悟人生】**

**18个冷漠离开　1个热心施救**

**探究活动二**

就"小悦悦事件"看,18个路人和陈贤妹老人的行为哪个更有价值?为什么?

图2

**探究活动二:就"小悦悦事件"看,18 个路人和陈贤妹老人的行为哪个更有价值? 为什么?**

教师:其实小悦悦最后没有救活,那她的意义在哪里? 大家也想想这个问题。小悦悦最终是没有救活,那陈贤妹这个老人救人的意义在哪里?

学生:精神财富

教师:什么样的精神财富?

学生:就是助人为乐的品德,感动了周围人。

教师:可以感动影响其他人,是不是这样子? 请坐。其实前面这个问题对于大家来说毫于疑问,全部人都会答,当然陈贤妹老人更有价值。问题是为什么 18 个人都选择了不救呢? 因为这两个行为一个是救和不救,所有的人都知道救是应该的。但是为什么 18 个人选择了不救,只有一个人选择了救呢? 这么有价值的事情,大家为什么不做呢? 请你说说。怎么样评价一个人价值的大小?

学生:评价一个人的价值的大小,一看他的贡献;二看对社会发展和人类进步事业的贡献。在今天,人生价值主要看对社会、对人民的贡献。

教师:"两岁女童小悦悦相继被两车碾压,18 人路过却视而不见,最后仅一名拾荒者施以援手"的事件已经过去数月了,时间并没有冲淡人们的愤懑和自我"救赎"的反省。可以说 18 个路人"见伤不扶"、"见死不救"的冷漠加剧了世人心头坚冰的厚度,人们感觉到去年的冬季特别寒冷,灰霾的日子格外漫长。"小悦悦事件"发生后,在全国掀起轩然大波,出现了一系列诸如媒体谴责、校长撑腰、网民声讨等道德大思考。对待被撞倒在地的小悦悦,18 位路人选择视而不见,陈婆婆却毫不犹豫地扶起了她,我想大家也都有自己的看法,不论是同学们持哪一种观点,其实都是一种价值观的体现,那么究竟什么是价值观?

媒体的谴责,非常多的报纸说冷血啊,怎么样啊,特别那段时间,佛山市,后来记者的调查,有的人确实是没看到,从视频中也看得出光线非常昏暗。还有呢,出现了非常有趣的校长撑腰体,他出现的时间早,他是在彭宇案,扶了老人反而被法官判了罚款。在这个事件中,北大的副校长吴志攀当时有感而发,就说"你是北大人,看到老人摔倒了,你就去扶。他要是讹你,北大法律系给你提供法律援助,要是败诉了,北大替你赔偿!"他实际上写的时候是九月份,当时在网络上都没有人关注到,没有想到一个小悦悦的事件,让校长撑腰体大火特火起来。网友们仿造的各个学校的校长,都讲你要是这样,我就给你怎么样。那么从这个事情上,我们也可以看出,这个小悦悦事件,它引起的社会反响非常大。它给人心的触动,使人对人的价值引起扪心思考。还有呢,有一些网友采取过激的行动,直接声讨,对那 18 个人进行人肉搜索,进行骚扰或者怎么样,这个做得有点过。那么我们现在看一下这幅漫画。从漫画中大家看到,在这个事情之后,对陈贤妹老人,有人夸有人讲,也有辞退她的,也有讽刺她的。那为什么同样一件事情,会有不同的看法? 这些看法会导致什么样的后果? 现在我们主要请第三组的同学来说说看。

2. 价值观的导向作用(板书)

教师:我们请第三组同学回答:什么是价值观? 价值观对人的活动有什么作用?

(1)价值观的含义(板书)

学生:人们在认识各种具体事物的价值的基础上,形成对事物价值的总的看法和根本观点。价值观是一种社会意识,对社会存在具有重大的反作用,对人们的行为具有重要的驱动、制约和导向作用。

教师:社会意识与社会存在之间有什么关系?价值观的反作用是什么?

学生:社会存在决定社会意识,社会意识对社会存在具有反作用。价值观作为一种社会意识对社会存在具有反作用,科学的社会意识会促进社会存在的发展,而落后的社会意识则会阻碍社会存在的发展,国家就是依据此才出台了相关规定,目的是为了营造良好的环境,使观众接受正确价值观的影响。在关键的时候,决定人们做出选择的是价值观。价值观具有至关重要的导向作用。

**探究活动三**
　　对待同一事件,为什么会有不同的看法?这些看法会导致什么样的后果?

第三组:什么是价值观?价值观对人的活动有什么作用?

图3

**探究活动三:对待同一事件,为什么会有不同的看法?这些看法会导致什么样的后果?**

学生:一个人走什么样的人生道路,选择什么样的生活方式,都是在一定世界观和价值观指导下进行的。对人生道路的选择而言,不同的价值观,决定了人们在面对公义和私利、生与死的冲突时做出的不同选择。

教师:陈贤妹老人瘦弱的外表下,却跳动着一颗伟大的心,朴实无华的善良阿姨向被碾女童伸出了可贵的援助之手,让我们看到了人性在闪光!而肇事司机的行为,人神共愤且受到法律的制裁。从陈贤妹老人和"小悦悦事件"肇事司机的结局对比说明,选择了不同的价值观就选择了不同的人生道路。如果有正确的价值观,那么人生是美好的,光明的;相反,有错误的价值观,自私自利,消极悲观,就容易与庸俗与苟且为伍。

(2)价值观的导向作用(板书)

教师:当你遇到一件事情时,你的价值观如何选择的,结局是不同的。这个胡军呢,他选择的是继续走,带来的是一条生命的丧失,他自己也给自己带来三年多的牢狱之灾。而陈贤妹老人呢,她的精神感动了很多人,引发了我们对中国人道德的审视。所以,不同的价值观带来不同的结局。我们请第四组的同学来说一下,什么是价值观的导向作用? 表现在哪些方面?

学生:价值观作为一种社会意识,对社会存在具有重大的反作用,对人们的认识和行为具有重要的驱动、制约和导向作用。价值观对人们认识世界和改造世界的活动具有重要的导向作用,主要表现在:一是价值观影响着人们对事物的认识和评价。价值观不同(有正确错误之分),人们对事物的认识和评价就不同,价值观影响着人们改造世界的活动;二是价值观对人生道路的选择具有重要的导向作用。

## 探究活动四:
## 两种不同的人生结局说明了什么? 给我们什么启示?

陈贤妹:拾起中国人跌落的良心

"小悦悦事件"肇事司机一审判刑三年半

第四组:什么是价值观的导向作用?

图 4

**探究活动四:两种不同的人生结局说明了什么? 给我们什么启示?**

教师:在关键的时候,决定人们做出选择的是价值观。价值观具有至关重要的导向作用。"小悦悦事件"中的18:1的比例的确触目惊心也令人寒心,但不能因此就对整个社会绝望。即便在我们身边,也还有许多令我们感动让我们温暖的人或者事,真正的冷漠并不占多数。要改变冷漠的现实仅靠愤怒和谴责是不够的,还需要我们深刻的反思和切实的行动。

请同学们扪心自问:换位思考,假如事情发生在我们身边,我们该做什么? 我们能做什么?

课堂讨论很热烈,学生们畅所欲言,各抒己见,慢慢地,话题集中到"身处事故现场,救或不救? 自己救了人之后,被人误会了,怎么办?"

教师:同学们,生命是神圣的、善良是高贵的。如果是我在现场,我会选择打电话报警并用醒目的方式告知过往的车辆。社会比我们想象的复杂,在伸出援手救助他人的时候也要学会保护自己。

通过讨论,学生们自我认识、自我感悟、自我反思,自身的价值观在碰撞中不断完善。不少学生的价值取向越来越坚定,纷纷表示"不管怎么样,我会先去救人",思想境界在自我教育中获得提升。大家意识到每一个个体都责无旁贷,理应担负起自己的道德责任。

(3)树立集体主义价值观(板书)

教师:要改变冷漠的现实仅靠愤怒和谴责是不够的,还需要我们深刻的反思和切实的行动。价值观是人生的重要向导,是我们能否拥有美好生活的航标,寻找正确的价值观就是寻找人生的真谛。

学生讨论:什么样的价值观是正确的价值观?

学生:我们所知道的"只想着救人"的拾荒老人陈贤妹那样善良的人,他们在面对生与死,公义与私利的冲突时,在个人利益与他人、集体和国家利益的冲突时,他们选择了放弃个人利益而维护集体和国家的利益。这种价值观,就是我们应该树立的集体主义价值观。

集体主义价值观的要求是什么呢?请同学们看书中小字部分。(请学生阅读)

教师:现在我们一起回顾一下本节课的主要内容,本节课先从价值的一般概念开始,接着具体深入探讨了人的价值,知道了人的价值与物的价值的区别与联系,最后我们还着重学习了价值观的导向作用。"小悦悦事件"中的 18∶1 的比例的确触目惊心也令人寒心,但不能因此就对整个社会绝望。即便在我们身边,也还有许多令我们感动让我们温暖的人或者事,真正的冷漠并不占多数。希望大家通过今天的学习,都能在实际生活中,努力实现自己的人生价值,自觉树立正确的价值观。

好,下课! 谢谢同学们!

**【板书设计】**(主要通过课件体现):

**一、价值与价值观**

1. 人的价值

(1)价值的基本含义　(2)人的价值在于创造价值　(3)如何评价人的价值

2. 价值观的导向作用

(1)价值观的含义　(2)价值观的导向作用　(3)树立集体主义价值观

**【布置作业】**

运用本课所学知识以"拒绝冷漠、从我做起"为题,面向全校同学拟一份 300 字左右的倡议书。

# 《价值判断与价值选择》与班会课
# 融合教学设计及反思

福州第三中学　林晓枫

**表1　教学设计**

| 授课教师 | 政治教师:林晓枫<br>班主任:游莲 | 授课班级 | 高二(4)班 |
|---|---|---|---|
| 活动课题 | 想大问题,做小事情——价值判断与价值选择 | 教学时间 | 2012-4-10 上午第二节 |
| 研究内容 | 通过活动、体验、交流,经历价值冲突判断与选择的过程,来内化自己的价值标准 | 课　型 | 政治课与班会课的<br>融合活动课 |
| 学情分析 | 　　当代青少年学生价值取向的突出特点是:在如何对待社会利益和个人利益、实现社会价值和个人价值的问题上,明显地向个人利益、个人价值倾斜。这一方面代表青少年学生有较强的自我意识,注重个人合法权益,强调发挥个人才能;另一方面也显示出在近年来拜金主义、唯我中心思潮的影响下,青少年学生中存在的忽视集体利益和社会利益的不良倾向。这是值得我们教育工作者高度重视的问题,也是基础教育课程改革强调要培养学生良好的价值观的原因所在。 | | |
| 设计思想 | 　　在《生活与哲学》第十二课学习"价值判断和价值选择"的原理之后,为了让学生更好地在生活实践中体验价值冲突、价值判断与价值选择,本课结合我校正在开展的"珍藏青春"活动,通过班会课方式,以班长的竞选为线索,将政治课中抽象的关于"价值判断与价值选择"的问题融入学生日常班级生活中,让同学们实实在在地在"情境—冲突""比较—鉴别"中去体会"价值判断与价值选择"就在我们的身边,并能通过班长竞选的各环节运用所学原理领悟体会一个团体具有的价值标准;在经历价值比较、鉴别、选择的过程中,做出合乎集体的选择,自觉地将个人与集体结合起来,能够做到怀大梦想与做小事情相结合,坚持集体主义的价值观,真正地在价值冲突面前做出正确的判断与选择。 | | |
| 活动思路 | 　　**推荐与展示:**小组分别对5名班长候选人进行推荐,初步感受团队的价值标准;<br>　　**体验与思考:**通过选手对情境问题的回答,让选手与其他同学共同感受并体会价值冲突;<br>　　**分享与感动:**推荐让选手感动的人,感受被推荐者的正确的价值观做出的选择给我们带来的震憾,也让同学了解候选人的价值取向,为做出正确判断与选择提供依据;<br>　　**应变与陈述:**通过同学与选手互动提问,让价值冲突更加客观地呈现在同学面前;<br>　　**判断与选择:**对班长候选人做出比较、判断与鉴别,进行最后的选择,从而明确一个团队共同的价值追求,学会正确处理个人与集体的关系。 | | |
| 活动目标 | 　　让学生通过自我研讨,自我探究,相互交流,在思想碰撞过程中,体验价值比较、鉴别、选择的过程,从而去建构对生活和对价值的理解,进而用正确价值判断与价值选择的标准把想大问题与做好小事情结合起来,坚持集体主义的价值标准。 | | |

续表

| 设计依据 | 1. 新课程学科特点<br>《生活与哲学》课程设置的特点是建构以生活为基础,以马克思主义哲学原理为支撑,将坚持马克思主义理论引导与注重学生成长特点和规律有机结合的哲学课程模块。<br>　　在学科体系上,既注重学科知识、理论逻辑,更注重生活逻辑,要求以生活逻辑为基础,以学科知识为支撑。 |
|---|---|
| 设计依据 | 　　体现实践性,要求课程突出哲学的"探索世界"的过程,让学生通过课程体会哲学探索世界、探索人生的魅力。<br>　　2. 课标要求<br>本课的课标基本要求是:<br>(1)剖析生活实例,说明人们的社会地位不同、认识事物的角度不同,时间、地点、条件不同,会形成不同的价值判断;<br>(2)剖析价值冲突的实例;<br>(3)体验价值比较、鉴别、选择的过程;<br>(4)认同人民的利益为最高价值标准,树立为人民服务的思想。<br>　　3. 政治课与班会课相结合的优势<br>　　班会课是思想政治教育的重要阵地,利用与否,以及利用得好坏,对班集体的发展,对学生良好思想品德的形成起着举足轻重的作用。如果在政治课教学中,有机地结合班会课,使知识教育结合实际生活,落到实处,发挥出实效。既使学生感到政治教育的实用性,又带动了学生的积极参与性,使学生既掌握知识,又形成了正确的人生观、价值观和道德观,在实际生活中更能体现知识的价值和知识应用的乐趣。把政治课的教学与班会课结合起来,也就是把理论知识和实践生活结合起来,把课本知识应用到实际生活中解决实际问题的过程。通过这个结合途径,让学生深刻感受到政治课并非空洞只讲理论,而是可以真真实实用来解决问题的。这样,既可以解决了我们在中学教学阶段对学生的世界观、人生观、价值观的培养,帮助中学生树立正确观念的目的,同时也为我们进一步加强政治思想教学做了有力的证实,也对下阶段的教学工作做好铺垫。 |

**表 2　活动设计**

| 活动流程 | 活动内容 | 教学及学生活动 | 设计意图及说明 |
|---|---|---|---|
| 创设情景,进入活动(2分钟) | 温馨开场:引出本课的主题 | 　　教师上场带领大家喊出班级口号,"老鼠年年爱大米,我们时时爱集体。"引出本课主题,并委托两名主持人主持模拟班长竞选活动。<br>　　(导言:多可爱温馨的班级,这个班级口号喊出了我们高二四班这个班级团队共同的特别心声与价值标准。上节课我们一起学习了关于价值与价值观、价值判断与价值选择。今天,我们想就结合我们班级的班长竞选会,让同学们实实在在地用所学的哲学观点去体会与感悟价值冲突,体验在班长竞选中价值比较、鉴别、选择的过程,并为我们这个班级团队做出正确的价值判断,并选出我们心中的班长。下面,我们就一起来上一节特殊的政治课,或者也可以说是特殊的班会课。我想委托班上两位同学一同来主持今天的政治班会课。他们是现任班长林乾洋与政治科代表陈真真同学。有请)<br>　　此时,循环播放可由《老鼠爱大米》中的选段"我爱你,就像老鼠爱大米,不管有多少风雨,我都会依然陪着你"(投影班级网页) | 营造和谐班级的氛围,为班会课下面的活动展开做好铺垫。特别是:从班训看——价值判断与价值选择的重要性。 |

续表

| 班会主体活动之一<br>（5分钟） | 各组推荐班长候选人——**推荐与展示** | 各小组向大家推荐本组的班长候选人，推荐形式不限。 | 让学生明白，各小组推荐候选人的价值标准，并为选择做好准备 |
|---|---|---|---|
| 班会主体活动之二<br>（11分钟） | 班长候选人接受挑战——**体验与思考** | 设置5组题目，每组2个小题，分别为情景题和简述题。（每小题学生有10秒的思考时间，30秒陈述时间。）<br>一、情景题的素材来自学校及同学身边发生的事。让选手对情景进行评价或进行情景展开，以此来观察他的价值判断与取向，以及处理问题的能力。<br>1. 大马路上，一群中学生在机动车道上骑车，此时，有一辆汽车被挡了道，司机一怒之下下车与中学生争吵起来，如果你是他们同学，有恰好路过，你会怎么办？为什么？<br>2. 中学生集体舞视频：2015年9月开始，一些学校陆续开始用集体舞代替传统的广播操，如果在你班推广集体舞的过程中，遇到同学、家长的不解与质疑，作为班长，你会怎么办？<br>3. 父母、孩子因玩电脑游戏起冲突的视频：你因玩电脑问题与父母起了冲突，你是怎么处理的？<br>两个同学在教室里考试，老师因故离开，其中一个同学向另一个同学问答案。如果你是其中一个同学，而另一个同学（又是你的好朋友）在向你要答案，你会怎么办？<br>学生与班主任商量某方案时意见不统一的视频：<br>校运会入场式方案设计中，假如你的方案与班主任不一致，甚至有些冲突，你会怎么办？<br>中学生早恋图片：假如，最近发现你的一个异性同学对你有好感，有一天，他向你表白后，你会怎么处理？<br>二、简述题的设置以思考与体验价值冲突为主，如<br>1. 请你对"财富、事业、家庭、友谊、荣誉"这些名词，按照你心目中的重要性进行排序，并说明为什么？<br>你愿意他人夸你是聪明的学生，还是愿意他人赞美你是善良的学生，为什么？<br>如果你是一名班长，你需要选择一名助手，你会用什么样的标准进行选择？<br>你觉得另外四名参选班长的同学中谁最有当班长的潜力？为什么？<br>学校的校训是什么？对此你又是如何理解的？<br>谈谈对名言"给"永远比"拿"愉快这句话的见解。 | 通过问题的设置引发学生在价值冲突中进行体验与思考。 |

续表

| 班会主体活动之三<br>(11分钟) | 班长候选人接受挑战——**分享与感动** | "感动中国"、"感动福建"、"感动班级"人物中,你特别想向大家推荐谁? 为什么?<br>选手可结合视频对介绍的人物进行演讲,每人时间限时:2分钟 | 推荐让选手感动的人或事,感受被推荐者的正确的价值观给我们带来的震撼,并了解候选人的价值取向 |
|---|---|---|---|
| 班会主体活动之四<br>(7分钟) | 巅峰对决——**应变与陈述** | 请班级其他成员对五名候选人进行提问<br>请五名候选人做总结陈辞 | 考查学生的应变能力、表达能力,以及价值取向,并在全班同学的参与中,学会正确处理个人与集体的关系,树立集体主义价值观 |
| 班会主体活动之五<br>(4分钟) | 最后的抉择——**判断与选择** | 全班同学对这五名候选人进行打分,在这个过程中,与小组成员进行互动,倾听他们的想法。(你会选择谁作为你班上的班长,你为什么会这样选择呢? 你觉得刚才谁表现得最出色?) | 让同学们学会用团队的判断标准对选手的表现进行评价与选择 |
| 班会主体活动之六<br>(5分钟) | 教师点评 | 宣布结果后,班主任及政治教师分别对本次活动进行点评。(教师结束语附在下方) | 对同学进行正确的价值判断与选择的引导,明确一个团队共同的价值追求与选择 |

**教师结束语:**

很高兴与同学们共渡了很有意思的 45 分钟。说是有意思,是因为这是一节政治课与班会课的灵动而厚重的融合课,这节课我有两点体会与同学交流与共勉。

一、感受价值冲突,认同集体主义价值观

对于我们班级来说,这场活动选出了我们的班长,这当然是这节班会课的重要成果,但作为政治老师我更看重的是这个过程。这节课就是想让同学们在参与竞选的过程中,实实在在地去感受和体会价值冲突,直面价值判断与选择。比如,在问选手的一些问题就是让大家明白生活中,我们时常面临冲突,像同学之间,师生之间等等都常有矛盾冲突,因此,我们也时常面临价值选择,到底什么样的选择才是正确的呢? 还有,我到底应该以什么标准去评价这几位候选人? 这时候还能不能再以个人喜好或小组的利益为中心来推荐班长呢? 在刚才小组打分的过程中,我很高兴地看到虽然有的选手是自己本小组推荐出来的,但是,经过竞选发现有更优秀的人可以胜任时,大家都能把大集体的利益摆在首位,放弃了小组这个小团体的利益,因为你们觉得集体的利益是高于一切的。我们是不是可以得到这样一个结论,大家都非常认同心中有他人,心中有集体的集体主义价值观。按照这个标准去要求他人。

其实大家有没有想过?你们用这个价值观去要求他人的同时,其实他人也在以同样的标准要求着你,是吧!因此,我们每一个人都要树立这样的一个观点,就是集体主义价值观,并用它指导我们在价值冲突面前做出正确的判断与选择。

二、想大问题与做小事情要相结合

另一方面,老师希望通过这堂课,传达这样的一个信息,哲学课所学的知识就在生活中,生活需要哲学的指导。哲学所说的要做出正确的价值判断与选择要集体主义价值观念的指导,其实,说的是一个大方向,大问题。

在这个纷繁复杂的世界中,许多的东西都在抢夺我们的眼球、消耗我们的精力以及占用我们的时间。任何一样东西都有可能使我们偏离给我们定的轨道。如果没有一个确切清楚的目标和方向,没有正确的价值观在引导着我们,一方面我们很难抗拒世界的诱惑,专注在我们要做的事情上;另一方面,我们很难在价值冲突面前作正确的判断与选择,我们可能也能实现自己的价值与目标,也得不到快乐与幸福。所以我们说,方向问题很重要。

但是,毕竟我们每天面对的不是轰轰烈烈的事情,而是很琐细的事情,又很需要一种脚踏实地的精神,光想大方向目标、大问题,光有这个思想是不够的,我们还需要把想大问题与做小事情有机地结合起来的精神。

刚才几位候选人都推荐了值得自己感动和敬佩的人,其实每个人都有让自己感动与敬佩的人,无论是名人,还是我们身边的普通人,那么大家想一想,他们可以让我们敬佩的是什么呢?可能有的同学认为是一种精神,是爱心,是奉献,其实不管是哪一种,他们一定都为大家做了什么?为当时的时代做了什么,所以才让我们感动,才让我们记住他们,而他们的人生价值才有意义。因此,实实在在去做才最重要。

比如,这几位候选人积极参与这次的竞选活动,都愿意把为集体着想、为他人着想的愿望与目标化成身边的小行动,从他们身上我们能够感受到他们的关爱他人、关爱集体、关爱世界的美好价值观给我们带来的感动。

我说:我们要常怀大梦想,做好小事情,从能够完善的事情、能够改变的地方、能够做到的地方去实实在在地为他人,为社会留下一些什么?这才是最重要的。

愿"想大问题,做小事情。"能够成为我们大家共同的追求与行动!成为我的也成为你的生命存在方式。

**附:班长竞选评分表**

| 选　手 | 语言表达（2分） | 风采展示（2分） | 应变能力（2分） | 价值取向（4分） | 总分 | 名次排列 |
|---|---|---|---|---|---|---|
| 卓景婷 | | | | | | |
| 陈寿榕 | | | | | | |
| 陈　诺 | | | | | | |

续表

| 选　手 | 语言表达<br>(2分) | 风采展示<br>(2分) | 应变能力<br>(2分) | 价值取向<br>(4分) | 总分 | 名次排列 |
|---|---|---|---|---|---|---|
| 方　圆 | | | | | | |
| 吴晨光 | | | | | | |

评出:"最佳合作奖"、"最有人缘奖"、"最佳风采奖"、"最具潜质奖"、"最佳口才奖"。

# 附　教后反思

## 一、恐惧与挑战

当我组长征求我的意见,要在4月份的公开周教学中上一节公开课时,我毫不犹豫地答应了下来。每年的公开周教学对我来说都是一次挑战,新教材的使用是否符合新课程理念? 教师的教育方式是否改进,课程资源是否得到进一步的拓宽和开发? 当我努力借助公开课这个平台去进行更深入的探索与尝试时,过程尽管辛苦,但每一次都会有所超越。

但是,当我根据教学进度的安排,正好要上的就是《生活与哲学》第十二课《价值判断和价值选择》,看到这个框题的内容时,我第一感觉是这个内容太抽象了,学生很难理解与把握,再对照课标的要求我有些恐惧了,我该怎么上这个课呢? 我好长一段时间处于恐慌之中,但我知道"恐惧的克服和勇气的生成都不是一蹴而就、一劳永逸的。"(摘自《教学勇气》),我已经接受了挑战,我别无退路。

《生活与哲学》课程设置的特点是建构以生活为基础,以马克思主义哲学原理为支撑,将坚持马克思主义理论引导与注重学生成长特点和规律有机结合的哲学课程模块。特别重视体现实践性,要求课程突出哲学的"探索世界"的过程,让学生通过课程体会哲学探索世界、探索人生的魅力。"价值判断和价值选择"这一框该如何联系学生生活,做到:剖析生活实例,说明人们的社会地位不同、认识事物的角度不同,时间、地点、条件不同,会形成不同的价值判断;剖析价值冲突的实例;体验价值比较、鉴别、选择的过程;认同人民的利益为最高价值标准,树立为人民服务的思想? 生活到底在哪里? 一直困扰了我好久。我想,找到生活的切入点,其实也就找到了教学的突破口。于是,我开始鼓起勇气进行了探索。

## 二、勇气与探索

### (一)教材如何走进学生生活世界?

记得开学初与个别同学和班主任交流时谈到了到对现任班长的一些看法,大家普遍流露出了想改选班长的想法。为了让更多的同学能够主动地参与到班级的管理中来,班主任也打算进行一次班长竞选活动,但如何进行竞选呢? 怎样才能准确地反映出参选同学的整个价值观导向并对参选同学做出正确的价值判断呢? 这不正是"价值判断和价值选择"的最好的落脚点吗? 这就是学生的生活啊,来自学生当前正在经历着、体验着的现实生活。这才是能引起学生兴趣并愿意探索的基点。我终于找到了"教材如何走进学生生活世界"的解决办法。即从学生的生活世界出发来审视教材、处理教材和管理教材。

首先,寻找教材联系生活的切入口。基于之前的认识,我大胆地对教材作了重新审视,完全抛开了教材的体系,决定就从"班长竞选"入手来寻找"价值判断与价值选择"的切入口,帮助学生用教材知识在"班长竞选"的体验中,对设置的情境或问题进行讨论、辩论、比较、鉴别,形成正确的价值判断,并做出正确的价值选择。

其次,增添教材生活趣味性与真实性的内容。于是,我召集了部分学生座谈会,收集平时他们感兴趣并在日常生活学习中经常经历的问题,设置成情境问题来考察班长候选人的价值观及价值导向。这些问题涉及包括亲子关系、同学关系、人与社会等多角度的内容。

(二)教学内容如何与学生的现实生活和经验相联系?

班会课需要政治课的价值观及价值判断的引导及评价,政治课也借助班会课方式,以班长的竞选为线索,将抽象的关于"价值判断与价值选择"的问题融入学生日常班级生活中,让同学们实实在在地在"情境—冲突""比较—鉴别"中去体会"价值判断与价值选择"就在我们的身边,并能通过班长竞选的各环节运用所学原理领悟体会一个团体具有的价值标准;在经历价值比较、鉴别、选择的过程中,做出合乎集体的选择,自觉地将个人与集体结合起来,能够做到怀大梦想与做小事情相结合,坚持集体主义的价值观,真正地在价值冲突面前做出正确的判断与选择,并选出真正能够符合我们团队标准的班长。

于是,我的教学设计渐渐清晰起来了,我要努力实现两个结合。

1. 思想政治课与班会课的结合

班会课是思想政治教育的重要阵地,利用与否,以及利用得好坏,对班集体的发展,对学生良好思想品德的形成起着举足轻重的作用。如果在政治课教学中,有机地结合班会课,使知识教育结合实际生活,落到实处,发挥出实效。既使学生感到政治教育的实用性,又带动了学生的积极参与性,使学生既掌握知识,又形成了正确的人生观、价值观和道德观,在实际生活中更能体现知识的价值和知识应用的乐趣。把政治课的教学与班会课结合起来,也就是把理论知识和实践生活结合起来,就是把课本知识应用到实际生活中解决实际问题的过程。通过这个结合途径,让学生深刻感受到政治课并非空洞只讲理论,而是可以真真实实用来解决问题的。这样,既达到了我们在中学教学阶段对学生的世界观,人生观、价值观的培养,帮助中学生树立正确观念的目的,同时也为我们进一步加强政治思想教学做了有力的证实,也对下阶段的教学工作做了好的铺垫。

2. 思想与生活的成功的结合

思想要有生活的落脚点;生活也要有思想的引领。这样就在课堂上实践着新课程的三性要求,生活性,体现了对学生的现实关怀,使课堂教学充满生活气息;发展性,体现了对学生的未来关怀,让课堂教学以人的发展为本;生命性,体现了对学生的终极关怀,使课堂教学充满生命气息。

在这样的教学理念指导下,就会使知识变得鲜活起来,使课堂焕发出生命活力。

三、反思与成长

1. 课堂上我在哪里?

这一节班会课,由于事先我和学生们准备得很充分,因此,这节课下来,我显得很轻松,按照准备的环节都顺利地进行了,学生们也很开心。可是,仔细一想,这样的课堂真的是有效的吗?这节课好像成了学生的表演课,学生完全成为课堂主体,但教师我却似乎没有什么事可做了,这样对吗?我是不是在课堂上只能在开头与结尾时出现呢?如果我不出现在这两个地方,这还是不是政治课?

2. 新课程的教师需要哪些新的技能?

课程内容的综合性、弹性加大,教材、教参为教师留有的余地加大,教师可以根据教学需要,采用自己认为最合适的教学形式和教学方法,决定课程资源的开发、利用。为此,教师要具备一定的课程整合能力、课程设计能力和课程开发能力,而对教科书的依赖程度将越来越低。

在这一节公开教学课的准备过程中,虽然最后的教学效果不错,但我感觉很吃力,很费力。一节公开课可以花较长时间做准备,但平常的教学行吗?因此,不断地提升自己适应新课程能力就显得非常迫切。

3. 教学策略将发生哪些变化?

这一节课后,许多学生都在他们的《青春纪念册》中"最难忘的一节课"一栏写上了对本节课的感受。一个学生这样写道:"这节课虽然我只是一个小组成员,但每一项活动我们都被吸收而积极参加,太有意思了,政治老师讲的原理我们不知不觉中都运用上了,终于我们选出了自己满意的班长。"是啊,这节课的以下几个方面的转变是非常明显的:由重知识传授向重学生发展转变,由重教师"教"向重学生"学"转变,由重结果向重过程转变,由统一规格教育向差异性教育转变。但是,重要的是公开课后的坚持,我不禁要问自己,我能把这些观念继续落实吗?

4. 教师需要哪些新的工作方式?

这次在我与班主任游莲老师之间的密切合作过程中,我发现游莲老师作为一名年轻教师的优势,她思想开拓进取,勇于接受挑战,特别是当我的思路陷入困境时,都能从她那儿感觉到勇气与力量,她与学生之间的亲密关系也使这次的班会及政治课的准备工作顺利进行,她能根据学生特点进行恰当的分工与合作,这是我作为一名政治教师所不及的。而班级学生在寻求班会课与政治课的融合点上提供了很生动有趣的活动方式,在查阅媒体资料与课件制作上都显示了极强的工作能力与创新意识。在活动中,我强烈地感受新课程将教师之间,教师与学生之间的联系更加紧密起来,同时也对教师提出了一个最大的挑战,要改善自己的知识结构,要学会开发利用课程资源,更要调整自己的单打独斗的工作方式,多向同组教师、其他教师请教与交流,特别是多从学生那儿获取新信息,及时了解学生的困惑等。

# 《博大精深的中华文化》教学实录与反思

厦门集美中学　罗文明

　　情境探究教学是近几年新课改背景下教师普遍采用的新的教学模式。创设教学情境，应着眼于既定的教学目的，立足于学生和教材的实际，引起学生的情感体验，帮助学生迅速而正确地理解教学内容，从而使思想政治课成为既让学生明智，又促学生动情乃至"我欲将行"的"活课"。2008年4月，笔者应邀到新疆开设《博大精深的中华文化》"同课异构"公开课，在教学过程中对如何创设教学情境进行了思考与尝试。这节课通过创设情境，因地制宜重新设计，对教学内容进行重组和提升，从而取得了显著的教学效果。

**【教材分析】**

　　本节课所讲授的是《文化生活》第三单元中华文化与民族精神第六课第二框《博大精深的中华文化》的教学内容。中华文化的基本特征是源远流长和博大精深，博大精深的中华文化内容表现在"独树一帜，独领风骚"、"一方水土一方文化"、"中华之瑰宝，民族之骄傲。"也是它的三方面特征：独特性、区域性、民族性；区域性和民族性也是产生博大精深的中华文化的原因，重要的原因是其特有的包容性。感受、认同博大精深的中华文化，增强学生的民族自豪感是最终的教学目的。

　　从整体上看，该课是对学生进行热爱祖国、热爱民族文化教育，增强民族自尊心、自信心的极其重要的一环，同时也是对学生进行民族精神教育的基础。本课信息量大，靠简单的教师课堂说教是不行的，必须动员学生在课前花较多的时间收集相关信息。培养学生自己动手获取、解读及分析和整合信息的能力。

　　教师通过创设教学情境，设计一系列的探究问题，可以激发学生思考的积极性，提高学生的理性思考和辨析能力，最终使学生的感性认识上升为理性认识，促进学生对知识的理解和情感、态度、价值观目标的达成。

**【学生分析】**

　　从高二学生已有的知识储备看：学生已经学习了一定的文化生活相关知识，了解了源远流长的中华文化的内容，具备了一定的知识基础。这为开展情境探究教学奠定了基础。从思维方式看，高二学生的思维开始从以形象思维为主的经验型水平向以抽象思维为主的理论型水平转变，学生的学习自觉性增强，同时，也从教师那里接受知识，但这种接受是在经过自己思考、理解的基础上接受。

　　从学生已有的知识储备和思维方式看，《博大精深的中华文化》这一课采用情境探究教学的方法是可行的。

**【教学目标】**

(1)知识与技能

①使学生能理解中华文化的各种成就在世界文化宝库中的重要位置;

②理解不同区域的文化既渐趋融合又保持着各自的特色;

③各具特色的民族文化为中华文化的形成和发展做出了重要贡献。

(2)过程与方法

①在本节课的教学过程中,教师充分发挥主导作用,充分利用演示、探究、讲授等方法,并设置易于让学生接受的教学情境。

②学生进行探究式学习,讨论、并进行归纳总结,引导学生通过"由表及里、由此及彼"进行综合分析,形成观点,加深认识,培养学生全面的、历史的分析中华文化的基本特征的能力。

(3)情感态度与价值观

①帮助学生充分认识中华文化的特征,增强民族自豪感、自尊心、自信心。

②辨析中华文化的区域特征,说明中华文化是中国各族人民共同创造的。

③感受中华文化的博大精深,增强对民族文化的认同感,激发学生的爱国热情。

**【设计思路】**

通过设计一路风景的"奥运文化之旅"这一情境,提出要求,引导同学动脑,动口,动手,让学生有所知、有所思、有所悟。这一情境的创设既激发学生学习的兴趣,又培养他们解决问题的能力。

这一情境,采用联系时事热点的教学方法,注意书本知识与实际的结合,以小见大,由表及里,使抽象的知识易于被学生理解和接受。

**【教学实录】**

一、奥运文化之旅的启程

老师:同学们知道我国在 2008 年有什么大喜事?

学生:北京举办奥运会。

教师:对! 2008 年第 29 届奥运会将在 8 月 8 日至 24 日在北京举行,"世界给我 16 天,我给世界 5000 年"——2008 年奥运会的熊熊圣火要在北京燃烧 16 天,北京将向世界展现中华民族五千年的灿烂文化,为历史悠久的奥林匹克精神增添丰富多彩的中华文化内涵。届时将会有很多的外国朋友汇聚中国,现在就有一位叫罗伯特的法新社社记者到中国访问,罗伯特非常想了解中国文化,为此他采访了北京奥运会志愿者、中国奥委会发言人、外交部发言人等。下面,由老师扮演记者,四个组则分别为北京奥运会志愿者组、大学教授组、中国奥委会发言人组、外交部发言人组。

**设计意图:**以奥运相关话题导入课程,激发学生兴趣,调动学生参与热情。通过分小组讨论探究,培养学生课堂合作学习的技能。

二、奥运文化之旅的序幕:中国印是如何体现中华文化博大精深这一特点的?

采访中国奥委会发言人"中国印——舞动的北京"这个设计是如何体现中华文化博大精

深这一特点的?(展示中国印图片及罗格主席的话。)

(中国奥委会发言人组讨论后回答)

奥委会发言人 A:中国印是以印章的艺术形式来表现"京"字的。以中国传统文化符号——印章作为标志主体图案的表现形式,印章早在四五千年前就已在中国出现,其艺术形式和艺术内容形成了清晰的历史和博大的体系,成为代表中国传统文化的艺术载体之一。因此,中国印体现了中华艺术的博大精深。

奥委会发言人 B:中国印上面的"Beijing2008"是用毛笔书写的。毛笔是我国独有的传统书写工具,它以柔软刚健、富有变化的书写特点,成为传承文化的主要文房用具。在我国,毛笔的历史可追溯到两千多年之前。因此,毛笔书法更浸透了中华艺术的博大精深。

记者:中国文化真是博大精深啊!4 月 7 日,我在法国巴黎街道参加了欢迎圣火到来的活动,感到"祥云"太漂亮了。不知道祥云是否也体现中国的传统文化?

奥委会发言人 C:"祥云"的文化概念在中国具有上千年的时间跨度,是具有代表性的中国文化符号。火炬造型的设计灵感来自中国传统的纸卷轴。这是因为纸是中国四大发明之一,通过丝绸之路传到西方。人类文明随着纸的出现得以传播。

奥委会发言人 D:源于汉代的漆红色在火炬上的运用使北京奥运火炬明显区别于往届奥运会火炬设计,红银对比的色彩产生了醒目的视觉效果。

志愿者 E:火炬造型的设计灵感来自中国传统的纸卷轴。纸是中国四大发明之一,通过丝绸之路传到西方,人类文明也就随着纸的出现得以转播。

记者:这么好的火炬是你们中国自己设计的吗?

奥委会发言人 F:对。"祥云"从外形设计,到内部燃烧系统都是我国自己设计的,拥有完全的自主知识产权。北京奥运会火炬设计拥有完全的知识产权。北京 2008 年奥运会火炬外形艺术设计方案由联想(北京)有限公司创新设计中心设计,火炬技术方案——内部燃烧系统由中国航天科工集团设计研发。

**设计意图:**通过引导学生讨论探究"中国印——舞动的北京"这个设计,让学生分析感悟本课内容,增强他们的民族自豪感和对中华文化的认同感、归属感,完成知识目标的同时实现了情感态度价值观目标。

三、奥运文化之旅的展开:我国各民族各具特色的民族文化表现有哪些?

(一)采访大学历史系教授——云南、贵州与浙江文化上的不同及原因

记者:教授,您好!我在北京这段时间,深深地感到中国文化的博大精深,但和你们接触之后,感到浙江文化和贵州云南的文化好像有点不同,可又说不出来,你能否告诉我他们有什么不同?

(大学历史系教授组讨论后回答)

教授 A:吴越文化流动和开放性强,滇黔文化内敛性强。

记者:为什么会不同呢?

教授 B:我国幅员辽阔,各地区自然、历史、地理、社会等因素不同,各地区文化带有明显的区域特征。吴越文化是典型的水乡文化,受自然条件影响较大,滇黔文化具有边陲山寨文化特征,受自然条件和多民族社会历史条件影响较大。它们都体现了中华文化的多样性、博

大的特征。

记者:我们总统萨科齐非常喜欢吃中国菜,他和在法国开中餐馆的何福基先生是30多年的好朋友,听说你们中国各地的风味不一样,你能不能告诉我北方和南方在口味上有什么不同?

教授C:"南甜北咸,东酸西辣""南米北面"。原因在于我国疆域辽阔、气候多变、地形多样。

**设计意图:**这个情境是为了让学生知道"一方水土,一方文化",文化受多种因素影响,不同的自然环境、风俗习惯造就不同的文化。

(二)采访北京奥运会志愿者——云南、贵州与浙江文化上的不同及原因

采访北京奥运会志愿者——列举新疆及我国各民族各具特色的民族文化表现有哪些。

记者:听了教授的分析,我对中国各具特色的民族文化有了一定的了解。我很早就听说你们新疆人能歌善舞,能不能给我说一下新疆舞蹈和别的地区的舞蹈有什么不同?

(北京奥运会志愿者组讨论后回答)

志愿者A:新疆舞蹈活泼优美,步伐轻快灵活,身体各部分的运用较为细致,尤其是手腕和舞姿的变化极为丰富;北疆以伊犁为代表,它的赛乃姆舞蹈,吸收了一些其他民族的舞蹈成分,动作潇洒豪放,轻快利落,不时出现戛然静止和幽默风趣的小动作;东疆以哈密为代表,这里的赛乃姆音乐比较缓慢,节奏中保留了不常见的节拍,它的舞蹈动作稳重,手腕的变化不大,基本是半握拳式,在头上左右摆动,单步较多。由于各地区的赛乃姆风格特点不同,所以群众习惯在赛乃姆前面冠以地名以示区别,如喀什赛乃姆、伊犁赛乃姆等。手鼓在赛乃姆中,起着重要作用,既掌握速度,又以响亮流畅的鼓声渲染气氛,鼓舞人心。

记者:你们每个民族都有自己特色的文化,那么,你们各民族文化之间的关系是怎样的?

各民族文化间相互交融、相互促进,共同创造了中华文化。

志愿者B:不同区域的文化,长期相互交流、相互借鉴、相互吸收,既渐趋融合,又保持着各自的特色。它们都是中华文化的瑰宝,都是中华民族的骄傲。

**设计意图:**以学生熟悉的"新疆舞蹈和别的地区的舞蹈的异同点"为话题,让学生感受各地文化既渐趋融合,又保持着各自的特色。

四、奥运文化之旅的高潮:如何理解台湾文化是中华文化的一部分?

采访外交部发言人——如何看待陈水扁的"文化台独"?

(外交部发言人组讨论后回答)

记者:请问发言人,2004年我到你们中国的台湾省采访时,曾听过陈水扁的演讲,他说:"台湾文化的要素是多元的,揉合了荷兰文化、日本文化、原住民文化、汉文化、西洋文化,而中国文化只是台湾文化的一部分。"你如何评析这一观点?

发言人A:海峡两岸的文化,同属于中华文化。台湾历史文化与中原文化、燕赵文化、齐鲁文化、巴蜀文化、吴越文化等等,同根同源,都是来自中华文化。从民族、语言、风俗习惯等方面看,都有共同的文化特征。例如(略)

记者:你认为"文化台独"的目的是什么?

发言人B:台湾当局推进"文化台独"的目的就是要全面、系统地割断台湾与祖国大陆的

联系,弱化岛内民众的中国认同,建构"台独"认同。

五、奥运文化之旅的落幕:怎样增强年轻一代对中华文化的认同感和归属感?

记者:温家宝总理在访问美国时曾说过这样一段话:中国已解决了香港问题和澳门问题,洗刷了百年耻辱,现在剩下一个台湾问题,"这一湾浅浅的海峡是我们最大的乡愁、最大的国殇"。请问:应怎样理解"这一湾浅浅的海峡是我们最大的乡愁、最大的国殇"?

发言人 D:台湾是中国的一部分,台湾各族人民是中华民族的一部分,台湾文化归属于中华文化。传统的民族文化是维系民族生存和发展的精神纽带。各族人民对共同拥有的中华文化有着强烈的认同感和归属感。

"去中国化"的本质是分裂台湾,破坏国家统一;台湾自古以来和台湾同属一个中国领土一个中国,中国的主权和领土完整不容分割;解决台湾问题,实现祖国统一,是海内外中国人民的共同心愿,是中华民族的根本利益所在;两岸统一的最佳方式是"一国两制";我们两岸青少年朋友应当携手并肩,为实现祖国的完全统一做出自己的贡献。

记者:你们认为应怎样增强年轻一代对中华文化的认同感和归属感?

发言人 E:让青少年了解中华文化的历史,时时处处感受到灿烂的中华文化的源远流长、博大精深的特点。让青少年深感作为一名中国人的自豪,从而更加热爱中华文化,感受中华文化,自觉传承中华文化。

记者:谢谢各位接受我的采访!

设计意图:使学生感悟到每个人都可以为祖国统一做出贡献,懂得巩固和发展两岸关系应该从我做起,从现在做起,逐步自觉承担起维护祖国统一的历史使命。

【教学反思】

1. 情境材料的选择性

新课程改革非常注重将教学内容进行情境化设计,提倡通过情境教学使教学有身临其境之感,引发学生的求知欲,让学生带着情感去探究问题,由学生自己归纳得出结论。但是情境的运用并不是越多越好,有的老师将诸多的情境堆砌后,在课堂上紧凑地展示,给人感觉课堂比较热闹,但学生根本没有太多思考的时间,教学效果大打折扣。但是如果就使用一个情境材料,难免显得单一,有时这样典型的材料很少,有的教师为了迎合教学需要,只能生拼滥造。面对这个两难问题,本节课的设计紧紧围绕外国记者采访北京奥运会这一情境,重点突出,主线清晰,同时辅之以其他的材料,很好地处理了"一"和"多"的关系。

2. 教学情境设置的生活性

教学情境是学生理解、掌握知识,形成和发展能力的重要平台,是沟通现实生活与思想政治学科知识、具体问题与抽象理论之间的桥梁,而关乎学生生活实际的问题情境对学生有较大的吸引力,能激发学生的学习兴趣,促进学生的思维发展,活跃课堂气氛,有利于教学目标的达成。本节课的最大特色是注重从学生的生活实际出发,源于生活,体现生活,使课堂与生活相连。本课以学生非常熟知的北京奥运会为背景设置教学情境,列举的案例都是生活的、具体的,但所反映的现实主题却是宏大的、深刻的,真正实现了生活逻辑与理论逻辑的统一。

3. 教学情境设置的延展性

教学情境的设置除了要为学生知识学习和领悟提供平台,更重要的是为学生的感悟和体验创设氛围,将学生对情境问题的思考延伸到课堂之外,延展到实践之中。如本课情境教学,在学生通过对"我国各民族各具特色的民族文化表现"的讨论,使同学们深切感受到各族人民对共同拥有的中华文化的认同感和归属感,显示了中华民族厚重的文化底蕴和强大的民族凝聚力。而对"台湾文化是中华文化的一部分"的讨论,则使学生进一步懂得台湾是中国的一部分。而最终"怎样增强年轻一代对中华文化的认同感和归属感?"的情境设问则带领学生跳出本课的教学内容,将思考与探究延展至整本教材和现实生活之中,实现了本课理论学习的最终落脚和归宿。

实践证明,在本节课上,材料不断呈现,问题不断推进,学生的思维时刻处于矛盾之中,极大地调动了他们进一步探究问题原委的积极性。在课后的评课阶段,乌鲁木齐市教研中心教研员陈年红这样表达她的听课感受:"本节课处处体现新课程理念。所提的问题由学生完成,回答记者的问题精细,对学生的能力培养非常明显,老师扮演组织者、引导者的角色,对教材的处理源于教材又高于教材,对记者的提问,既有学生的回答,又有老师的总结、提升,对基础知识的把握很到位,很好地将传统教学与新课程理念结合在一起。"

# 《树立正确的消费观》教学设计

上杭第一中学　温华盛

一、课标要求

课程标准对本课的基本要求如下：描述几种消费心理；比较消费行为的差异；辨析消费观念的变化，树立正确的消费观。

二、教材分析

**【教学目标】**

（1）知识目标

理解从众消费心理、求异消费心理、攀比消费心理及求实消费心理的基本特征；知道如何正确评价从众消费心理、求异消费心理、攀比消费心理及求实消费心理；理解量入为出、适度消费，避免盲从、理性消费，保护环境、绿色消费，勤俭节约、艰苦奋斗等基本消费原则。

（2）能力目标

正确评价和对待各种消费观及消费行为的能力。

（3）情感、态度与价值观目标

树立正确的消费观，以科学求实的态度对待消费；

坚持正确的消费原则，发扬勤俭节约、艰苦奋斗的精神；

树立生态文明观念，自觉落实环境保护行动。

**【教学重点】**

要做理智的消费者，就必须坚持正确的消费原则。

确立依据：理智消费四原则从不同方面对人们的消费提供指导，是科学消费观的具体要求。理解和掌握这些原则，并用这些原则指导自己的消费行为，有益于个人，也有益于社会，能促进个人的健康发展和社会的可持续发展。

**【教学难点】**

艰苦奋斗、勤俭节约。

确立依据：这一代学生多是独生子女，在生活水平日益提高的环境中成长起来，对艰苦奋斗、勤俭节约逐渐有了距离感、陌生感，而且高一学生的知识面狭窄，思考问题的深度不够，认为消费只是个人的事情，与社会与国家无关。在理解"艰苦奋斗、勤俭节约"时，学生多会产生不同想法。

三、学情分析

消费与学生的日常生活紧密联系，因此，本课教学内容贴近学生生活，为学生所熟知。

同时,学生对消费所持的观点也是各不相同的。因此,在教学中,教师既要调动学生的兴趣和积极性,充分听取他们的观点,又要积极引导,使学生形成正确的消费观,实施正确的消费行为。

### 四、教法学法

1. 教法:讨论式教学方法

在教学过程中,教师可以利用教材所提供的探究活动及学生自己在生活中获得的消费体验和消费常识作为学习资源,采用讨论式教学方法组织教学,鼓励学生对同一消费现象发表不同的看法,形成不同观点之间的碰撞,从而激发学生的理性思考兴趣。

2. 学法:合作探究学习方法

通过师生互动、生生互动对相关情景和问题进行合作探究学习。

### 五、教具设备

多媒体。

### 六、教学过程

**【导入环节】**

(复习旧课)

师:影响消费水平的主要因素是什么?

生:居民收入。

师:居民收入要从几个方面进行分析?

生:三个方面。

师:哪三个方面?

生:当前收入,未来收入,收入差距。

师:从收入角度看,提高消费水平的途径有哪些?

生:增加就业,完善社会保障体系,努力缩小收入差距……

师:影响消费水平的因素还有哪些?

生:根本因素——国家经济发展水平。

师:因此,提高居民消费水平需要大力发展生产力,保持经济稳定增长。是吧!

师:还有其他因素吗?

生:……

(导入新课)

师:消费水平会受到很多因素的影响。如:物价水平(需控制和稳定);商品的性能、质量、服务等(要生产优质产品、完善售后服务等);人口数量(合理控制人口增长);还有人们的消费观念也会影响消费水平,因此要树立正确的浪费观。树立正确的消费观正是我们今天所要学习的内容。

【探究环节】

**板书:二、树立正确的消费观**

师:我们先来看一组材料,同时请大家合作探究相关问题。

### 合作探究(一)

多媒体展示情景材料:

> 每年当自己和其他好同学过生日的时候,丹丹都要和同学们互送礼物。这不,下个月又有好几个同学的生日,丹丹和爸爸又开始商量买礼物的事情了!

### 对话(一)

> 小明:爸爸,下个月我有几个朋友过生日,我正在为买礼物犯愁呢,小玲的礼物真难买?
>
> 爸爸:这有何难啊! 商店里礼物多着呢?
>
> 小明:不是为这。
>
> 爸爸:乖女儿,那为啥啊?
>
> 小明:我是弄不清楚她两个月之后会喜欢什么? 上个月她一切跟着蔡依林走,这段时间陷入了"韩流",总之,她一定要站在时尚的最前列。
>
> 爸爸:哦! 原来这样啊! 的确很难!

师:小婷的爱好有什么鲜明的特征?

　　你有这种特征吗?

生:从众心理引发的消费。……

师:你怎样看待从众心理引发的消费?

生:特点:仿效性、重复性、盲目性。

　　有利:健康合理的从众心理会带动某一产业的发展(如绿色消费带动绿色产业)。

　　有弊:不健康不合理的从众心理不利经济良性发展,对个人生活也不利。

师:你还能列举出具有这种鲜明特征的消费爱好吗?

生:……

师生共同得出结论:盲目从众不可取。

多媒体展示情景材料:

### 对话(二)

> 小明:还有就是不知道送啥给"仔仔"?
>
> 爸爸:那就看他在圣诞节前喜欢上哪个明星啊?
>
> 小明:不是,他这人挺怪的! 与众不同!
>
> 爸爸:怎么怪啦?
>
> 小明:就说一个吧! 新买的真维斯牛仔裤,非得在膝盖部位抠两洞,还不能一样

大小！

　　爸爸：啊！

师："仔仔"的做法你赞同吗？为什么？

生：我不赞同这种求异消费心理引发的消费。

　　特点：标新立异、与众不同。

　　有利：显示个性，也可推动新工艺和新产品的出现。

　　有弊：代价大，社会不一定认可。

师：你还能列举出求异消费心理引发的怪现象吗？

生：……

师生共同得出结论：过分立异吓死人。

多媒体展示情景材料：

### 对话（三）

　　小明：还有"小S"呢！她是我班的"名牌一族"！

　　爸爸：啥？"名牌一族"？

　　小明：她是"非名牌衣服不穿"，"非名牌文具不用"！

　　爸爸：自然，礼物也是非名牌不收啦！

　　小：她说啦！今年"五一"不收礼，要收就收名牌礼！

　　爸爸：啊？

师："小S"的消费心理有什么鲜明的特征？

生：攀比心理引发的消费。

　　特点：夸耀性　盲目性。

　　有弊：不实用，对个人生活不利。

师：你还能列举出攀比心理引发的消费怪象吗？

生：……

师生共同得出结论：虚荣攀比要不得。

多媒体展示情景材料：

### 对话（四）

　　小明：还是"大S"最好！

　　爸爸：为什么？

　　小明：她"只买对的不买贵的"，买礼物时总是"货比三家"、"追求实惠"。

　　爸爸："大S"确实是个懂事的好孩子！

师："货比三家"、"追求实惠"体现了什么消费心理？

生：求实心理引发的消费。

　　特点：符合实际、讲究实惠。

有利:理智的消费,对个人生活和社会都有利。

师:你还能列举出求实心理引发的消费吗?

生:……

师生共同得出结论:理智求实乐融融。

多媒体展示探究总结:

**板书:1. 消费心理面面观**

表 1

| 心理 | 从众心理 | 求异心理 | 攀比心理 | 求实心理 |
|------|---------|---------|---------|---------|
| 特点 | 仿效性、重复性、盲目性 | 与众不同,标新立异 | 炫耀性、盲目性 | 符合实际、讲究实惠 |
| 利 | 健康、合理的从众心理引发的消费,可以带动一个产业的发展 | 展示个性,可推动新产品、新工艺的出现 | | 理智消费,对个人和社会都有利 |
| 弊 | 不健康、不合理的从众心理引发的消费,既不利于个人生活,也不利于经济发展 | 有些代价大,社会并不认可 | 不实用,对个人生活不利 | |
| 态度 | 要具体问题具体分析,反对盲目从众 | 过分标新立异,是不值得提倡的 | 不健康的消费心理、不可取 | 理智对待,值得提倡 |

师生共同得出结论:盲目从众不可取;过分标新吓死人;虚荣攀比活受罪;理智求实乐融融。

师(过渡):要做到"理智求实乐融融",就必须坚持正确的消费原则。

**板书:2. 做理智的消费者**

师:我们再来看另一组材料,同时请大家合作探究相关问题。

**合作探究(二)**

多媒体展示情景材料:

> 小明的父母都是政府工作人员。最近他们家有了新房,圆了全家人多年的梦想。现在,围绕新房的话题,全家人都各抒己见,纷纷表达自己的观点。

**情景(一)**

小明:老爸,我同学家在买了新居之后就马上配了家庭影院、笔记本电脑和进口音响。

爸爸:儿子,你放心,我们家决不会比他们差。

妈妈:我看你们俩兴奋过度了吧,这房子的贷款还有 10 万没还呢! 哪还有余钱买这买那的。

爸爸:哦!

小明:欠这么多? 那我们为什么要贷款买房呢?

师：考考你。

1. 小明家贷款购房的行为，你如何理解？

2. 小明和他爸爸在购买家庭影院、笔记本电脑等方面时是出于什么样的心理？又会给他家庭带来什么影响？

生：……

师：要做到"理智求实乐融融"，就必须坚持"量入为出，适度消费"原则。

**板书：(1)量入为出，适度消费**

师：什么是适度消费？它与超前浪费的界限是什么？

生：……

师：适度消费即合理消费，包括不抑制消费和不超前消费两层意思，就是使消费与我国的国情和家庭收入状况以及需求状况相适应，量入为出，既不滞后，又不超前；既不人为抑制，又不盲目攀比，不随波逐流。

师：由于消费者自身的社会存在状况的差异，其消费行为也会有不同的类型。请同学们举例说明社会生活中不同的消费类型，并用投影片概括。

生：……

生边回答师边板书：

A.抑制型。认为财富有限，消费即浪费。

B.超前型。超出生产水平和自身能力，追求不切实际的高消费。

C.面子型。与别人攀比，在一种非理性的心理活动支配下进行消费。

D.露富型。向别人炫耀自己的富有、阔绰。

E.愚昧型。是一种幼稚、无知、落后的个人消费模式。

F.实惠型。注重商品的实用价值。

G.计划型。量入为出，有计划购买，坚持正常的消费倾向。

师：同学们认为哪种消费类型是正确的？同学们中有哪些消费行为是不正确的？

生：……

多媒体展示情景材料：

## 情景（二）

妈妈：老公，同事们都说，现在装修流行"欧洲"样式，很有异国风情。

爸爸：那就听你的吧，反正一切跟着"流行"走。

小明：妈，不对吧，我同学上网看过了，说明年将流行"澳洲"样式。

爸爸：那我们家要怎么装修好啊？

师：小明和他父母在装修款式上是一种什么消费心理？请你给他们出出主意，应怎么装修？

生：……在消费过程中应注意"三个避免"，即避免跟风随大流、情绪化消费、只重物质消费，忽视精神消费。

师：对！就是要"避免盲从，理智消费"

板书：(2)避免盲从，理智消费

师：教材里(P21"漫画")有位"小儿麻痹症"患者，说明了一个什么问题？如果你是一位医生，该怎样给他治疗？

生：……

师：什么是精神消费？精神消费的重要性是什么？

生：……

师：精神消费即通过读书学习、文化娱乐等活动使人的精神健康得到发展、智力提以增加的消费活动。其重要性就在于既能提高劳动者的素质，又能陶冶人的性情，提高人们的生活品质。前边也讲过，精神文化消费是人类特有的消费现象，而科学文化又是人类文明的重要因素。所以，在物质消费有了一定基础的前提下，我们要注重丰富精神文化生活，加大精神消费量。

多媒体展示情景材料：

**情景(三)**

小明：爸，我们新房旁边怎么有好多塑料饭盒？

爸爸：哦，可能是装修工人吃完饭扔的。

小明：我们国家不是规定了不准使用塑料饭盒？

爸爸：可现实生活中很多人都使用它啊！

小明：那是他们还不清楚它的危害。

爸爸：这饭盒还有危害啊？

师：白色垃圾有哪些危害？请为解决"白色污染"出谋划策。我们应树立什么样的消费观？

生：……

师：对，就是要"保护环境，绿色消费"。

**板书：(3)保护环境，绿色消费**

师：请总结绿色消费的含义、主旨、核心。

生：……

师：绿色消费，我们能做什么？

生：从身边的小事做起。

1. 尽量不用或少用一次性餐具；在逛超市时可自带购物袋。

2. 不乱扔垃圾，提高塑料制品使用率，并尽自己所能，让别人也少用一次性塑料制品。

3. 要以主人翁的精神去维护身边的环境。

4. 提倡绿色消费

5. ……

多媒体展示情景材料：

**情景(四)**

小明：爸爸，咱家这一来可就跨入全面小康啦！

爸爸:也算是吧!

小明:那我的服装和运动鞋也该提高档次了吧!

爸爸:哎! 你啊! 真不懂事!

小明:啊! 难道我说错了吗?

爸爸:这房子可是我们全家多年艰苦奋斗的结果!

师:作为当代中学生,你如何理解勤俭节约,艰苦奋斗? 它是不是过时了?

生:……

师:你怎样看待现在社会上流行的打包这一现象? 勤俭节约的作风是不是过时了?

生:……

师:温家宝总理的乘除观:任何一个小数乘以十三亿就是一个大数;任何一个大数除以十三亿就是一个小数。

我们还需不需要节约? 让我们来算一笔账!

表 2

| 每人节约 | 全国十三亿人节约 |
|---|---|
| 一斤粮 | 六十五万吨粮 |
| 一张纸 | 十三亿张纸 |
| 一度电 | 十三亿度电 |
| 一分钱 | 一千三百万元 |

师:艰苦奋斗究竟为什么不能丢呢?

生:……

师:从传统美德看,艰苦奋斗、勤俭节约作为一种精神,反映的是人们对于改造自然、改造社会的一种力量,这种力量来源于人类世世代代所沿袭下来的艰苦创业勤劳节俭的实践经验。它是中华民族的传统美德,是我国人民的传家宝。是一种积极向上的思想、意志、行为,是正确的世界观、人生观、价值观的有机统一和科学概括。

从现实国情看,同改革开放前相比,我们的物质生活条件发生了天翻地覆的变化,但我们的生活水平同发达国家相比还有较大差距,生产力水平总体不高,还处在初级阶段,因此,基本国情决定了艰苦奋斗、勤俭节约的精神不能丢。

从可持续发展的角度看,艰苦奋斗、勤俭节约有利于保护有限的自然资源,杜绝浪费,爱惜劳动成果。我国人口多,资源相对不足,耕地、水源、草地、矿藏等人均占有率比较低,因此,节约势在必行。

从个人的品德修养看,节俭作为一种品德,过去有价值,现在有价值,将来也有价值。

师:我们的结论是要坚持"勤俭节约,艰苦奋斗"原则。

**板书:(4)勤俭节约,艰苦奋斗**

师:做理智的消费者——理性消费的原则(多媒体展示表格)

**表3**

| 基本要求 | 错误表现 | |
|---|---|---|
| 量入为出,适度消费 | 在自己的经济承受能力之内进行消费 | ①超出自己经济承受能力的超前消费;②过于节俭的滞后消费 |
| 避免盲从,理性消费 | 避免跟随大流;避免情绪化消费;避免只重物质消费忽视精神消费 | ①消费时跟随大流;②情绪化消费;③只重物质消费,忽视精神消费 |
| 保护环境,绿色消费 | 保护消费者健康和节约资源为主旨,符合人的健康和环境保护标准,核心是可持续消费 | 资源浪费,环境污染,人与自己环境对立 |
| 勤俭节约,艰苦奋斗 | 艰苦朴素,勤俭节约,自强不息等 | 铺张浪费,遇难退缩等 |

师生共同总结:……

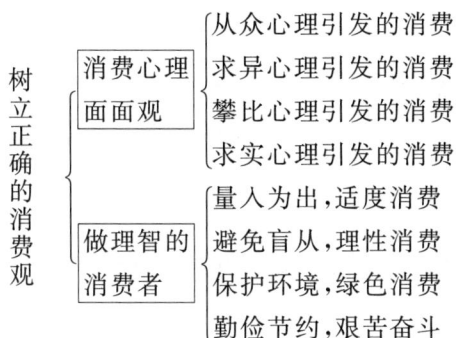

树立正确的消费观
- 消费心理面面观
  - 从众心理引发的消费
  - 求异心理引发的消费
  - 攀比心理引发的消费
  - 求实心理引发的消费
- 做理智的消费者
  - 量入为出,适度消费
  - 避免盲从,理性消费
  - 保护环境,绿色消费
  - 勤俭节约,艰苦奋斗

**【运用环节】**

**课堂运用:**

"白色污染"已经成为一个世界性的话题,引起了全世界的高度重视。据统计,每年全国一次性发泡塑料餐具的使用量超过100亿只。这种餐具具有三大危害:一是用它装食品危害人体健康,二是在制作过程中产生的有害气体危及臭氧层,三是它不易降解,会造成严重的环境污染。

(1)请你为解决"白色污染""资源浪费"出谋划策。

(2)上述事实告诉我们,应该树立怎样的消费观?

**参考答案:**

(1)①作为消费者应尽量减少使用,增强环保意识,树立绿色消费观念。

②作为企业要从国家和人民生命健康的整体利益出发,杜绝这种产品的生产,积极从事绿色产业的生产。为环保事业做出贡献。

③作为国家要加大环境保护力度,加大对企业生产的宏观调控和个人消费行为的引导,坚决关、停一些对环境污染严重的企业。

(2)保护环境、绿色消费。

**课后探究:**

近几年来,有些中学生以穿名牌、用名牌为时尚。针对这种情况,召开"聚焦中学生名牌消费现象"主题班会。

(1)请运用所学知识,对这一消费现象谈谈自己的看法。

(2)针对本班同学日常生活消费状况,拟订一个研究性学习课题,并简要写出研究目的和研究方法。

(3)参考:研究性学习课题有中学生消费心理面面观、透视中学生消费现象、我看中学生消费、实话实说中学生消费等。

研究目的:树立正确的消费观,并引导消费行为。

研究方法:问卷调查法、观察法、小组合作、分组讨论或辩论等。

七、教学评价

1.知识评价

本课涉及一些经济学基本概念和原理,评价的内容参见本课教育教学目标,评价的方式可以通过提问、课后练习、测评来进行。

2.学习表现评价

对学生参与本课教学的表现,可根据课前准备、听课状况、合作探究等给予评价。对学生参与活动的程度和效果,根据学生上交的调查资料、撰写的小论文或辩论中的表现给予评价。评价应以激励为主。

3.学生的实际表现评价

学生在日常学习生活中是否有正确的消费观和消费行为,是否发扬勤俭节约、艰苦奋斗精神等,应作为评价的重要内容。

【教学评析】

**理趣教学本天然**

该课例采用情境探究教学法。即通过设置包含理趣的生活情境,引导学生展开探究性学习,使学生体验趣中有理、理中有趣、理趣相生,从而感悟人生、增长智慧、享受快乐、全面发展,彰显了思想政治理趣教学的魅力。

1.趣:对接生活,即让事实说话。每个探究活动都精心创设了富有生活情趣的情景材料或对话,让学生在真实、动人的情境中体验和感受趣从情来、理从趣来、理趣相生,从而树立正确的消费观并践行正确的消费原则,进而达到事半功倍的教育效果。

2.探:注重探究,即让学生多互动思考。教师在教学中注重学科思维的塑造,有效引导学生"在范例分析中展示观点;在价值冲突中识别观点;在比较鉴别中确认观点;在探究活动中提炼观点",从而有效彰显思想政治的学科魅力。

3.悟:引导感悟,即让学生动手整理知识,形成学科观点。在让学生感受思想政治学科魅力的基础上,引领学生形成正确的消费观,这是本课例教学的核心目标之所在。

4.行:品格养成,即让学生在升华认识的基础上,践行正确的消费原则,落实知行统一。通过动之以情,晓之以理,导之以行,让学生学会科学合理的消费,实现幸福人生,正是本课例教学的目标和归宿。

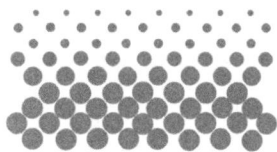

# 历　史

## 《近代西方民主政治的确立与发展》
## (英国代议制的确立和完善)课例

福州第二中学　方　颖

一、课程标准

了解《权利法案》制定和责任内阁形成的史实,理解英国资产阶级君主立宪制的特点。

二、教学要求:

知道《权利法案》制定的历史背景;了解《权利法案》的内容及其作用;了解责任内阁制形成的史实;理解英国资产阶级君主立宪制的特点。

三、教学目标

**【知识与能力】**

通过《权利法案》及《王位继承法》等文献和史料,归纳出英国君主立宪制的基本特征,了解责任内阁制形成和完善的过程;加深对"君主立宪制"的理解和掌握。

培养学生运用史料来辅助认识、学习历史的能力以及归纳历史事物基本特征的能力。

**【过程与方法】**

运用历史和现实相结合的方法,以史学家的观点和英国政治生活中的一些史实为切入点,去寻找其历史的渊源,从而加深学生对历史认识的深刻性,实现在知识的迁移中对英国君主立宪制、责任内阁制等相对抽象的政治概念的理解和应用。

**【情感态度与价值观】**

英国资产阶级革命及其代议制度的确立是民主对抗专制的一次重大胜利,从《大宪章》

到《权利法案》，从君主立宪制政体到责任内阁制，从议会制到政党政治，英国都在用自己的方式来演绎现代的政治文明，影响了启蒙运动，更影响了世界的现代文明。其过程有独特之处：它走的是一条具有首创意义的改革渐进式的道路，体现了"妥协的智慧，平衡的艺术"，也体现人基于本国国情的发展道路的正确选择。

君主立宪制较封建君主专制有着本质的不同，是民主政治发展史上的一次飞跃；

在1832年议会改革中，议会选举权扩大，但改革后，工人、贫民仍被排挤在政治权力之外。通过学习，让学生辩证地认识资产阶级的阶级性和历史局限性。

四、重点和难点

重点：君主立宪制确立的过程，理解英国君主立宪制的特点。

难点：理解君主立宪、责任内阁以及政治体制、民主政治等相对抽象的政治术语，引导学生理解"制度是智慧与机运的产儿"，加深对英国式民主政治的认识。

五、教学手段和资源

**【教学模式】**
"情境—问题—互动"教学模式，以思维导图辅助教学。

**【教学资源】**
多媒体课件。

六、设计意图

1. 历史学科是一门极具育人价值的学科，要"通过高中历史课程的学习，培养学生健全的人格，促进个性的健康发展"。所以，历史课堂教学的设计，要抓住历史的精髓，注重展示史实背后的"价值引领"，让学生在人生路上学会正确判断，学会合理选择，为自己的选择负责，这是历史教育之魂。

有人说，一节成功的课，要有清晰的明线和暗线。明线指教学过程中知识与能力、过程与方法等目标的达成，包括重点突出、难点突破、能力培养、方法训练等，而暗线则是情感、态度、价值观的培养。本课的明线：通过光荣革命、《权利法案》及《王位继承法》等归纳出英国君主立宪制的基本特征，了解责任内阁制形成和完善的过程；加深对"君主立宪制"的理解和掌握。本课的暗线：西方哲言"制度是智慧与机运的产儿"。以"政治革命与资本主义制度的确立与巩固"为立足点，引导学生理解：随着资本主义经济的发展，人类政治文明的趋势是从专制走向民主，从人治走向法治。通过制度建设中的每一个进步的节点，来引导学生理解"制度是智慧与机运的产儿"，体现了制度建设中的政治智慧："妥协中的渐进，传承中的创新"，也体现英国人基于本国国情的发展道路的正确选择，理解民主化、法制化的趋势是不可抗拒的时代潮流。

2. 用思维导图来引导学生学会自主学习，课堂教学中以思维导图作为板书展开教学，很好地起到板书的作用：一是有利于学生的"学会"，理清教学内容的思路，是将教学内容结构化，突出教学的重点和难点；二是有利于学生的"会学"，便于学生理解相关内容，引导学生学会正确的思维方式;三是有利于学生各种智力因素和非智力因素的发展,因而提高教学效果。

3. 这一课时单元的开篇,需要在宏观上建构单元知识体系,讲清基本概念,所以,本节课无法在一课时完成,能有时间把责任内阁制讲清楚,君主立宪制讲清楚就可以告一段落了,无法追求面面俱到。

七、教学过程

【新课导入】

奴隶制民主政治制度 ➔ 封建君主专制度 ➔ 资产阶级民主政治制度

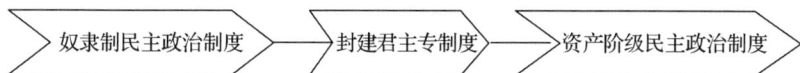

但是以古代雅典为代表的直接民主制只适用于小国寡民的城邦。正是鉴于直接民主制的弊端,到了近代,人们又做了怎样的调整?

(PPT)专题七 近代西方民主政治的确立与发展

师:概念1:近代? 在16世纪,新航路开辟以后,人类开始了近代的历史。

概念2:西方? 地理概念,处于西半球的国家可称为西方国家;第二是政治概念,指欧美为主的发达的资本主义国家。

单元导语:……P117

(PPT)四个国家,本单元我们就以英国、美国、法国和德国为例,了解资产阶级代议制。他们走上民主道路的形式和特点各有不同,但都没有脱离资产阶级代议制的基本框架。

概念3:代议制? 请同学们阅读课本 P.120"知识链接"。"选举代表、间接参政"。

资本主义国家的代议机关是议会,主要行使立法职能,其权力受到行政机关的制约。

巧记方法:"选举代表、间接参政、立法职能

正是鉴于直接民主制的弊端,近代以来,资本主义国家先后确立了间接民主制——代议制。

问:中国是代议制吗?

生:是。人民代表大会制,代议机关是人民代表大会。

由于各国国情的不同,资本主义国家的代议制也有不同的形式。

(PPT)北大历史系钱乘旦教授所说:"它留下的遗产是不可计量的,没有近代的英国,就没有现在这个世界……它在政治、经济、社会、文化方面的成就都为世界其他地方提供了范例,可以毫不夸张地说,英国开创了一个新的文明——现代文明。"

那我们的学习就从英国开始吧。

(板书)第一课 英国代议制的确立和完善

【讲述新课】

根据 PPT 展示的图片,问:英国有女王,有首相,有议会,英国的代议制属于?

生:君主立宪制

(板书)西方谚语:"制度是智慧与机运的产儿。"

师:我们要学习的是英国人在开创现代文明的过程中体现的政治智慧!

阅读思考:为什么君主立宪制首先在英国产生? 如何确立和完善??

学生板书:预习本课的"思维导图"

师:点评学生作业,引导学生从标题开始,结合初中学习的内容,认知英国代议制——君主立宪制。

师:这节课预习了,重点是几个环节?

生:二个,确立和完善。

师:确立的前提是?

生:革命胜利。

师:为什么革命?(条件)

(PPT)

> 新航路开辟以后,欧洲主要商道和贸易中心从地中海区域转移到大西洋沿岸,英国人利用有利的地理位置拓展对外贸易,进行殖民掠夺。
>
> 在此期间,制造业等得到很大发展,出现了采用资本主义经营方式的农场和牧场。
>
> 由工场主,商人、银行家和农场主等组成的新兴的资产阶级成长起来,出现新贵族。
>
> 17世纪时,英国国王竭力推行封建专制,鼓吹"君权神授"资产阶级和新贵族的权利受到侵害,他们利用议会同国王展开斗争。
>
> ——摘编自义务教育课程标准实验教科书《世界历史》九年级(上册)

学生总结,教师补充,结论:

1. 资本主义经济的发展;

2. 资产阶级和新贵族力量的壮大;

3. 议会的历史传统。

导致——17世纪爆发资产阶级革命。

可是查理一世认为君权神授,议会和国王之间的矛盾就越来越大,对立也就越来越尖锐,最终导致在1642年爆发了战争,

(PPT)革命过程图

> 议会是(杀)查理一世、(赶走)詹姆士二世,(请来)威廉三世。
>
> 革命的目的是推翻专制,开辟道路。革命从反抗一个人的专制开始,却以另一个人的专制结束。杀了查理一世,却换来克伦威尔独裁。克伦威尔去世后,面临又一个抉择。
>
> 结果那个已经倒下的王朝1660年复辟。又回到专制的老路。詹姆士二世一意孤行,专制独裁。
>
> 处于十字路口的英国人,会选择用什么样的方式来反抗呢? 于是,1688年的英国人,采取了一种被后人称为"光荣革命"的方式,来结束王权的专制。资产阶级革命胜利了!

(PPT)道路漫长而又曲折,地狱一出即光明。——(英)弥尔顿

(视频)《大国崛起》片段

"选择进口一个国王"。

议会在整个事件的演变过程中,都发挥了主导作用。

问:光荣在何处? 赶走一个皇帝,没有流血。是不是仅仅赶走一个国王怎么简单? 表面看一切未变,但变化极大。

国王被议会请来,可以请张三、李四、王五。国王能不能实行专制统治了?

意味着国王的权力来源变了。是议会。

(板书)由君权神授到君权民授。

1. 采用了不流血的方法;

2. 确立了"议会高于王权"的政治原则;

3. 创造了适合英国历史和政治传统的新的社会进步方式——和平变革的方式。

(PPT)政治智慧:革命是推动进步的重要动因,适时妥协同样是一种政治智慧。

一、奠基——光荣革命(导图)

师:光荣革命在历史上具有怎样的地位?

生:是英国资产阶级革命胜利的标志,是英国君主立宪制的政治前提。

(PPT)"英国顺利地在旧瓶里装进了新酒,还不至于引起旧瓶爆炸。"——英国历史学家汤因比

绅士 gentle,温和——妥协的智慧,平衡的艺术。就如中国古语:"退一步海阔天空"。

在光荣革命中,议会缔造了一个国王,没有议会,这个国王登不了王位,他根据议会的条件登上了王位,并许诺要服从议会的法律。……

议会承认国王的地位,国王则承认议会的主权。

——摘自齐世荣《十五世纪以来世界九强的历史演变》

师:如何保证以后国王不能独裁了?

二、基本确立——《权利法案》《王位继承法》

戴上一道一道的紧箍咒:《权利法案》成为登基的条件。《王位继承法》等加以限制。

第一道及最主要的紧箍咒即《权利法案》。

(1)《权利法案》(the Bill of Rights),

师:什么叫《权利法案》?

这个法案是关于国王和议会权利的法案。

大家看看一组材料。(PPT)

生:国王失去了立法权、财政权、军事权、司法权,议会获得了立法权、财政权和行政监督权。国王保留了行政权。

(PPT)议会颁布《权利法案》和《王位继承法》的目的是什么? 结果如何?

(板书) 权力转移:1. 立法权——议会  2. 司法权——独立

法律至上、议会至上,从人治到法治,从主权在君到主权在民。

奠定了君主立宪制的法律基础。

(PPT)君主立宪制的特点1:君主权力受到法律限制;特点2:议会是权力中心。

(PPT)政治智慧:"传承中创新"也是一种政治智慧。

师:《权利法案》是不是宪法?

生:是。

师:错了,到今天为止,英国都没有一部成文的宪法法典,它是700年来习惯法的总和,《权利法案》只是宪法性的法律文件。请同学们思考下,为什么它不是宪法。

生:它只是关于国王和议会权利的法案,而宪法是国家的根本大法,内容全面。

师:这个法案是个君子协定,是资产阶级、新贵族与封建势力妥协的产物,保留了君主制的传统,但有新要求。奠定君主立宪制的法律基础。

师:什么叫君主立宪制?

生:君主受宪法限制的制度。

师:《权利法案》限制了王权,是不是国王毫无权力?

生:还有行政权。早期时,国王控制内阁。


## 三、最终确立——责任内阁制

威廉三世……有权遴选政府大臣,并亲自主掌国务大事。大臣们只对国王负责,而且以个人身份接受国王领导,大臣之间不存在横向联系,也不需要协商一致。——摘编自钱乘旦:《英国通史》

师:英国国王的行政权怎么丢的?

请阅读P119"小密室的演变"一目内容,共同解决下列问题:

(1)什么是"责任内阁制"?

(2)责任内阁制是如何形成的?

(3)内阁跟国王的关系如何?跟议会的关系又如何?

提示:三个故事、四个原则

(板书)3.行政权——内阁　4.监督行政权——议会

**【活学活用】**

金融危机愈演愈烈,英国财政大臣向议会宣布了一揽子银行救助计划,英国政府将向英国各大商业银行注入高达500亿英镑(880亿美元)的资金。甚至准备将中小银行国有化。你认为:

1. 内阁成员大体上是赞成还是反对?为什么?

2. 女王伊丽莎白二世如果反对,首相会不会为此改变策略,为什么?

3. 如果议会中大多数都极力反对,结果又会如何?

学生讨论,回答……

教师:国王成为虚君,没有权力。

内阁(行政权)←→议会(立法权)
　　　监督　　　　　负责

18 世纪中叶,英国成为典型的资产阶级代议制国家。

居权力中心地位的是议会。上院,贵族院是世袭的。下院是民选的。

议会由选举产生,然后组成代表机关,参政议政,叫代议制。

英国在民主政治的发展过程中用冲突中的融合来解决问题,不走极端、不一步到位,首创了一种独具特色的改革渐进式的道路,这是一种斗争与妥协的平衡,是更新与传统的平衡。

(PPT)政治智慧:"和平中渐进"同样是独特的政治智慧。

(学生练习)

君主立宪制的特点:

①法律至上。

②国王:统而不治(虚君),是国家的象征。

③议会:是权力中心。有立法权和行政监督权。

④内阁:对议会负责,有行政权。

议会拥有至高无上的权力。

教材 P120:议会除了不能使一个女人变成男人和一个男人变成女人之外,能够做一切的事情。

## 四、完善——议会选举制的改革

需要指出的一个问题是,18 世纪中叶,英国尽管成为典型的代议制国家,但属于贵族政治,因为当时掌握权力,你有这个选举权,被选举权,有严格的财产、身份限制。所以,大多数人被排斥在权利圈子之外。直到工业革命后发生改变。新兴工业资产阶级力量强大起来,要求参政议政,19 世纪,要求议会改革的呼声高涨。

1832 年议会改革。(不是考试内容,是阅读内容。)

之前,议员选举,有严格的财产限制,这次改革如何做呢? 选举权扩大。

　　时代在发展,英国代议制民主也在发展。19 世纪后半期以来,又有两次改革,成年男子获得普选权。20 世纪初期,非贵族出生的议员在下院首次超过半数! 1928 年法律赋予成年女子和男子拥有一样的选举权。1969 年,选民年龄资格从 21 岁降到 18 岁。

　　英国君主立宪制在渐进中完善着。

(PPT)政治智慧:走自己的路,适合的才是最好的!

英国君主立宪制的作用(根据钱乘旦教授的话):

对本国:为英国资本主义发展提供有力的政治保障。

正是因为君主立宪制的作用,使得英国资本主义迅速发展,18—19 世纪,发展为世界首屈一指的"日不落帝国"。

对世界:为各国提供一种政治体制发展模式,开启了近代文明。

**【新课小结】**

师:英国代议制在确立和完善过程中,最突出的特色是什么?

生:……

师:用一个词来形容改革、渐进的方式。

师:制度是智慧与机运的产儿。

(PPT)

"较少的腥风血雨,较少的声色俱厉,较少的深思高论,只有一路随和,一路感觉,顺着经验走,绕着障碍走,怎么消耗少,怎么发展快就怎么走……温和中包含着刚健,渐进中累积着大步"。

——余秋雨

在英国政治制度的变革中最突出的特点就是新兴力量与王权之间一直是在不断的妥协与相互宽容中发展完善的,用我们通常说的即:温和中迈着大步。

(PPT)妥协中的渐进,传承中的创新,是极高的政治智慧!(根据本国的国情走自己的路)

(PPT)2012年2月6日,英国女王伊丽莎白二世迎来登基60周年纪念日,成为英国历史上第二位在位超过60年的君主。

- 民调显示英国女王成最受民众爱戴君主
- 中新网2012年6月5日报道,英国《星期日电讯报》民调显示,女王伊丽莎白二世超越维多利亚女王,成为英国最受民众爱戴的君主。
- 民调还显示,英国55%的民众认为国家将永保君主制。

这一制度,被大部分英国人接受。适合英国的国情。

英国君主立宪制是近代资产阶级代议制的一种典型,下一节课,我们学习美国,那又是另一种形式。

**【课后作业】**

1. 预习《美国1787年宪法》并画出思维导图。

2. 拓展学习:视频《大国崛起》。

**【课例点评】**

教育是什么? 从根本上说,教育活动是以作为人的主观认知结果的知识的保存、传播与创新为依托的,教育针对的是人的成长和教化,那么,教育的目标就应该涵盖着"为下一代在认识、理解、阐释客观世界和自身生命的价值与意义上提供指导"! 因此,历史课堂教学就必须要抓住历史的精髓,注重展示史实背后的"价值引领",让学生在人生路上学会正确判断,学会合理选择,为自己的选择负责,这是历史教育之魂。

1. 有人说,一节成功的课,要有清晰的明线和暗线。明线指教学过程中知识与能力、过程与方法等目标的达成,包括重点突出、难点突破、能力培养、方法训练等,而暗线则是情感、态度、价值观的培养。方颖老师《英国代议制的确立和完善》这节课就通过光荣革命、《权利法案》及《王位继承法》教学,通过引领学生归纳出英国君主立宪制的基本特征、了解责任内阁制形成和完善的过程作为本课的明线,使学生加深对"君主立宪制"的理解和掌握。认识到政治民主化是主题:民主战胜专制,法制替代人治,建立近代政治文明,是历史发展的必然趋势。在英国君主立宪制确立和完善的历史发展过程中,充满着革命与保守的斗争与妥协,而妥协是常态,有国王与议会之间的妥协、封建势力与资产阶级之间的妥协、议会两院之间的妥协,政党政治出现后政党之间的妥协,还有议会下院各政治势力之间的妥协等等。斗争与妥协的总趋势是使英国政治制度缓慢发生本质的变化,使专制君主制演变为君主立宪制,使议会从一个权力很小的封建等级会议,转变为国家的政治中心,使英国的政治文明缓慢但稳定而有序地向前发展,推动了历史的进步。

与此同时,方颖老师还在教学过程中铺陈了一条暗线:通过制度建设中的每一个进步的节点,来引导学生理解"制度是智慧与机运的产儿",理解民主化、法制化的趋势是不可抗拒的时代潮流。从而培养学生逐渐学会了结合国情、客观现实,实事求是地分析问题,解决问题的政治智慧,为学生"认识、理解、阐释客观世界和自身生命的价值与意义上提供指导",为学生将来进入社会及学生终生的发展奠定了基础。

2. 本课另一亮点是运用思维导图从宏观上建构单元知识体系。首先让学生自主设计思维导图来引导学生学会自主学习,帮助学生初步学会抓关键词、呈现知识间的关联、掌握好主干知识、形成宏观的思维框架。接着课堂教学中以思维导图作为板书展开教学,一是有利于学生的"学会",理清教学内容的思路,是将教学内容结构化,突出教学的重点和难点;二是有利于学生的"会学",便于学生理解相关内容,引导学生学会正确的思维方式;三是有利于学生各种智力因素和非智力因素的发展,从而提高教学效果。

3. 心理学家认为:"思维从疑问而始",由问题而进思考,由思考而提出问题,是青少年学习的一个重要特征。问题永远是人类前行的行动之一,也是学习心理学理论一直在探索的中心课题。一节富有思考力的课不在于解决问题,而在于引起持久的思考。基于这一教学理论,在课堂教学过程中,方颖老师还采用了案例教学法与问题教学法,注重运用典型案例,注意结合教学内容与学情设计问题,在教学过程中,利用图片、录像、文字材料、通过"不懂英语的国王"、"48小时首相"、"最年轻的英国首相"等三个典型案例、故事等不断提出问题,所提问题则需要学生"跳一跳才能够得着"的难度,调动他们的学习积极性,提高他们的学习能力。提炼历史发展规律,启发学生有效思考,得出结论,生成智慧。

4. 注重历史概念的教学。历史概念是构成历史知识的细胞,是进行历史判断、推理、运用历史知识解答问题的基本知识要素,是形成历史规律的基础,是历史教学以及学生掌握历史知识结构的关键。在课堂教学过程中,方颖老师特别重视"责任内阁制"、"君主立宪制"等抽象的政治概念的讲解,通过许多个别的事实性史实先引导学生感知历史概念,再通过设置系列问题,使学生在解决问题中,掌握历史的概念;最后归纳理解历史概念的内涵。

(点评人:福州三中历史组组长、特级教师  马平)

# 《近代中国思想解放的潮流》(顺乎世界之潮流)课例

福建省普通教育教学研究室　李林川

**【学习内容分析】**

历史课程标准:了解鸦片战争后中国人学习西方、寻求变革的思想历程,理解维新变法思想在近代中国社会发展进程中所起的作用。

本专题主要探讨"中国向何处去",要理解近代中国的探索历程,必须了解当时的时代背景,学习本专题要联系必修Ⅰ专题二:近代中国维护国家主权的斗争,专题三:近代中国的民主革命;必修Ⅱ专题二:近代中国资本主义的曲折发展;必修Ⅲ:专题一:中国传统文化主流思想的演变。中国近代史是一部屈辱史,面对民族危亡,中国近代各阶级的仁人志士力图挽救民族危机,开始向西方学习,探索中国出路,掀起了近代中国思想解放的潮流。

**【学情分析】**

1. 通过必修一和必修二相关内容的学习,同学们对中国近代史有了一定了解,为本课内容学习奠定了一定的基础。

2. 高二学生具备了一定的搜集、整理和处理历史信息的能力,经过高一小组合作学习的实践,思维活跃,有较强的参与意识,为本课开展探究、自主的小组合作学习提供了可能。

3. 本课内容围绕近代中国思想探索历程而展开,理论性强,学习有一定的难度。学生的思维方式正由形象思维向抽象思维过渡,分析问题的能力还有待于提升。因此,教学要注重学习的生动性,激发学生的学习兴趣,逐步培养学生的学科素养。

**【教学目标设定】**

一、知识与能力

了解林则徐、魏源、康有为、梁启超、谭嗣同、严复学习西方、寻求变革的主张,归纳鸦片战争后中国人学习西方、寻求变革的思想历程,理解维新变法思想在促进近代中国思想启蒙、推动中国社会变革方面所起的作用。

二、过程与方法

1. 通过对图片、文字材料的分析,帮助学生深入浅出地理解历史,学会透过现象看本质的方法;

2. 通过小组讨论、合作学习,培养学生合作、探究的学习能力。

3. 通过横向和纵向的比较,认识这些先进人物的开拓性及时代带给他们的局限性,逐步把握评价历史人物的方法。

4.通过创设具有思维性的问题教学,让学生亲身体验主动探究而获取认知的收获与喜悦。

三、情感态度与价值观

通过对先进人物思想和事迹的学习,体会"天下兴亡,匹夫有责"的精神,培养学生对国家和民族的责任心。通过学习感受改革的曲折与艰难,逐渐形成勇于追求真理,不畏困难的人生态度。

**【教学策略设计】**

1.教学重点与难点

重点:理解资产阶级维新思想。

难点:理解中国人向西方学习的背景和各个时期的特点。

2.教学形式:课堂主题活动、讲授、小组合作学习、互动。

3.教学方法:问题教学法、史料教学法、比较法、讲述法、讨论法。

4.教学媒体:多媒体课件。

**【教学过程设计】**

一、课堂活动:主题《维新变法的曙光》

1.学生合作学习小组展示自主探究学习的成果。

2.指出维新变法思想是近代中国思想解放潮流的内容之一,由此导入新课。

二、导入新课

本专题"近代中国思想解放的潮流"的线索是:一个主题、一个方向、三个阶段。

"一个主题"就是"中国向何处去?"

"一个方向"就是"向西方学习"。

"三个阶段"就是"器物→制度→思想文化"。

这是一个循序渐进,不断深化的过程。

三、新课教学

(一)"睁眼看世界"

1."睁眼看世界"背景

展示材料:

**材料一** 鸦片战争前的中国与英国

**材料二** 鸦片战争中英交战两年了,道光皇帝派人审问英俘,竟提出这样可笑的问题:"究竟该国地方周围几许?英吉利到回疆有无旱路可通?与俄罗斯是否接壤?"

**材料三** 鸦片战争展现在中国人眼前的第一个形象就是西洋人坚船的迅速,利炮的声势……在两年多时间里,中国调动了10多万军队,先后有1名总督、2名提督、7名总兵以及数千名士兵死于战争。但英国远征军的战死人数据英方统计却不足百人。两

中国             英国

图1

千年来传统的夷狄观念在他们头脑里开始动摇了。

——陈旭麓《近代中国社会的新陈代谢》

据材料及所学知识思考:睁眼看世界的背景有哪些?(鸦片战争前中国已经落后于世界;清朝长期闭关锁国,闭目塞听;鸦片战争英军的船坚炮利,促使中国传统的夷狄观念开始动摇,改变了对西方人的看法。)

促使中国爱国知识分子思考差距,开始向西方学习。

在与西方人打交道的过程中,林则徐成为近代中国第一个睁眼看世界的人。请同学们阅读课文思考:为什么说林则徐是近代中国"睁眼看世界第一人"?

答:①重视收集西方信息;②编译外国书报,如《四洲志》《华事夷言》等。

林则徐的举动,最先冲破中国传统知识分子"贵华夏、贱夷狄"的思想藩篱,以新的眼光审视世界。

魏源受林则徐的委托,在《四洲志》的基础上增补了大量资料,编成了《海国图志》。

展示材料:

  "夷之长技有三:一战舰,二火器,三养兵练兵之法";

  "是书何以作?曰以夷攻夷而作,为以夷款夷而作,为师夷长技以制夷而作。"

——摘自魏源《海国图志》

问:林则徐、魏源眼里的西方长技是什么?
答:坚船利炮;军事科技;技术;器物……

李鸿章说:

  "中国文武制度,事事远出西人之上,独火器万不能及。……中国欲自强,则莫如学习外国利器,欲学习外国利器,则莫如觅制器之器……"

综上,你觉得早期先进的中国人冲破传统心态,睁开眼睛,看到的是怎样的世界?全面吗?

答:他们看到了西方先进的军事技术。不全面。

在这样的认识下,19世纪60年代,洋务派掀起了洋务运动,并以"中学为体,西学为用"为指导思想。请同学们阅读课本P49"知识链接",了解"中学为体,西学为用"的具体含义。

小组合作探究问题设计之一:如何正确评价林、魏的"开眼看世界"?

(积极性:迈出了近代中国学习西方的第一步,是近代中国思想解放的开端,启迪人们重新认识世界,探索救国之路。局限性:学习西方只停留在器物层面,没有冲破封建主义束缚。)

(二)维新变法

1. 背景。

展示问题和材料:

**材料一**

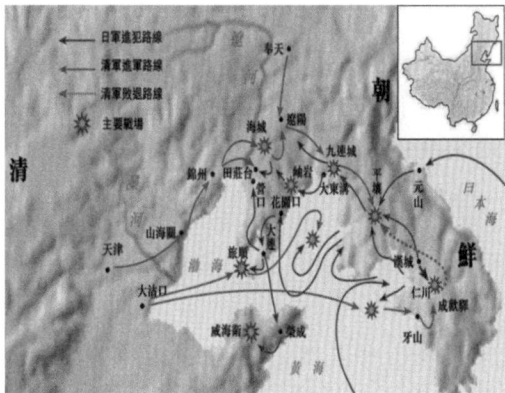

图2

图3

**材料二**

图4 民族纺织业

图5 民族火柴业的商标

根据下列图片,结合所学知识,思考有哪些核心因素推动了维新思想的深入发展?

(①社会因素:甲午战争失败,《马关条约》的签订加剧了民族危机。②经济政治:民族资本主义经济的发展促使 19 世纪末民族资产阶级的形成。③思想文化：早期维新思想的影响。）

随着洋务运动的开展，出现了早期维新思想。19 世纪 90 年代，民族危机日益加深，维新思想逐渐走向成熟。

2. 维新派主要代表人物及其思想主张。

请同学们阅读课本 P49～50，根据教材内容完成下面表格。

展示表格：

**表 1　维新派主要代表人物及其思想主张**

| | 代表 | 主　张 | 共同点 |
|---|---|---|---|
| 资产阶级维新派 | 康有为 | | |
| | 梁启超 | | |
| | 谭嗣同 | | |
| | 严　复 | | |

小组合作探究问题设计之二：康有为为什么要打着孔子的旗号宣扬维新思想？（主观上想减小维新变法的阻力；民族资本主义经济发展不充分，导致民族资产阶级的软弱与保守；与康有为的个人经历、学问素养也有一定的关系。……）

展示材料：

> 法者，天下之公器也；变者，天下之公理也……变则变，不变亦变……变则通，通则久。
>
> ——梁启超《变法通议》

问：这则材料反映了梁启超的什么主张？

答：变法是历史发展的必然；只有顺应时代潮流变法维新，才是中国的出路，才能救亡图存。

展示材料：

> 变法之本，在育人才；人才之兴，在开学校；学校之立，在变科举；而一切要其大成，在变官制。
>
> ——梁启超《变法通议》

问：梁启超说的"变官制"指的是什么？

答：实行君主立宪制。

展示材料：

> 维新变法失败后，日本使馆派人表示可以为谭嗣同提供保护，他毅然回绝说："各国变法无不从流血而成，今日中国未闻有因变法而流血者，此国之所以不昌也。有之，请自嗣同始。"

临刑时绝命诗:有心杀贼,无力回天;死得其所,快哉快哉!

问:从谭嗣同的话和诗文中,你感受到什么?

答:谭嗣同为了变法图强,不怕流血牺牲的大无畏精神和勇气。

问:严复把《天演论》翻译到中国来,用意何在?

答:借用进化论"物竞天择,适者生存"的原理,阐明了中国如能顺应"天演"的规律,实行变法维新,就会由弱变强,否则就将亡国灭种或被淘汰的道理。

展示表格:

**表 2　维新派主要代表人物及其思想主张**

| | 代表 | 主　张 | 共同点 |
|---|---|---|---|
| 资产阶级<br>维新派 | 康有为 | 借孔子宣传维新变法理论,用进化论观点论证君主立宪制 | 1. 反对君主专制<br>2. 主张君主立宪制<br>3. 变法图存<br>4. 发展资本主义 |
| | 梁启超 | 指出变法是历史发展的必然 | |
| | 谭嗣同 | 维新派中的激进派,批判君主专制政体和纲常名教 | |
| | 严　复 | 物竞天择,适者生存<br>世道必进,后胜于今 | |

1894 年,甲午战争清政府惨败,听到《马关条约》签订的消息,康有为联合在京参加会试的举人,领导了"公车上书",使得维新思想开始由理论转向实践。1898 年,面对列强掀起的瓜分中国狂潮,康有为第六次上书。光绪帝采纳,颁布《定国是诏》,"戊戌变法"由此展开,但因顽固势力反对,不久便夭折,史称"百日维新"。

3. 维新思想的影响和作用。

小组合作探究问题设计之三:请同学们阅读课本 P50 最后一段和 P51 第一段,如何理解维新思想的影响和作用。

答:①是爱国的:为挽救民族危机;②是进步的:力图让中国走上资本主义道路;③具有启蒙作用:它批判君主专制制度,要求实行君主立宪,冲击了封建思想;④直接作用:动员和指导了维新变法运动;⑤客观作用:有利于资产阶级革命思想的传播。

资产阶级维新派学习西方君主立宪制度无法实现,以孙中山为代表的资产阶级革命派学习西方民主共和制度,力图挽救民族危亡。

(三)走向共和

1. 民主共和方案的提出。

学生阅读课本,思考:兴中会和同盟会纲领中,资产阶级革命派的主要政治主张是什么?(资产阶级共和国的方案)

2. 小组合作探究问题设计之四:维新派与革命派的救国方案有何异同?

主要目的相同:①走资本主义道路;②改变封建专制制度;③挽救民族危机。

方式和政体目标不同:①维新派在保留清王朝的前提下,通过自上而下的改革建立资产阶级君主立宪制;②革命派通过武装革命,推翻清王朝,建立资产阶级共和国。

**【课堂小结】**

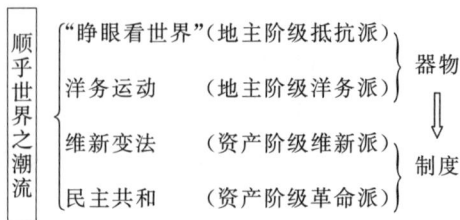

**【课后反思】**

1. 新课程提倡学生自主、合作、探究的学习方式,教学中利用课堂展示课外小组合作探究成果,激发学生主动、合作、探究学习的热情,培养自主学习的能力。在教学过程中,创设具有思维性的问题设计,使师生在情感上和思维上互动,师生共同沐浴着历史的智慧。

2. 运用史料教学法,贴近高二学生的学习能力和认知的归类,注重学科能力的养成,引导学生把问题置于具体的历史语境中加以审视,以期获得更多的理解和感悟,也增加了教学三维目标的达成度。

3. 在完成课程目标的基础上,根据高二学生的实际水平与教学要求,通过适度提高历史学科的能力要求,以问题讨论为主要形式,渗透相关思维方式的学习与运用,体现从知识立意向能力立意的教学理念转变。

4. 本课具体实施也存在课时比较紧张的现象。按照课程标准的意图,近代思想界发生质的变化是从"维新思想"开始。符合民主思想这一主线。"睁眼看世界"还是处于传统封建思想范畴,应属于过渡阶段,在教学中需要适度弱化。因此,今后还需要根据课程标准的意图,适度压缩这一目的教学,重点放在"思想解放潮流"之上。这样,可以突出重点,缓解课时比较紧张的窘况,有利于教学目标的实现。

# 《近代中国资本主义的曲折发展》
# （一课时）教学设计

福州第八中学　骆志煌

**【教材分析】**

本专题为高中历史课程必修二《经济史》的专题二,概述了从鸦片战争后,随着外国资本主义的入侵,中国的自然经济开始解体,出现新的经济成分,进而出现民族资本、官僚资本等因素;随着中国民族资本主义的产生与发展,民族资产阶级登上历史舞台,在中国近代史上担负起了近代化的历史使命。

本专题在教科书的章节结构上比较孤立,作为复习课应该与其他必修模块的相关知识点进行整合,将经济因素作为中国近代化的一个组成部分来学习,同时要以全球史观的角度,将这段历史置于资本主义世界向全球的侵略,中国近代化的一个视角与扩张的背景下。

**【学情分析】**

本专题复习课设计的学习对象是高三文科学生,学生已经具备了一定的基础知识与基本的学习能力,能够通过老师的引导,将不同模块但相关联的历史知识融会贯通,通过对问题的探究,主动建构知识体系,同时在学习意识和学习能力方面已得到相应的提升,达到高校选拔考试的要求。

**【专题学习目标】**

(1)学会用联系和概括的方法,把握住中国民族资本主义产生、发展的过程和各个阶段的特点。

(2)通过对中国民族资本主义进一步发展、遭受挫折的历史背景、发展概况的材料、图示、表格等相关文本的解读指导,学会运用辩证唯物主义、历史唯物主义的观点从多角度、多层次分析问题的方法,探究民族资本主义产生的原因和外国侵略对中国资本发展造成的影响、从中国社会性质来看民族资产阶级自身的双重性等问题;感悟和体会近代民族工业在发展中所遇到的艰辛和培养克服困难、经得起挫折的精神。

**【教学重难点分析】**

重点:

了解近代中国资本主义的曲折发展过程;

认识民族资产阶级在中国近代历史进程中的地位和作用。

难点:

从中国资本主义的发展过程的学习中,分析影响中国资本主义发展的因素,探讨在半殖民地半封建社会条件下,资本主义在中国近代历史发展进程中的地位和作用。

**【教学方法、手段及设计意图】**

本专题学习内容在时间上跨度较大,故而首先应该帮助学生通过学习,学会主动建构知识体系,以基于问题的导学法引导学生对学习进程中出现的概念和认识问题进行探究学习;在建构知识结构的过程中,辅以现代教育技术,以基于信息技术的多媒体设备辅助教学,在资料呈现、思维导向等方面均能发挥一定的作用。

**【教与学的过程】**

一、近代中国资本主义发展的基本历程

1. 应用多媒体手段以 PPT 的流程,帮助学生学习了解近代资本主义发展进程中各阶段的时间与特点。通过学习,帮助学生在线性呈现知识的同时,结合教科书知识,分阶段进行相关的历史知识的线索梳理。

**【目标与设计意图】**作为高中历史的第二轮复习,本目的学习重点是定位在帮助学生以时间为线、以资本主义发展历程的几个阶段为点,在学习中自主重构知识结构。多媒体的手段在资料的呈现方式上有一定的优势,可以用以分步展示知识,逐步推进学生的思维,最终构建整体知识。需要注意的是,PPT 单向呈现知识的缺点容易忽视学生的思维进程。

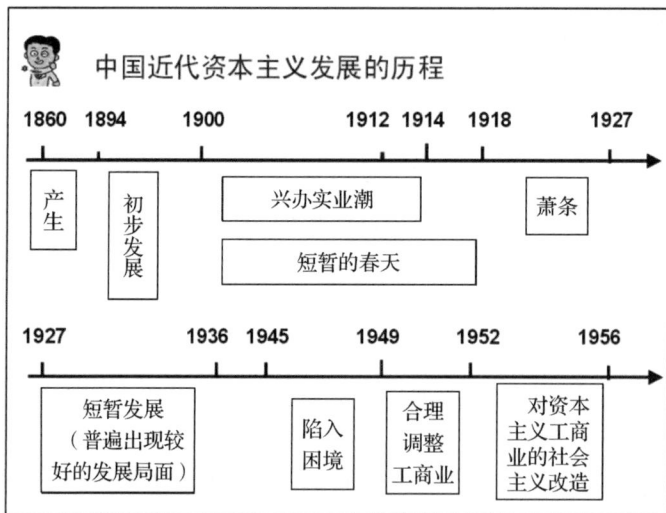

图 1

鸦片战争后,外国资本主义的入侵,加速了中国社会自然经济的解体。19 世纪 60 年代开始,为应对内忧外患,清政府内的洋务派以"师夷长技以自强"为旗号,掀起了长达三十多年的洋务运动,迈出了中国近代化的一小步。

19 世纪 70 年代前后,在外国资本主义和洋务运动的刺激下,一些官僚、地主、商人引入大机器生产方式,以契约工人作为劳动力,投资创办近代企业,中国民族资本主义工业开始在上海等沿海地区兴起。这种新的生产方式对近代中国具有重要意义:为中国社会的进步提供了物质基础,使民主革命有所依托;为中华民族的复兴提供了阶级基础——中国资产阶级和工人阶级,它们相继成为中国民主革命的领导阶级。

甲午战争后,在严重民族危机刺激下,"实业救国"思潮高涨,清政府也因战争的失败而放松对民间设厂的限制,中国民族资本主义工业得到初步发展。得到初步壮大的民族资产阶级作为一支重要政治力量开始登上历史舞台,为改变中国的社会制度而先后发动了维新改良运动和辛亥革命。

20世纪10年代,辛亥革命推翻了君主专制政体,南京临时政府制定了一系列发展实业的法令;西方列强因一战而暂时放松了对华的经济压迫。中国民族资本主义工业的发展形成"短暂的春天"。在中国社会性质依旧的背景下,中国工人阶级登上政治舞台,中国由此进入新民主主义革命时期。

1927年后,南京国民政府基本统一全国,并采取一系列促进经济发展的政策和措施,民族工业再次得到短暂的发展。与此同时,国家资本对民族资本主义工业的控制也在迅速强化。

1937年起,日本发动全面侵华战争,直接摧残了中国的民族工业;抗战结束后,美国加紧对华经济侵略,国家资本也全面垄断社会经济,民族资本主义工业陷入困境。这一结局证明,不改变中国的半殖民地半封建社会环境,中国的民族工业就不可能得到健康发展。

2. 完成下表可为学生的学习提供一些帮助。

**表1**

| 时间 | 阶段 | 背景与原因 | 发展表现 | 影响 |
|---|---|---|---|---|
| 19世纪六七十年代 | 兴起 | | | |
| 甲午战后 | 初步发展 | | | |
| 20世纪10年代 | 短暂春天 | | | |
| 1927—1937年 | 短暂发展 | | | |
| 1937—1949年 | 渐入困境 | | | |

## 二、相关概念和问题的理解与拓展

**【目标与设计意图】**

本目的教学策略是:(1)应用材料解析的手段,在预设问题的基础上,引导学生阅读相关材料,根据材料并结合所学知识,得出结论。(2)体现学生主体性:学习过程中建议学生结合老师的问题与提示,独立思考、生成结论(自主探究学习),后与同桌或其他同学交流,在和学习伙伴共享思想后进一步完善结论(合作探究学习),进一步生成学习感悟。

1. 影响中国民族资本主义发展的主要因素

**资料1 阅读以下材料**

材料一 1843—1844年,洋货涌入中国市场。1845年福州官员奏称:洋货"充积于厦口"。洋纱、洋布、洋棉"其质即美,其价复廉","江浙之布不复畅销""闽产之土布、土棉……不能出口"。江苏松江、太仓一带原是手工棉纺织中心,素有"衣被天下"的盛名。由于洋布畅销,"松太布市消减大半"。东南沿海许多以纺织业为业的乡村,已无棉可纺,无布可织。"民间之买洋布、洋棉者,十室而九"。

材料二 19世纪90年代初,天津武举李福明在北京开办一家机器面粉厂,使用外国进口蒸汽机磨,每天能磨细面粉200石。京城官府见机器面粉厂生意兴隆,就存心勒索……李福明不甘心忍受压迫到官府去讲理。结果,官府给他扣上"私设磨坊"、"哄闹官署"等罪名,革去他的武举功名,"交刑部治罪"。李的机器面粉厂被迫关闭。

资料2 (2009·天津高考)右图所示的民族企业创建后,仅用三年时间,代理商即遍布全国的城市,产品远销东南亚。其迅速发展的背景是:

A.地处沿海的天津水陆交通便利

B.辛亥革命为其发展扫除了一些障碍

C.第一次世界大战为其发展提供了客观条件

D.南京国民政府推出了有利于发展经济的政策

图2 创建于1932年的天津某企业商标

**资料3 关于资本主义发展中的几组数据**

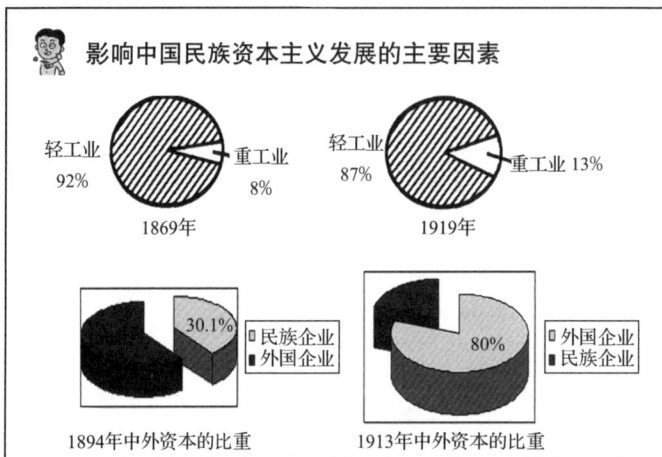

图3

**资料4 近代中国资本主义企业的分布图**

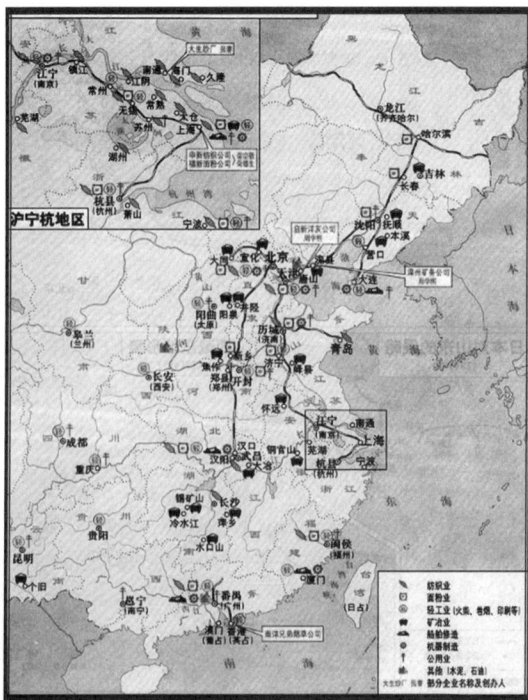

图4

通过引导学生对资料的解读与思考,帮助学生得出并总结出以下结论:

有利因素:外国资本主义的经济侵略客观上为民族资本主义的兴起和发展提供了条件;清末和民国政府鼓励兴办实业;中国人民反帝爱国运动的高涨,使实业救国有了规范的社会基础;中国人民自强不息的爱国精神是支撑近代民族工业的动力和源泉

不利因素:缺乏资本原始积累;产生于半殖民地半封建社会,受封建主义、帝国主义和官僚资本主义的压迫和束缚;工业结构和地区分布的不平衡;社会动荡。

2. 民族工业和民族资产阶级在中国近代史上的地位和作用

结合所学知识,从中国近代半殖民地半封建社会的历史背景下,分析民族工业和民族资产阶级在中国近代史发展中的作用。

(1)生成的结论和需理解和掌握的历史知识:

从经济上看,民族资本主义工业是一种新的经济因素,其产生和发展有利于社会进步。

从政治上看,导致民族资产阶级的产生和力量的发展,为维新变法运动和民主革命运动提供了社会基础,也导致无产阶级队伍的壮大,为新民主主义革命的到来和中国共产党的建立准备了阶级条件。(联系必修一相关的内容)

从思想上看,中国民族资本主义的产生和发展,不断冲击和动摇着封建正统思想的统治地位,为西方资产阶级思想文化的传播提供了社会条件。(联系辛亥革命的内容)

从发展趋势上看,民族资本主义工业资金少、规模小、技术力量薄弱,没有形成完整的工业体系,地区分布不尽合理,在一定程度上依赖外国资本主义、本国封建势力和官僚资本主义,难以独立发展。

(2)创设历史情景,巩固所学知识:

**情景 1:**

**情景 2：**

2007 年电视剧《大染坊》在央视热播,该剧叙述了 20 世纪初陈寿亭从一个叫花子到拥有雄厚资产的印染厂主的创业历程,描写了中国民族工业在 20 世纪初发生、发展的艰难道路,从中展示了一代人强国梦的诞生与毁灭。陈寿亭把一个小印染厂发展成大规模的近代机器印染工厂,七七事变之后,政府不事抵抗,陈寿亭虽是才力非凡,但面对国家覆亡,只能付诸绝望的微笑……

结合所学知识,说明以陈寿亭为代表的中国近代民族资本家成功的社会因素有哪些?

辛亥革命后民国政府鼓励工商业的发展;

实业救国的思潮;

外国先进设备和技术的应用;

……

3. 学习本专题应当力求准确掌握"中国资本主义""中国民族资本主义""中国资产阶级""中国民族资产阶级"等基本概念

在近代中国的大地上,有外国资本、国家资本(或称为官僚资本)和私人资本三种资本主义形式,其中国家资本和私人资本实际上都是民族资本。三种形式的资本主义在中国现代化过程中的地位与作用较为复杂。通常认为,民族资本主义是新的进步的生产方式,对中国社会的发展具有重要意义;外国资本主义与官僚资本主义的控制与压迫,是民族资本主义发展极为艰难的主要原因。

由于中国近代社会性质的特殊性,中国资产阶级分成了官僚资产阶级和民族资产阶级两个部分。官僚资产阶级产生于国家资本之中,通常被称为大资产阶级;民族资产阶级产生于私人资本之中,通常被称为中、小资产阶级。两者在近代中国社会中所处的经济政治地位及历史作用都不同。一般而言,官僚资产阶级有较强的封建性与买办性,通常是在阻碍近代中国社会的进步;民族资产阶级则是一支重要的进步的政治力量,并为近代中国社会的发展做出了重要贡献。

4. 将中国资本主义的发展置于中国和世界整体的大环境和世界文明史的发展历程中去考虑

学习过程中需要启发和引导学生,结合近年来史学界主流的全球史观和文明史观,将中国近代的资本主义的发展置于世界文明的发展历史进程中,从宏观和微观两个方面看待历史问题。

要结合国内外时局的变化,理解中国经济结构变化的原因,如:全球史观、政治与经济的关系、中国与世界的相互影响等角度;将对民族资本主义发展和在各阶段发挥的作用置于历史发展的各阶段去评价。

三、热点关注

从中国近代历史发展的整体和趋势看,1840 年以来,中华民族一面在英勇反抗外国侵略,一面在艰辛地探索中国的现代化道路,以期实现伟大的民族复兴,发展民族资本主义正是这种努力的重要组成部分。因此,在已把经济建设作为党和国家工作重心的今天,在全力发展民族工业的今天,本专题的复习具有极为重要的现实意义。除了我国的现代化建设这一宏大背景,经济体制改革、促进民营经济发展的努力、区域经济的发展(如西部开发、中部崛起、东北振兴等)、中国加入世贸组织、知识经济的出现、经济全球化和区域经济集团化及世界主要国家的经济政策调整等都是需要关注和可以联系的。

**【教学设计的说明】**

本课例的教学设计中,贯彻了我的"人文素养导向历史教学"的教学主张,以"读(文本解读)、究(究综溯源)、悟(生成感悟)、鉴(以史为鉴)"为行动策略,设计本复习课。

从课程形式看,本专题作为高三的复习课,在进行课程设计时首先需要明确课程定位,即明确教与学的任务是在完成第一轮学习的基础上进行归纳与提升,在对基础知识进行复习巩固的基础上,对相关的考点进行具有一定指向性的探究;对于复习课而言,关键问题是对课程知识的取舍,既不可能面面俱到,也不能过于集中,对教科书知识和各类教辅中归纳和提升的小专题进行合理的取舍,才能达到突出重点、化解难点的目标。

教学策略与方法的设计上,通过对中国民族资本主义进一步发展、遭受挫折的历史背景、发展概况的材料、图示、表格等相关文本的解读指导(文本解读),学会从多角度、多层次分析和探究民族资本主义产生的原因和外国侵略对中国资本发展造成的影响、从中国社会性质来看民族资产阶级自身的双重性等问题(究综溯源);感悟和体会近代民族工业在发展中所遇到的艰辛和培养克服困难、经得起挫折的精神(生成感悟),帮助学生在了解历史规律和社会发展的趋势的基础上,学会感知和理解现实社会的经济生活,展望和分析我国经济发展的趋势与未来(以史为鉴)。

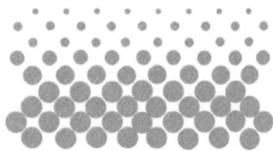

# 地　理

## 《农业区位选择》特色课堂教学案例

福州第三中学　车　云

**【教学目标】**

课标要求"分析农业区位因素,举例说明主要农业地域类型特点及其形成条件。"本文结合福州传统农业实例分析说明气候、地形、土壤、水源、市场、政策、交通运输、机械、劳动力等影响传统农业区位选择的主要因素。结合福建省案例分析社会经济因素的变化对农业区位选择的影响,体现出新的教育模式,科研兴教、科研兴校、科研兴师。

**【教材分析】**

教材以传统农业为背景讲述影响传统农业的自然区位因素和社会经济区位因素,传统农业是在自然经济条件下,以种植业为主,家畜饲养业为辅,精耕细作的农业生产模式。福州地处我国东南沿海,属亚热带季风气候,水热资源丰富,但人多地少制约了农业经济的发展,要顺利实现从农业自足到农业强市的转变,传统农业已不适应其发展,现代都市农业是福州市农业发展的必然趋势。本节课在介绍传统农业的发展模式的基础上,阐述了福州市近年都市农业发展的创新举措。

**【教学策略】**

研究或调查福建省传统农业和现代农业的生产资料,了解家乡的农产品和影响农业生产布局的因素及其变化。在科技实践过程中,结合农业区位选择内容和学生的实践情况,形成一套适合能力培养的教学方法,即:"激趣、探究、求异、拓展"实践教学方法。

**【媒体选择和运用】**

本节课的所有案例与照片、视频均为作者与学生亲临实践基地拍摄的,以师生动手实验为基础,得出数据和记录,搜集有关家乡的农业生产的资料,了解家乡的农产品和影响农业生产布局的因素及其变化,导入新课。意在联系自己身边的地理知识,激发学生学习兴趣,并引起学生对本课题的重视,体现课题的实用性,体会农业生产与生活的密切关系,又对农业生产及影响因素有所了解;学会搜集资料,并对资料进行有效的提取、综合分析、归纳,培养学生自主学习、合作学习的意识及科学探究意识。

**【教学过程】**

(一)科技实践激趣导入

1. 教师活动展示:学生采摘茉莉花的集体活动的照片。

图1 福州三中师生在茉莉花生产基地—激情飞扬

福州市是全国出产茉莉花最多的地方。分析影响茉莉花生长的区位条件是什么? 说明影响农业生产的因素有气候、降水、气温、土壤等自然因素。

2. 求异:为什么茉莉花在福州生长的特别好,产量全国第一? 分析影响农业生产的人文因素有交通、市场、劳动力、政策等。

3. 学生活动:讨论、汇报。将采摘茉莉花、参与制作茉莉花茶的所得所感汇总得出:我们到访的茉莉花生产基地位于闽江的入海口,地势平坦,冲积沙质土壤肥沃,农民在田间施了许多鸡粪增肥,闽江边水源充足,亚热带季风气候降水丰沛,夏季当温度超过25 ℃进入开花期,温度越高花开的越好。

图2 在福州春伦茉莉花基地

福州是茉莉花茶的发源地,产量全国最高,所以茉莉花的市场需求量大,茉莉花茶具有益智怡情的效果。闽榕茉莉花基地位于闽江、乌龙江、马江三江汇合处,凭借秀丽的风光,优质的水源条件,在清新强劲的海陆风吹拂下,茉莉花生长受病虫害影响小。成为全国最大的茉莉花有机茶生产地,近年来福州市政府大力支持发展茉莉花产业。

图 3　采摘茉莉花

4.设计意图:激趣。从学生参与的采集茉莉花活动入手,展示他们活动的照片,使学生通过照片再次回到采茉莉花时的愉快感受中,进而提升学生的兴趣。借助学生的兴趣及参加活动时学到的知识,进入本节课的教学内容。这样既可以活跃课堂气氛,又能使学生很快理解老师要讲的新知识。

(二)传统农业——战天斗地

1.教师活动

引导学生阅读教材 P43(水稻的布局图),请小组讨论,影响水稻布局的主要条件是什么?思考我国南方传统的季风水田农业的特点?

2.学生活动

讨论得出结论:传统农业受自然因素影响较大,农民养殖少量的家禽家畜,采用简单的农用工具和机械,挖井修渠灌溉、播种经济作物,产品商品率低,收入低。

3.实践探究

组织参观福州丰达生态农业大观园。

丰达生态园位于盆地的地形,周边海拔高的地方种植马尾松、桉树等生态林。地势较低一级种植的是芦柑、杨梅、百香果、血橙等果林,林下有散养了上千只的小山羊、珍珠鸡、蚂蚁鸡。中间地势最低的是养草鱼的鱼塘。

师:为什么这样布局?

生:首先是考虑到地形的因素,中间地势低,四周地势较高。其次,该生态园所种植的品种以福州市场的需求为导向。

师:考察中有什么给您留下深刻的印象?

生:我们品尝了神奇的百香果汁,它具有香蕉、石榴、菠萝、草莓、西瓜、柠檬、芒果、酸梅等十几种水果的浓郁香味,气味特别芳香,有"果汁之王"的称号。但是今年冬季的一次降

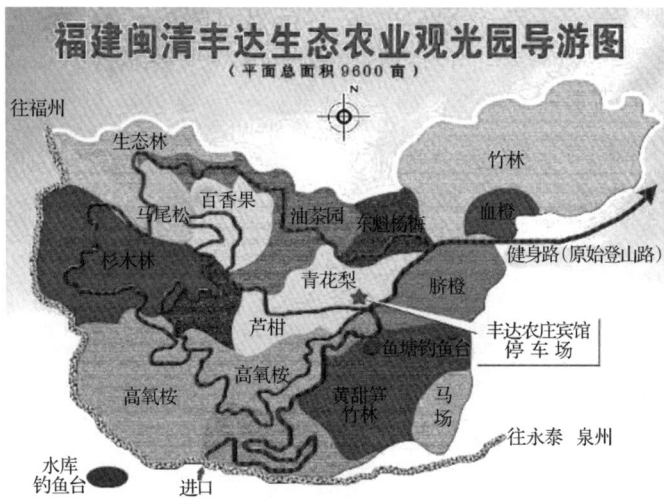

图4　生态园农业规划

图5　走在乡间的小路上,鸡鸭的歌声随风扬

温,生态园达到零下8℃的近十年来的最低气温,令近百亩的果树受到严重冻害,损失达200万元。

4.设计意图。说明气候因素对农业区位的影响,这个环节的设计充分考虑生情,探究活动和小组活动的设计接近学生最近发展区,符合学生"跳一跳,够得到"的学习心理,同时对教材进行二次开发。

(三)现代农业——改天换地

1.教师活动

阐述今年的中央一号文件把发展现代农业列为新农村建设的首要任务,意在希冀科学化、机械化、市场化、专业化的现代农业,能够加快解放和发展农村生产力,推动农村由传统农业向现代转变。现代农业的核心是科学化,特征是商品化,方向是集约化,目标是产业化。

2.展示

(1)案例一。这是一个现代化农业企业,猜猜看,屏幕上这是一棵什么植物,能猜得出来吗?

图 6　单株年产千斤的地瓜树

生:葡萄?……瓜?丝瓜,地瓜?……

师:地瓜,哎,不错,这位同学比较厉害。这就是一棵地瓜树,它不是特别的地瓜,它就是普通的地瓜,那普通的地瓜怎么会长在树上,地瓜是爬藤的普通植物,这棵地瓜对,下面一个营养液拼命供应养分,只要营养液供应得上它就是一直可以无限的生长,然后地瓜结在哪里呢?只要把根系,包起来,不透光,那地瓜的根就误认为在地下,所以它就会长出瓜。

生:哈哈……

师:要吃的时候,就把这个黑色塑料袋剪开来,取出一个大的,把它掰下来,然后再扎起来,它继续生长,一年一棵可以产一千斤,连长五年,有没有发现,现代科技农业改变了什么自然条件?

生:光照。

师:光照,没错。

(2)案例二

师:还有像这些南瓜,太可怕了,580斤,比我重多了。

生:哇,哈哈……

图 7　580斤的巨型南瓜

师:怎么培育的呢?其实很简单,除了品种比较优良之外,改良它的品种,还有开花结果的时候,全部都摘掉,只留一个瓜,所有的营养都供应在这一个上面,所以它就长得非常大。

(3)案例三

师:看一下两万块钱一斤的水果,仔细看图上,在树干上一粒一粒的。

生:哦。

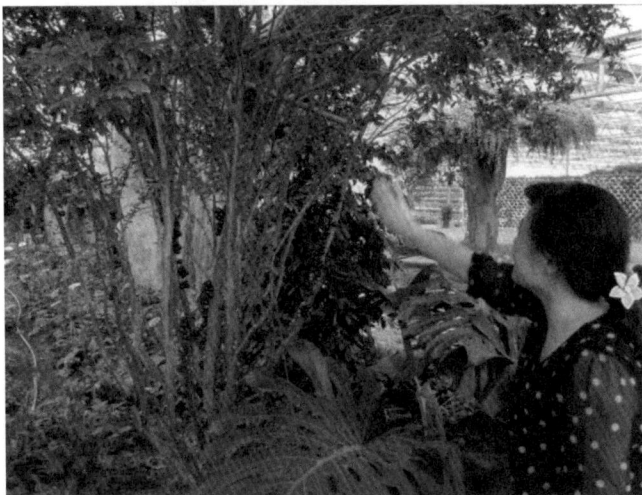

**图8 美味的珍稀水果——嘉宝果**

师:它叫嘉宝果,一斤两万。它到底为什么这么贵。因为它首先长在奇特在树干上;第二,它是属于热带的一种植物;第三,它到底贵在什么地方,我就吃了一粒;它长得好像葡萄,剥开后,第一个味道像桑竹,其次又像龙眼,然后其次又像荔枝,它有好几种味道融合在一起。

生:哈哈……

师:想不想在我们的福州三中校园里种一棵呢?

生:想……想……

它是一个新的品种。优良品种的改良,发达的科技,对现代农业的区位影响是很大的。

(4)案例四

师:看看我背景后面有棵树,猜猜看,是什么树?

生:茄子?

师:茄子?樱桃?西红柿?还有呢?

生:李子?

师:李子,还有什么?看清楚了,就一棵,应该看得见吧?上面是一棵西红柿,下边是,有茄子,还有小丝瓜,还有甜瓜。

生:甜瓜?

师:什么技术?

生:转基因。

师:哈哈,很简单,嫁接。

3. 设计意图

**图9 一株四果的嫁接树**

教师充分结合自己的亲身经历,给学生展示自己在高新农业园区见识和学习的现代农业技术和优良品种,直击现代高科技农业,见识2万元一斤的水果、一树多果的新型植株、新型农业栽培580斤的大南瓜等许多高科技新品种。

(四)都市农业——锦天绣地

都市农业是以生态绿色农业、观光休闲农业、市场创汇农业、高科技现代农业为标志,以园艺化、设施化、工厂化生产为手段,以大都市市场需求为导向,融生产性、生活性和生态性于一体,优质高效和可持续发展相结合的现代农业。都市农业与传统农业不同,传统农业是以种植业和养殖业为主的农业,都市农业是强调发挥对大都市的保障功能和服务功能为主的农业。以经济效益、社会效益、生态效益相统一为目标的新型农业形态[2]。其中可持续发展是现代农业发展理念的核心内容。

1. 案例一

师:看教师的背景是一个组培室,什么叫组培室呢,就是我如果发现一个非常珍贵的苗,我想把它快速繁殖,但扦插繁殖周期太长,如果把植物的组织分剪成各枝,在营养液中培养,发芽后再剪,一丛变成几丛,再变成几百丛,达到几何级数增长,三个月就可以培育两万棵。

生:哇!

师:看后面一个组,从试管到杯子到瓶子再到棚,其前提条件,它必须怎么样?

生:适宜的温度。

师:适宜的温度,然后呢?适宜的湿度,为什么要二氧化碳?

生:光合作用。

师:光合作用,非常好!这改变了什么条件?区位因素,哪个区位因素?

生:温度,湿度。

师:温度,湿度,这实际上是什么?

生:气候。

图10 现代农业的组培育苗

2. 案例二

师:气候条件,好,非常好!再看,下面的这个东西,是空的,然后这个泡沫塑料漂在这个水上面,一棵棵的蔬菜或者什么都可以,放在上面,底下营养液是不动的。如果,底下营养液可以流动,植物在上面生长,可以做成工厂化生产型,就是有的地方会做成通道,然后这个泡沫箱会在营养液上像船一样的漂浮,种在泡沫塑料上的蔬菜在通道上不停地走,40天后从那边出来,就变成是可以收货的蔬菜。

图11 工厂化营养液水培蔬菜

3. 案例三

师:在福建的东南花都"公园式"休闲都市、实现田成方、渠成系、村在园中,人在景中,打造中国最美都市农业、休闲观光农业公园,开心农场、玫瑰庄园、木屋会所,实现现代农业与现代服务业、现代旅游业相结合,让农业功能由单一的原料供给延伸到就业增收、生态保护、观光休闲、文化传播等多个方面,实现了农业功能的多样化。

生:按照"生产美、生活美、环境美、人文美"标准,把新观念、新时尚带入农民的生产和生活中,挖掘当地文化创意与生态资源,充分彰显北京乡村创意农业文化特色和韵味,将体验经济发展与"最美乡村"建设结合起来。

结　语

本节课,介绍了一些农业高科技,从不同角度反映了影响农业发展的因素以及新变化,学生的兴趣热情极其高涨,极大调动了学生的思考积极性,向学生传达了一些新理念,同时这些例子又在福州市区周边,让学生感觉很亲近。这些例子的选取从学生的实际出发,是基于三中学生的学情而设置的,效果良好。同时在其中也渗透了一定的情感态度价值观的教育,教导学生要创新,要有特色,要与众不同。

# 《自然界的水循环》课例

厦门第六中学　李　钢

**【教学分析】**

课程标准对本节的要求是:运用示意图,说出水循环的过程和主要环节,说明水循环的地理意义。要说出水循环的过程必须理解水的状态变化及水体的运动特点,因而教材第一部分简要介绍了各种相互补给关系的水体,做了必要的知识铺垫。教材第二部分先以图文并茂的方式详细介绍了水循环的过程与主要环节,再以案例研究方式引导学生探究人类活动对水循环过程的影响,最后,从不同视角总结归纳水循环的地理意义。

高一学生在学习本节知识之前,已经具有水的三态变化原理的物理学基础,以及第二章热力环流、季风环流的地理学基础知识;具备一定的空间想象力和较强的探究欲望。据此,本节课的教学策略将教材中"相互联系的水体"的相关内容作为自学内容;将"绘制并运用示意图说出水循环过程及环节"的内容作为课堂教学的中心环节,以自主合作交流为主要学习方式;将说明水循环的地理意义作为课堂拓展的内容处理。

**【教学目标】**

1. 知识与技能

(1)知道水圈水体的构成和各水体相互转化的关系。

(2)能绘制示意图以表示水循环的过程、主要环节。

(3)能运用水循环原理,分析人类活动对水资源的影响,理解水循环的地理意义。

2. 过程与方法

(1)自主合作绘制并说明水循环示意图,自主构建水循环的知识。

(2)学会从教材活动案例的图文资料中获取相关信息,用以分析黄河断流的原因,并尝试提出相应的解决方法和措施。

3. 情感、态度与价值观

建立水资源的忧患意识,树立科学的资源观。

**【教学重点】**

绘制并运用示意图说出水循环过程及环节。

**【课时】**

1课时。

**【教学准备】**

实物投影、电脑等多媒体教学设备,水循环动画课件等。

**【教法与学法】**

以观察实验现象引入新课,自主合作讨论绘制水循环示意图以说明观察到的实验现象。

对照教材图 3.3,说明该实验模拟的水循环属于什么水循环?进一步想象、绘制并说明海陆间水循环的过程及主要环节。教师适时利用实物投影仪展示与点评学生绘制的示意图,创设生生互动与师生互动情境。重点让学生用语言和文字表述水循环的过程与主要环节。

以活动案例引发学生的探究激情,教师给予思路引领,让学生分析黄河断流的原因,并提出相应对策。

**【教学过程】**

一、导入新课

教师用课件展示本节课的课标要求,让学生明确学习目标。

教师用实物投影仪展示模拟水循环实验:往一个平底烧杯中加开水,直至水盖满底。用橡皮筋和保鲜膜封住杯口,用酒精灯对烧杯中的水加热。

让学生观察并记录实验现象(杯中水产生蒸汽,保鲜膜上挂满水珠,部分水珠下落到杯中水面),要求同桌两人合作,绘制该实验反映出的水循环示意图。

二、讲授新课

(一)自然界水循环的过程及主要环节

教师随机抽取一桌同学的观察记录及绘制的水循环示意图,让该桌同学借助实物投影仪向全班同学说明该实验所反映出来的水循环过程。

**【学生表达】**

学生可能表述为:"水面蒸发上升到保鲜膜,然后凝结并降落到水面。"

学生所绘示意图可能为:

**图 1**

**【教师点评】**

首先肯定学生回答正确的部分,但由于学生往往漏写水体循环的环节及空间运动位置的变化,故教师应在学生所绘示意图上加上必要注记(如右图),并将其转绘于黑板副板书位置。

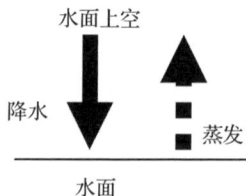

**图 2**

**【面对全体学生布置任务】**

对照教材图 3.3 及其配套文字说明,这种水循环可能发生在地球上的什么地方?叫作什么水循环?

学生基于任务独立阅读教材中的相关图文,寻求答案。

课堂讨论,学生的答案可能有以下两种:

1. 实验所反映的水循环发生在海洋与海洋上空,称为海上内循环;

2. 实验所反映的水循环发生在陆地与陆地上空,称为陆地内循环;

【教师引领】

上述两种答案似乎都有道理,究竟哪个更加准确呢?答案在本节课结束时即可揭晓。现在先请同学们思考陆地上空的水汽来源是什么?是来自陆地表面水分蒸发与植物蒸腾,还是来自海洋上空水汽的输入?

学生讨论:不难得出两者兼而有之的结论。

【教师引领】

对照教材图 3.3,思考:陆地表面蒸发与蒸腾的总量与陆地上的降水量相等吗?

学生讨论:不难得出陆地上降水量大于陆地蒸发与蒸腾总量,多出的水量以径流的方式注入海洋。即降水量＝蒸发与蒸腾量＋径流量。

【教师引领】

对照教材图 3.3,思考:海上蒸发量与海上降水量相等吗?

学生不难得出“径流量＋降水量＝蒸发量”的结论。

【教师归纳】

由以上分析可知,海洋和陆地之间也存在水量的交换,即水循环的第三种形式——海陆间循环。

【教师引领】

同桌合作,基于下图模板(教师画在黑板正板书处)当场绘制海洋与陆地之间的水循环示意图。(口头提示:要标注主要环节;注意陆地径流分为地表与地下径流)

图 3

【学生实践】

学生同桌合作绘制海陆间循环示意图,并根据教师提示带着所绘示意图的“完善作品”在讨论中逐步完善形成以下示意图:

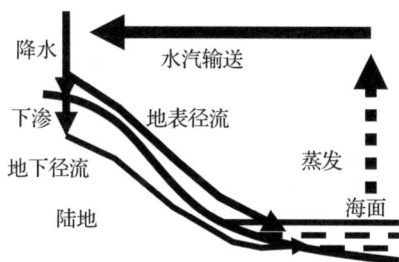

图 4

【教师点评】

在学生的描述可能是"海洋水蒸发到海洋上空形成水汽后被输送到陆地上空,以降水形式落到地面后形成径流注入海洋,形成海陆间循环。"

教师点评时应抓住其中两个表述不严密之处加以纠正:一是"一部分水汽被输送到陆地上空";二是"降水落到地面后一部分形成地表径流,另一部分下渗形成地下径流,二者最终注入海洋"。

【小竞赛】

在上图中加两个箭头并标注环节名称,使该图同时能示意海上内循环、海陆间循环和陆地内循环。比一比,看谁快。

学生活动,完成类似教材图3.3的示意图。

【教师设问】

哪些水循环可使陆地上的淡水不断更新?(海陆间循环、陆地内循环)

如果在陆地内流区,径流不能流入海洋,则该地区的水循环示意图应怎样画?

学生不难发现:在陆地内流区,降水量=蒸发与蒸腾量。本节课开始时所做实验即是陆地内流区陆地内循环的最佳模拟方式。

【案例研究】

用课件展示教材P55~56"活动"中关于黄河断流的案例,让学生研读,并分组讨论:

1. 你认为人类能够干预或控制水循环的哪些环节?

2. 黄河下游断流的人为原因可能有哪些?

学生可能出现的错误:

1. 人类容易干预降水。

2. 黄河下游断流的人为原因仅回答下游的过度引水。

教师点评建议:

1. 大气中要有足够的水汽才能实施人工降水,且成本高,不宜大规模使用,故难以水循环。

2. 黄河下游断流与上游来水有关,宁夏平原与河套平原的过度引水灌溉是造成下游断流的重要原因。人类随意控制水循环的环节,必将破坏当地的水量平衡,可能会造成人类不愿意看到的严重后果。

(二)水循环的地理意义

【指导阅读】

让学生阅读教材P56,归纳总结出自然界中水循环的地理意义。

【学生活动】

阅读课文,归纳水循环的地理意义。(维持全球水的动态平衡、不断更新淡水资源、调节不同纬度的热量平衡、塑造地表形态。)

【课堂小结】

人类活动可以对自然界中的水循环环节产生影响,因此人类活动一定要遵循水循环的自然规律,否则这种影响会给人类生存和发展带来危机。

**【拓展性课后作业】**

进一步研究黄河断流案例,对避免出现黄河下游断流提出若干合理化建议。

**【板书设计】**

第3章 第一节 自然界的水循环

一、自然界水循环的过程及主要环节

1. 水循环的主要类型

    内陆循环——少量更新陆上淡水资源

    海上内循环

    海陆间循环——大量更新陆上淡水资源

2. 水循环的环节组成

    蒸发、蒸腾、降水、地表径流、下渗、地下径流

3. 水量平衡与生态平衡的关系

4. 人类干预水循环对生态平衡的影响

(1)人类最容易干预的水循环环节——地表径流、地表植被

(2)科学干预水循环

二、水循环的地理意义

1. 维持全球水的动态平衡

2. 不断更新淡水资源

3. 调节不同纬度的热量平衡

4. 塑造地表形态

**【教学点评】**

本节课详略得当,重点突出。将教材中第一部分大胆地从课堂学习领域转移到课外自主学习领域,并将由此节省出来的课堂学习时间更多地投入到重点内容的学习上,使学生对重点原理(水循环)的学习更加深入细致。教学中导学、助学的理念体现得淋漓尽致,地理结论性的知识基本上都是学生通过观察、分析、归纳、讨论得出的,老师尊重学生的思维,在学生学有困难时,以点评纠错的方式,及时给予帮助。充分体现了以生为本的新课程理念,表现出显著的"少教多学"的特点,从"学"的视角巧妙铺设了由浅入深的学习台阶,通过教师引领,学生形成了关于水循环问题的思维链条,学生不仅学到了水循环及其地理意义,更学到了研究问题的方法,还感悟到自学的乐趣和成功的喜悦,这对于培养学生逻辑思维能力起到了重要作用。

# 《影响气候的主要因素》教学设计

福州第三中学金山校区　李　文

**【学情分析】**

本节课是高二文科"初中世界地理复习课",主要学习"世界的主要气候类型"之"影响气候的主要因素"。前面课时学生已掌握世界主要气候类型的特征、分布、成因以及气候类型的分布与纬度位置、海陆位置的关系,为本节课分析影响气候的主要因素奠定了知识基础。通过前期区域地理读图基础中地球、地图知识及主要自然地理要素地形、气候知识的学习,学生对经纬网图、等值线图、各种地形图等地理图表能进行基本的判读,并具备一定的分析归纳能力,也对思维导图的形成和运用有了基本的认识,但缺乏对图表的关注与应用能力以及地理要素的综合分析能力。要利用学生有认知冲突的地理现象或案例设计问题进行导学,提高学生获取信息、分析解决问题的能力,通过案例的剖析逐步建构对地理问题的分析框架,通过实际问题的解决强化应用意识,实现知识的迁移。

**【目标设定】**

本节内容的初中课标要求是"举例说明纬度位置、海陆位置、海陆分布等因素对气候的影响"。虽然初中课标没有明确提到其他因素的要求,也没有明确提到学生要达到能"分析说明这些因素对气候的影响"的要求,但该内容是高考常考点,也是学生的主要能力运用点。因此制订本节课学习目标为:说出影响气候的主要因素,并分析说明这些因素对气候的影响。

**【教学模式】**

建构主义学习理论强调学生的主体作用,认为学生是信息加工的主体,是意义的主动建构者,同时又不忽视教师的主导作用,认为教师是意义建构的帮助者和促进者。学生应在教师指导下把当前学习内容中所反映的事物尽量和自己已经知道的事物相联系,并对这种联系加以认真的思考,形成意义建构。据此本节课建立如下模式:呈现目标—自主学习—知识建构—反馈应用。

**【教学过程】**

表1

| 教学环节 | 教师活动 | 学生活动 | 设计意图 |
|---|---|---|---|
| 导入 | 展示世界气候类型分布模式图与世界气候类型分布图,指出特殊地区气候分布 | 倾听、思考 | 以学生认知冲突引发求知欲望,提高学习积极性、主动性 |

续表

| 教学环节 | 教师活动 | 学生活动 | 设计意图 |
|---|---|---|---|
| 呈现学习目标 | 提出学习目标 | 明确学什么、怎么学、学到什么程度 | 目标导学、任务驱动 |
| 自主学习 | 提出有代表性地区特殊气候成因问题;引导读图分析、归纳总结 | 读图思考、尝试分析解决问题 | 学习应与问题解决联系起来;先学后教 |
| 构建思维导图 | 在学生初步建构的基础上,引导分析、归纳,完善思维导图 | 初步建构,在教师引导下完成思维导图,并学会分析、归纳 | 让学生主动地建构知识,在教师引导下将知识进行内化和吸收,并形成自己的思想 |
| 自我检测 | 针对学习目标选择检测题,在学生完成后进行针对性指导 | 独立完成,反馈纠正 | 通过检测,加深理解,引导学生进行知识和方法迁移 |
| 合作探究 | 针对学习重点、难点、易错点内容设计新情境、新问题 | 思考、讨论交流、汇报展示 | 提高学生获取信息、分析解决问题的能力;通过实际问题的解决强化应用意识;提高合作、交流能力 |
| 反馈练习 | 针对学习目标选择反馈性练习 | 独立完成练习 | 布置校本作业,加深理解,学会知识和方法迁移;把原理应用于解释实际地理现象,巩固应用所学知识 |

# 《城市内部空间结构》课例

福建省普通教育教学研究室　郑云清

【教学目标】

课标要求"运用实例,分析城市的空间结构,解释其形成原因"。即运用身边案例,身临其境体验探究城市的内部空间结构及其形成过程,假设及演绎其形成原因,建构"城市内部空间结构"思维模型,涵养地理思想与方法。

【内容分析】

1. 本节课内容的逻辑联系,城市景观→土地利用类型→集聚→功能分区→组合→城市内部空间结构→结构模式→影响因素;并抓住逻辑枢纽点即重点和逻辑隐蔽点即难点,其中,内部空间结构模式是重点,成因是难点。

2. 与已学知识、将学知识的逻辑联系,保证学习知识连续性,已学知识是聚落景观,涉及的课标是"举例说明地表形态对聚落及交通线路分布的影响",将学知识是工业区位和商业区位,涉及的课标是"分析工业区位因素"、"交通运输方式和布局的变化对聚落空间形态和商业网点布局的影响"。

3. 与相关学科的逻辑联系,拓宽逻辑广度和深度,从而使学生在各种知识联系中认识地理规律原理,增强理解与记忆。本节课所选取的案例与历史地理学、经济学、数学及社会心理学等学科相关知识有一定的联系。

总之,站在城市内部空间结构的认知结构和思维模型(如图1所示)这个制高点,教学必能胸有成竹,挥洒自如。

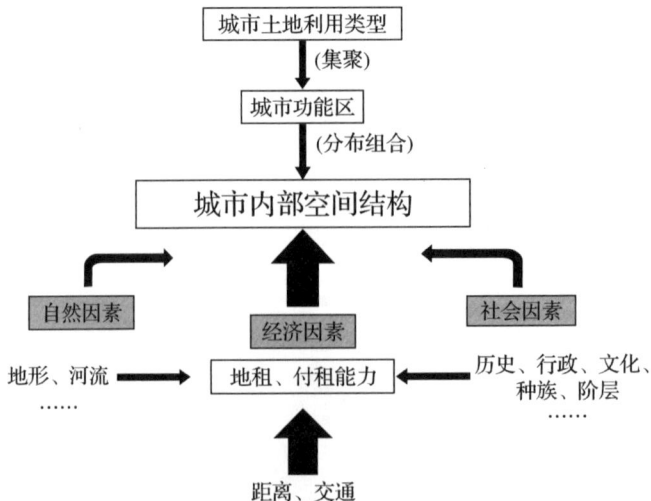

图1　城市内部空间结构认知结构示意图

**【教学策略】**

第一，发现问题，提出问题。探究活动的起点是师生共同面对地理事物或现象并发现问题或提出问题。但在常态方式下，一般是由教师根据课标学习要求，精心创设挑战性的问题情境。创设问题情境的关键在于突出四个特性，一是启发性，能联系学生经验和生活世界，选择正确的启动点（推果）或集聚点（推因），形成认知起点、方向与路径；二是挑战性，设计必要的思维坡度，并让问题落在最近发展区；三是层次性，要层层分解、递进形成问题串；四是聚焦性，虽始于发散，但要终于聚合，既要保护求异的思维跳跃，更要保证正确的思维导向，重品质，少而精，能推出一个更上位的结论。此外，要特别注意动态演示图的呈现与应用。

第二，基于经验，猜测想象。这是发挥学生的直觉思维与创造思维的主要阶段，因此，特别重要的是要营造宽容安全的课堂氛围，并给予学生独立思考、自由表达的时间与空间，需要学生在概念形成基础上大胆猜测、合情想象。此时，老师不应否定学生的想法，鼓励学生课后继续按自己的想法去探究。

第三，获取信息，整理处理归类。这一实践探究环节，如果是综合实践活动或研究性学习，应由学生自主或合作进行。但在常态课中，由于条件限制，搜集整理数据资料环节常常省略，一般由教师代劳，直接提供归类数据与信息。

第四，解决问题，建构思维模型。这是常态课地理探究式学习最核心的步骤。为提高课堂效率，可将自主分析举证、解决问题过程与合作交流、建构思维模型的过程结合起来，要给学生留足时间、空间，重视过程体验、方法习得，学会尊重倾听、自我反思、行为跟进。

第五，嵌入评价，诊断反馈。针对已共同探究与建构的两个上位命题（商业区、工业区、住宅区功能分区只是相对的，仅从经济因素考虑，某处土地利用类型是由地租水平与付租能力匹配关系决定的。距离因素起基本作用，地租随距市中心路程增加而递减；交通因素则起强化作用，在偏离市中心的交通枢纽处常常形成次中心。），适时用一变式问题诊断学生是否真正理解，达成学习目标，体现课标、教学、学习、评价四位一体的整合型探究式学习的策略取向。

第六，超越课堂，回归生活。本节课内容是生活性与实践性很强的知识，因此，教师在备课时就应研究学生实践的可能性与可行性，寻找理论与实际的联结点，分析、厘清观察或调查的方法、步骤、注意事项，明确理论的普遍性与实际的特殊性之间的异同点，引导学生带着有准备的头脑走进真实情境，避免盲目性、片面性。

**【教学过程】**

我们可以由生活经验导入，"当我们祖辈父辈蜗居一室时，日常的吃喝拉撒不得不全在一起。当我们有能力住进单元房时，即使是单身公寓，一定有三样功能是分开的，一是卧室，二是卫生间，三是厨房。同样的，在我们的城市里，土地利用类型也有类似的现象。"接着，我们可以选取身边熟悉的乡土案例作为逻辑的起点。因所教的是福州的学生，故用学生所熟知的全国十大历史文化名街——福州三坊七巷南后街的"前店后坊，楼上居住"的房屋格局切入（图 2a），并建模为一般化的商、住、作坊等空间分布演变示意图（如图 2a 所示），构成问题情境，从刚开始的手工、商住混合一楼（2 图 b）；到工、商、住分离（图 2c）；到邻街商铺为主，工、住背街（图 2d）；到汇聚十字街口，成长为市中心（图 3）；到中心圆圈是商业区，外围是住宅和作坊(图4)。

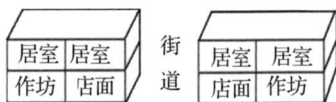

居住、手工业、商业"三用一楼"

（a）　　　　　　　　　　（b）　　　　（c）　　　　　（d）

**图 2　城市内部空间结构演变示意图**

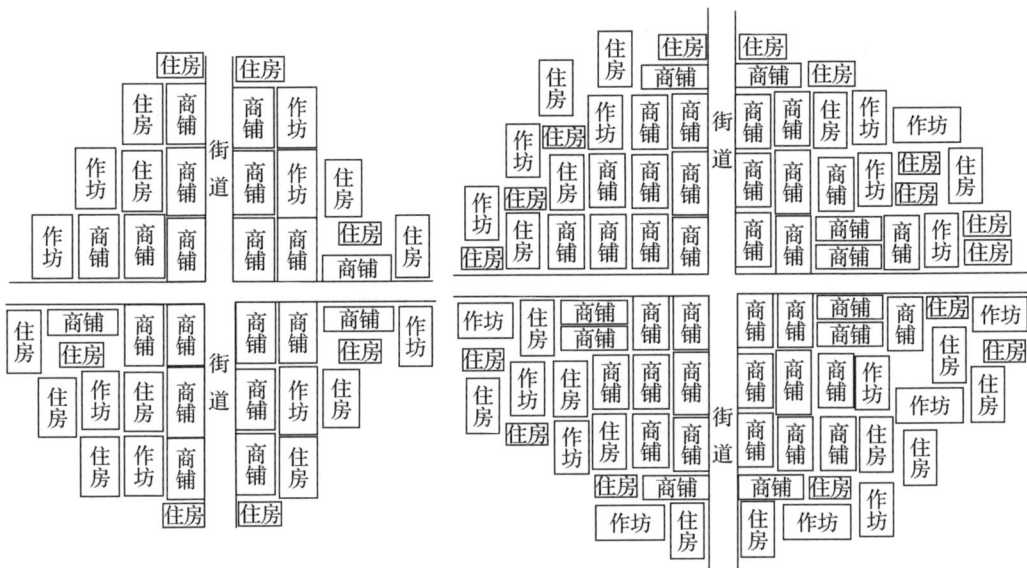

图 3　　　　　　　　　　　　图 4

**探究问题一:请学生看图归纳城市土地利用三大类型,抽象概括城市功能分区和内部空间结构的概念。**

以此启发学生学会从地理景观即地理表象出发,寻找相似性与相异性,抽象本质内涵,概括得出土地功能分区的概念即土地利用类型集聚,城市内部空间结构的概念即功能分区的组合,使学生的分析比较能力、抽象概括能力、地理表达能力得到锻炼,达成本节课概念的学习目标。

**探究问题二:若市中心商业区成形,工业区、居住区逐渐分离,城市三大功能区会怎么分布? 又会怎么组合? 以此问题引导学生进入下一个探究环节。**

当然,此节课,教师最后可以最简洁、最具代表性的同心圆结构图形为共性假设,以便深入探究,总结一般模式。如图5所示:

猜测想象过程:在均质的平地上,城市三大功能区会怎么分布?(有多种可能,最有可能形成以商业区为中心的同心圈层结构。)若是同心圈层结构,中圈与外圈分别是什么功能区?

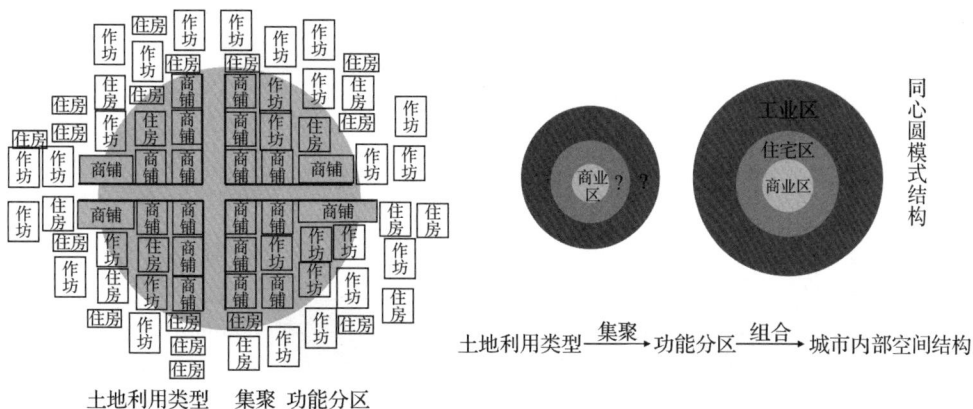

图 5

（住宅区与工业区。）基于一般生活经验与经济成本常识,猜猜城市商业区、住宅区、工业区有什么一般分布规律?（商业区:到中心去,到干道路口去,到一切人潮涌动的地方去。住宅区:到商业区外围去,到工业区外围去,到一切生活工作学习方便的地方去。工业区:到郊区去,到运输干线两侧去,到地租最低的地方去。）为求证假设,引导学生进入探究学习的第三环节。

本节课,教师应先解构各类土地利用付租能力随距离递减示意图,提供相关实证数据,按以下步骤（如图 6 至图 9 所示）反向推导,展开思维过程,体验该图的形成过程与相关知识的来龙去脉,并潜移默化予学生绘制与运用图表的能力,其中特别注意分析理清科学的观察与操作的方法、步骤、注意事项,以培养学生的观察能力与操作技能。

**探究问题三:如何绘制各类土地利用付租能力随距离变化的示意图?**

步骤一（图 6 与图 7）:经社会调查,得知商业在市中心最大支付地租能力是 $E$,在商业区外缘最大支付地租能力是 $A$。请用二维坐标系画出商业付租能力与离市中心距离之间的关系图（假设二者存在线性关系, $E>A$）

步骤二（图 7 与图 8）:经社会调查,得知住宅在市中心最大支付能力是 $F$,请画出住宅付租能力与距市中心距离的线性关系。（ $F<E$ ）

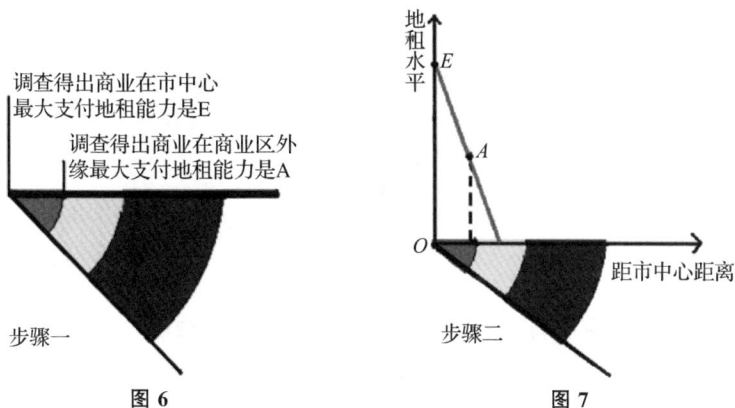

图 6

图 7

步骤三（图 8 与图 9）:现在,我们是否能画出工业活动付租能力与距市中心距离的线性关系?(提示:找到住宅区与工业区交界线最大付租能力 B 点和工业区最外缘 G 点。)

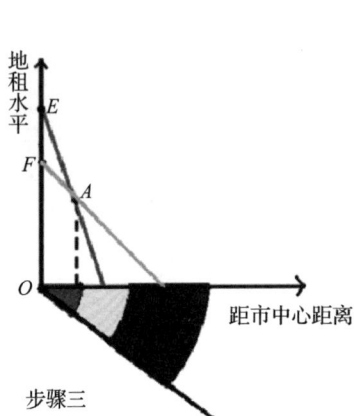

步骤三

图 8

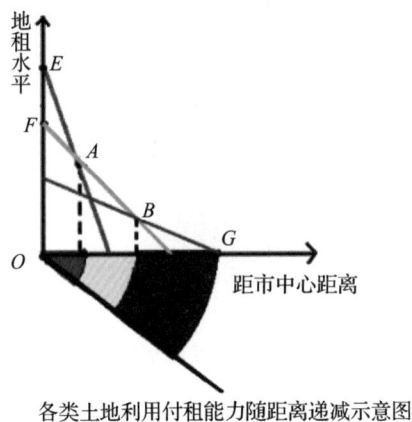

各类土地利用付租能力随距离递减示意图

图 9

**探究问题四**:分析比较工业、住宅、商业付租能力三条线特点异同,归纳工业、住宅、商业区位一般规律,并解释原因。

引导学生运用自己对地理统计图形的敏锐观察力,注意地理基本要素(位置、方向、距离、广度、密度、坡度等)分析、比较、把握。(商业直线斜率最大,距离远近对商业影响最大。工业直线斜率最小,距离远近对工业影响最小。住宅直线斜率较小,影响居中。共同点是付租能力均随距市中心路程增大而减小。综上论证得出:商业区区位靠近市中心但占地面积最小,可接近最大消费群体,商业付租能力最强。住宅区区位是靠近商业区和工业区,既方便购物,又方便上下班,住宅在此地段付租能力最强。工业区区位是远离市中心,商业与住宅愿付租金很低,只有工业愿付租金最高。)

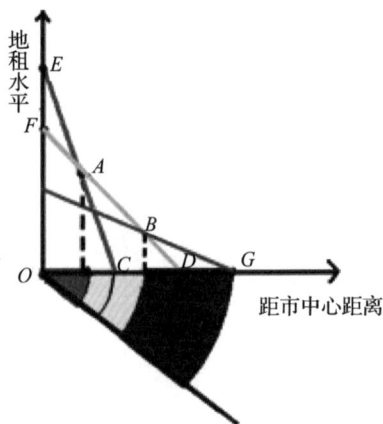

图 10

**探究问题五**:甲区域有没有商业网点出现的可能? 乙区域呢?

以此问题引发认知冲突,引导学生深度探究,概括上位命题。(商业区、工业区、住宅区功能分区只是相对的,仅从经济因素考虑,某处土地利用类型是由地租水平与付租能力匹配关系决定的。)

那么影响地租水平高低的主要因素除了距离因素还有什么因素?

探究问题六:大家想象一下在均质的同心圈层模式中,如果叠加上纵横相交的十字形交通干道(如图11所示),同心圈层将会变成什么形状?如果再叠加上环形路(如图13所示),又会变成什么形状?(注意,交通通达性比较好的地方地租就会提高)。

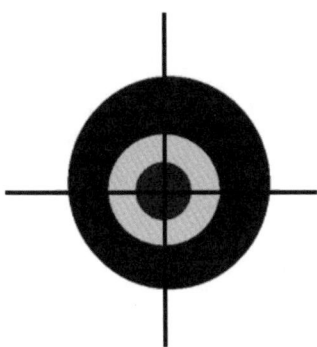

图 11

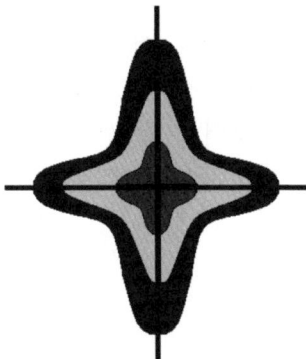

图 12

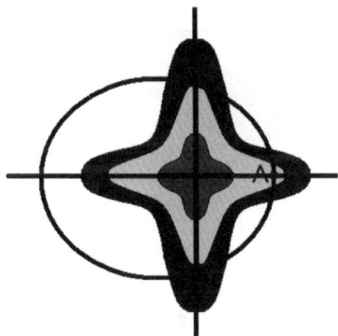

图 13

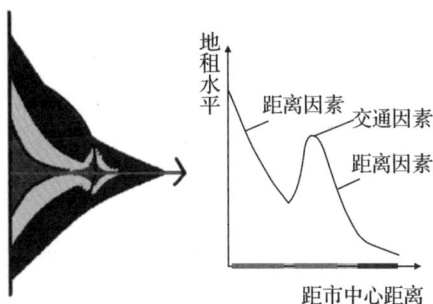

图 14

此时,可请学生充分发挥自己的空间想象力,闭上眼睛想一想,然后再发挥自己的时空综合力,动手画一画,教师应辅以直观教具和直观语言来启发。(如图12所示,同心圆若中间有纵横相交的十字形干道,则变形为四角星形;若再叠加环形干道影响,则进一步变形,如图14所示截取东侧局部,东侧横街与环路相交路口附近出现小四角星形为次中心。)

同时,师生可共同绘制沿东侧横街的地租水平随距离变化曲线图,并可概括第二个上位命题:距离因素起基本作用,地租随距市中心距离增加而递减;交通因素则起强化作用,在偏离市中心的交通枢纽处常常形成次中心。

继续追问:如果是放射状干道,它又会变成什么形状?(如图15,可能是楔形,市中心是商业区,工业区与中高级住宅区则可能相向发展。)

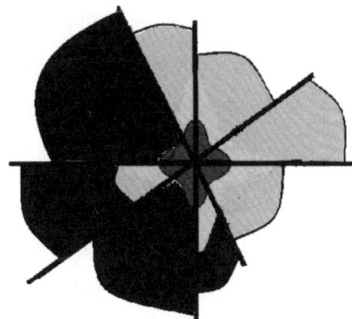

图 15

**探究问题七:图 16～图 18 为我国某城市工业、居住、商业用地比例时空变化示意图,读图回答下列问题:**

曲线①、②、③代表的土地利用类型符合一般城市三类用地时空变化特点的是

A.工业用地、居住用地、商业用地

B.居住用地、商业用地、工业用地

C.居住用地、工业用地、商业用地

D.商业用地、居住用地、工业用地

这两幅图矛盾吗？为什么？

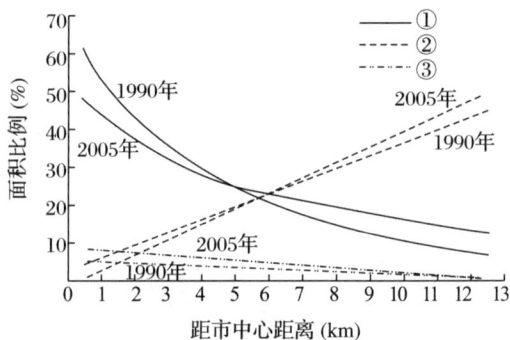

图 16

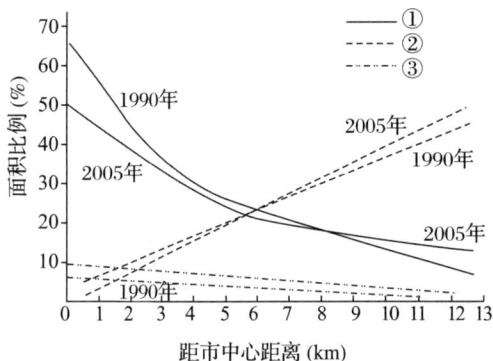

图 17

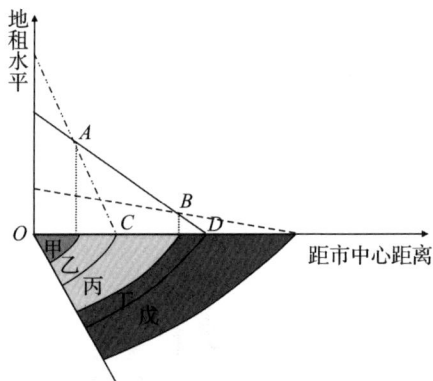

图 18

教师可以通过学生回答来诊断学习目标达成情况。(若不理解,无法将一般规律与现实生活经验对应起来,则似是而非,无法判断;若机械教条理解,则选择题可能会选择 D 选项,判断题可能会做出矛盾的判断,两幅图看似矛盾的地方,一是表现在市中心商业用地比例很小与付租能力最强之间的矛盾,二是表现在工业用地面积比例随距离变化趋势刚好与工业付租能力相反;若理解到位,则会将一般规律与现实生活经验辩证统一起来,现实生活中商业区通常是点状及条带状分布,而非面状分布,商业区多集中在市中心,但市中心并非都是商业用地,通常其所占面积比例不一定很大;随城市化的进程和城市产业的升级换代,市中心商业用地会增加,住宅用地会减少,工业用地会逐渐消亡;同时,随着城市化进程,郊区工业与住宅用地均会增加,其中工业用地因受距离影响最小,使其在郊区相对付租能力提高最多,面积增加最多,面积比例最大。)

分析这两幅图的关键,首先,要明确概念,商业区、工业区、住宅区是指相应功能相对聚集度高,而非商业区只有商业用地,工业区只有工业用地,住宅区只有住宅用地。其次,各类土地利用付租能力示意图是一般模式图,甲区域虽是商业区但只是代表商业竞争力最强,商业用地面积大小取决于其服务区的大小;同时,只要地租合适,还是有住宅与工业用地可能。同样的,乙区域和丁区域也还是有商业用地和住宅用地的空间。第三,各类土地利用付租能力示意图只考虑距离因素,事实上,其他经济因素及自然、社会因素都会干扰距离因素的规律性分布。因此,它们并不矛盾,商业与住宅用地随距市中心路程增加而递减,工业用地则

相反。

总之,距离、交通是地租的主要影响因素,而地租等经济因素又是城市内部空间结构的主要影响因素。当然,影响城市内部空间结构的因素还有很多,由此延伸进入探究学习的第六个环节。

**探究问题八:请同学举自己亲身搬家经历或身边事例说明某区域土地利用类型变迁及其地租的走势。**

(如家住福州工业路的学生述说亲历:我家就在工业路边上,看着工厂一个一个搬走或倒掉,原来的搪瓷厂变万象城,香料厂变成宝龙城市广场,味精厂变成红星美凯龙生活家居广场、客车厂变成了博美诗邦高尚住宅区、冷冻食品厂变成了格林兰锦高尚住宅区,哦,还有一个传动机械厂,拆了修成乌山西路,工业路现在已经名不副实了。特别是在工业路与二环路相交的十字路口附近,崛起了目前福州最红火的万宝商圈,集聚了万象城、宝龙城、中央第五大街、红星美凯龙、新华都购物广场、阳光城时代广场、苏宁广场等大型商城,商铺租金提高很快,现已与福州市中心东街口商圈相当。)

**【教学反思】**

知识具有情境性,活的知识一定是源于问题情境,回归生活情境,又运用于科学世界与生活世界的问题解决,这是实现知能转化的关键。因此,学生在联系实际中可以更好地理解影响城市内部空间结构的诸多综合因素的作用,从而以熟悉的案例对相关影响因素进行前因后果、因果轮回的推理,以及必要条件下的顺向思维,充分条件下的逆向思维,充要条件下的顺逆综合思维。

同时,教师要特别注意激发与保护学生的兴趣,引导有兴趣的学生以此内容作为自己综合实践活动或研究性学习的课题,深入实地论证探讨福州东街商圈、台江商圈、万宝商圈、仓山万达商圈在福州的地位及其变化趋势。学生通过亲身社会实践活动能更好地理解掌握城市内部空间结构模式及其成因,同时,不断提高自己的地理学习能力、实践能力和创新能力,深切感悟地理特有的学科魅力,不断强化自己对周围事物的地理敏感性、地理处置力和社会参与意识,从而实现地理学科所特有的教育功能与价值。

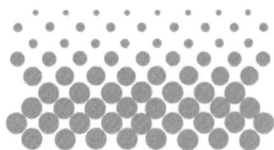

# 生　物

# 《基因是有遗传效应的 DNA 片段》课例

漳州第八中学　　陈志川

【教学目标】

1. 知识目标

(1)举例说明基因是有遗传效应的 DNA 片段。

(2)运用数学方法说明 DNA 分子的多样性和特异性。

(3)概述 DNA 是如何携带遗传信息的。

(4)说明基因和遗传信息的关系。

2. 能力目标

(1)培养学生的逻辑思维能力,掌握整理、分析和归纳材料的方法。

(2)尝试用数学方法解决生物学问题。

3. 情感、态度与价值观目标

通过介绍 DNA 指纹技术,对学生进行科学价值观的教育。

【教学重难点】

1. 重点

(1)基因是有遗传效应的 DNA 片段。

(2)DNA 分子的多样性和特异性。

2. 难点

脱氧核苷酸序列与遗传信息的多样性。

【教学方法】

启发讲授式;合作探究式;情景体验式。

**【教学设计】**

表1

| 教师活动 | 学生活动 | 设计意图 |
|---|---|---|
| 回顾导入<br>　　1. 萨顿类比推理"基因在染色体上"。<br>　　2. 摩尔根假说演绎验证"基因在染色体上""基因在染色体上呈线性排列。"(一个染色体多基因)<br>　　3. 格里菲斯、艾弗里、赫尔希和蔡斯证明 DNA 是遗传物质。<br>　　4. 通过化学分析染色体主要组成物质是 DNA 和蛋白质。<br>　　这些事实你能得出基因在 DNA 上。那么问题:<br>　　1. 基因等同于 DNA 吗?<br>　　2. 基因与 DNA 是怎样的关系? | 回忆、思考、推理<br><br><br><br><br>归纳演绎 | 让学生学习推理,尝试推理,理顺知识前后形成的脉络,引出基因在 DNA 上,进入本节内容 |
| **一、基因与 DNA 的关系**<br>　　资料1　大肠杆菌细胞的拟核中有一个 DNA 分子,在 DNA 分子上分布着 4400 个基因,每个基因的平均长度约为 1000 个碱基对。<br>　　资料2　人类基因组计划测定的是 24 条染色体(22 条常染色体+X+Y)上 DNA 的碱基序列。每条染色体上有一个 DNA 分子。24 个 DNA 分子共有基因数约为 3 万个。<br>　　问题:通过资料分析,说说你的理解?<br>　　回答:1个 DNA 分子上含有很多个基因,每个基因是由很多对的碱基对组成,即基因是 DNA 分子的片段。<br>　　资料3　转基因鼠实验:生长在太平洋西北部的一种海蜇能发出绿色荧光,这是因为海蜇的 DNA 分子上有一段长度为 5170 个碱基对的片段——绿色荧光蛋白基因。转基因实验表明,转入了海蜇的绿色荧光蛋白基因的转基因鼠,在紫外线的照射下,也能像海蜇一样发绿色荧光。<br>　　资料4　不少人认为,人和动物的胖瘦是由遗传决定的。近来的科学研究发现,小鼠体内的 HMGIC 基因与肥胖相关。具有 HMGIC 基因缺陷的实验鼠与作为对照的小鼠,吃同样多的高脂肪食物,一段时间后,对照组的小鼠变得十分肥胖,而具有 HMGIC 基因缺陷的实验鼠体重仍然保持正常。<br>　　问题:通过资料分析,你认为基因有怎样的功能?<br>　　回答:基因具有遗传功能,能控制生物性状,我们称之为具有遗传效应。(对蛋白质合成有直接或间接影响)<br>　　小结:基因是具有遗传效应的 DNA 片段。<br>　　为什么? | 分析资料,得出结论<br><br><br><br><br><br><br><br><br><br><br><br><br><br><br><br><br><br><br><br><br><br>学生分析回答 | 根据资料1、2得出基因是 DNA 分子的片段;根据资料3、4得出基因具有遗传效应。推理层层推进<br><br><br><br><br><br><br><br><br><br><br><br><br><br><br><br><br><br><br><br>引导学生进行批判性思维、发散思维 |

续表

| 教师活动 | 学生活动 | 设计意图 |
|---|---|---|
| 是不是所有的片段都是基因？所有的片段都等长吗？这些片段有什么特点？这些片段为什么具有遗传效应？ | | 知识点过渡 |
| **二、DNA 片段中的遗传信息**<br>　　从上面可以总结出，一个 DNA 分子上有许多基因，每一个基因都是一个 DNA 片段，有着特定的遗传效应，这说明 DNA 分子必然蕴含了大量的遗传信息。<br>　　我们一起回顾一下 DNA 分子结构：一个 DNA 分子的基本骨架是由脱氧核糖和磷酸交替连接而成，从头到尾没有变化，而骨架内侧 4 种碱基的排列顺序却是可变的。那么，由四种碱基排列而成的脱氧核苷酸序列，足以储存生物体必需的全部遗传信息吗？<br>　　**情境 1：**<br>　　如果一个 DNA 片段由 30 个碱基对组成，那么这个片段有多少种碱基对排列顺序？<br>　　学生计算、讨论、回答。<br>　　总结：随机排列 $4^{30}$<br>　　**情境 2：**<br>　　假如一种排列代表一种信息，这个片段可能代表多少种不同的信息？（$4^{30}$）<br>　　推论：<br>　　1. DNA 上四种碱基排列而成的脱氧核苷酸序列，足以储存生物体必需的全部的遗传信息。<br>　　2. 碱基排序的千变万化，构成了 DNA 分子的多样性。<br>　　问题：每一种排序代表一种信息，是不是就是一种遗传信息？是不是所有的碱基对排序都有遗传效应？<br>　　你认为遗传信息的概念应是怎样？通过下面的资料，大家归纳一下？<br>　　**资料 5**　人类基因组计划研究成果：<br>　　(1)基因数量少得惊人。<br>　　人类基因组研究发现：24 个 DNA 分子大约有31.6 亿个碱基对，其中，构成基因的碱基数占碱基总数的比例不超过 2％。研究人员曾经预测人类大约有14 万个基因，最终确定出的基因数在 3 万个左右。人类拥有的基因只是蠕虫或飞虫的两倍。<br>　　(2)人类基因组中存在大片"荒漠"。<br>　　人类基因组序列中所谓"荒漠"就是包含极少基因或根本不包含基因的部分，基因组上大约 1/4 的区域是长长的、没有基因的片段。<br>　　(3)事实上，大部分随机排列的脱氧核苷酸序列从来不曾出现在生物体内，而有些序列却会在生物体内重复数千甚至数百万次。 | 学生与教师一起画版图DNA 结构<br><br><br><br><br><br><br><br>探究，数学方法解决问题，推理出 DNA 分子的多样性和特异性<br><br><br><br><br><br><br><br><br><br><br><br>批判性思维、推测 | 锻炼学生画图，指出可能出现的错误<br><br><br><br><br><br><br><br>用数学模型解决生物学问题 |

续表

| 教师活动 | 学生活动 | 设计意图 |
|---|---|---|
| 推论：<br>　1. 有许多碱基对排列的 DNA 片段不是基因。<br>　2. 不是每一种随机排列都具有遗传信息。<br>　遗传信息应蕴藏在碱基的特定的排列顺序中。换句话说：遗传信息就是指碱基对的特定的排列顺序。这种碱基对的特定的排列顺序具有遗传效应，这样的 DNA 片段才是基因。这也说明 DNA 分子具有特异性。<br>　至此，我们是否给出"基因是有遗传效应的 DNA 片段"这样的解释，DNA 上有许多不同的基因，每个基因是 DNA 的一个片段，这个片段具有特定的脱氧核苷酸序列，这个序列蕴含遗传信息，能控制生物性状，具有遗传效应。 | 学生自己归纳"遗传信息"的概念 | 尝试让学生进行"概念"建构 |
| **三、DNA 指纹技术——DNA 分子特异性的应用**<br>　过渡：世界上除了同卵双生外，几乎没有指纹一模一样的两个人，所以，可以用指纹来鉴定身份。那么可不可以用 DNA 来鉴定呢？<br>　研究表明，每个人的 DNA 都不完全相同，因此，也可以像指纹一样来鉴定身份，这种技术称为 DNA 指纹技术。<br>　阅读教材 P58 科学·技术·社会的"DNA 指纹技术"的内容，思考下面问题：<br>　1. 假如你是法医，你觉得谁可能是罪犯？<br>　2. 你除了知道 DNA 指纹技术，还知道哪些技术？ | 学生思考判断，推断出罪犯 | 通过应用 DNA 指纹图鉴定罪犯，让学生感受到科学技术在人类生活中的应用价值 |

【板书设计】

第 4 节　基因是有遗传效应的 DNA 片段

（一）基因与 DNA 的关系

资料 1、资料 2：基因是 DNA 分子的片段

资料 3、资料 4：基因具有遗传效应

　　推出结论：基因是有遗传效应的 DNA 片段

（二）DNA 片段中的遗传信息

　　碱基对随机排列　　　　　　　　　　　可能信息　DNA 分子的多样性

　　碱基对随机排列中的某些特定排列　　遗传信息　DNA 分子的特异性

（三）DNA 指纹技术

【教学反思】

本节课从开头归纳推理巧妙引出"基因在 DNA 上"，紧接着材料分析得出"基因是 DNA 的片段"，"基因具有遗传效应"，进而推出结论"基因是有遗传效应的 DNA 片段"。通过与学生一起进行 DNA 分子结构的板图和结构分析，以情景题和"数学模型方法"分析推出碱基对随机

排序的多样性可能蕴含的信息。但通过材料分析得出碱基对的随机排列不一定具有遗传信息,基因不是碱基对的随机排列,只有碱基对的特定排序(DNA 的特异性)才具有遗传信息,才有遗传功能,才具有遗传效应,这样的 DNA 片段才是基因。教学程序的递进,逻辑性强,归纳演绎推理层层推进,学生既有对重点知识"基因是有遗传效应的 DNA 片段,DNA 分子的多样性和特异性"的知识建构,又有对难点知识"脱氧核苷酸序列与遗传信息的多样性"的攻克。同时,对"基因在染色体呈线性排列"进行类比推理得出"基因在 DNA 上也呈线性排列"的观点。最后,通过介绍 DNA 指纹技术,对学生进行科学价值观的教育。

总之,本节课以材料呈现和学生分析为基本的教学环节,以"思维推理"能力训练为主要的教学策略,通过主要教学内容"基因与 DNA 的关系,DNA 片段中的遗传信息"的知识建构,来完成教学任务和教学目标。对较为抽象的"知识和思维",深入浅出,化繁为简,摈弃不必要的问题和对学生要求的问答,进行材料和问答的重新整合,理清思路,步步推理,层层推进,学生能较好与教师互动,本节课教学实施以后,个人感觉较好达到了三维目标的要求。

但是,由于借班上课,学情的了解欠缺,课堂前半段学生问题思考不活跃,师生互动不深入,课堂动态生成的知识少;由于临时改变分组教学,学生的合作探究较少,生生互动不多;通过教学过程的观察,有些学生对"逻辑推理"方法不很熟悉,思维出现停顿。这些应是以后教学要重新思考的侧重点。

**【作业】**

1.P58 练习。

2.《阳光课堂》相应部分。

**【教学设计说明】**

本节课主要是研究和实践我的教学主张:中学生物课堂要实行"思维教学",通过思维教学来提高课堂教学的有效性,培养学生的学科素养。

本人基于多年的高中教学实践和研究,在思维教学理论的指导下,以"基因是有遗传效应的 DNA 片段"一节为例,对生物课堂思维教学进行课堂实践。开展课堂思维教学,要对本节的思维教学背景进行充分的分析,并依此为依据进行有效的设计。因此,第一:要发掘教材思维教学的课程资源,要理顺与本节有关的思维素材;要明晰本节隐含的思维道理;要分析本节培养的思维能力;提炼本节要形成或改善的思维品质。教学设计中的这些内容要充分体现在教学的各个环节中。第二:课堂设计要设置教学情境,讲究有效的实施策略。以问题情境带动思维教学;通过合作互动有效学习;适当的课内外训练巩固;教师及时反馈,学生自我纠正。第三,课堂思维教学实践还应注意一些问题。如课堂的时间和空间有限,思维教学要适当地拓展到课堂外;学生存在个体差异,要有效地跟上课堂节奏,学生的课前准备是必要的。最后应指出的是,以提高学生思维能力为目标,把握训练中的思维品质,有的放矢,思维教学就能较好地开展起来。生物课堂要通过实行思维教学从而真正地贯彻高中生物课程理念,达到提高课堂教学有效性的目的。

一节典型课例的教学设计,教师要深入研究、反思和评价,请有关专家、同行、学生评议以及实验测试等,不断地调整与实践。

# 《生物膜的流动镶嵌模型》课例

福建省普通教育教学研究室　林建春

**【设计思路】**

本节课蕴含丰富的科学史教育素材。本教学设计充分利用科学家的实验以及所提出的假说,引导学生对其进行分析与评价,模仿科学家的工作过程,尝试进行假设、推理,在问题引导下积极思维,让学生在自主、合作中探究性学习,制作多媒体课件,以便于展示相关资料和图片,提高课堂教学效率,使直观性增强,学生更易于接受。由于是借班上课,选择以理论、资料探究为主线的教学过程,相关动手制作模型等活动由原课任老师继续完成任务。

流动镶嵌模型的内容微观、抽象,较难理解。本节课充分运用多媒体动态直观的效果,力争创设形象生动、感性直观的课堂氛围,使学生更好地理解生物膜的结构,充分认识到实验技术的进步所起的重要作用,进一步确立生物体结构与功能相适应的辩证观点。

**【教学分析】**

1. 教材分析

"生物膜的流动镶嵌模型"是人教版普通高中课程标准实验教科书《生物》必修1《分子与细胞》第4章第2节内容,是第3章"细胞的基本结构"第1节"细胞膜——系统的边界"的一个延伸与拓展。本章一共三节,第1节"物质跨膜运输的实例",主要说明细胞膜是选择透过性膜,为什么具有选择透过性,这与膜的结构有关;本节内容是解释第3节"物质跨膜运输的方式"的基础。这三节内容的内在联系是:实例→模型(结构)→功能。由此可见,本节"生物膜的流动镶嵌模型"在第四章中起着承上启下的作用,很好地体现了结构决定功能的生物学观点。

本节主要包括了两大部分内容:一是科学家探索细胞膜化学成分与结构的科学史,是适合学生探究性学习的较好素材,可以让学生亲历探究过程,体验科学探究的魅力,在此过程中接受了科学方法教育。引导学生认识科学家是如何提出假设,尝试提出假设,认识假设需要通过实践验证;接受科学理论暂定性的观点;认识科学与技术的关系。二是细胞膜的流动镶嵌模型的基本内容。细胞膜的流动镶嵌模型是目前人们普遍接受认同的,它能较好地解释人们对细胞膜功能的认识。理解和掌握流动镶嵌模型的基本要点,对于更好地理解"物质跨膜运输的方式"具有重要的作用。

2. 学情分析

学生已经了解了细胞的基本结构,掌握了细胞膜是系统的边界和对物质进出细胞具选择性等相关知识,为本节知识的学习奠定了基础。

高中学生具备了一定的观察和分析能力,已初步建立思维的逻辑性。对自然的奥秘具有强烈的探索欲望,但对科学探索的过程与方法及结论的形成缺乏理性的思考与训练。

3. 教学条件分析

上课学校为省级示范学校,多媒体系统等教学条件一应俱全。

4. 教学重点与难点分析

教学重点:生物膜的流动镶嵌模型学说的基本内容。

教学难点:探讨建立生物膜模型的过程如何体现结构与功能相统一的观点。

【教学目标】

1. 通过分析科学家建立生物膜模型的过程,了解科学发现的一般规律。

2. 通过阅读和资料探究后能基于本节内容阐述生物膜的流动镶嵌模型的基本内容。

3. 以电子显微镜为例,说出实验技术的进步在科学发展中所起的作用。

4. 尝试提出问题、做出假设,认同假说的提出要有实验和观察的依据,需要严谨的推理和大胆的想象。

5. 生物膜结构的研究是立足于生物膜具有的功能特点上开展的,能举例说明生物结构与功能相适应的生物学观点。

【教学过程】

表 1

| 教学环节与内容 | 教师组织与指导 | 学生活动 | 教学意图 |
|---|---|---|---|
| 一、创设情境,导入主题 | 展示植物细胞质壁分离图片:<br><br>A　　　　B<br><br>复习:<br>为什么会出现 B 图中的情形?<br>什么情况下会发生质壁分离?什么情况下会质壁分离停止?<br>设疑:<br>为什么细胞是通过吸水或者失水来调节与外界溶液的浓度关系,而不是通过溶质分子进行调节呢? | 回忆,回答问题。<br><br><br><br>引出细胞膜结构。学生思考,带着问题进入新课学习。 | 从已学知识引入,既温故知新,又提出新问题激发学习兴趣,顺利进入新课。 |
| 二、探究细胞膜的组成成分 | 1. 欧文顿的实验<br>问题:研究物体的结构一般需探明什么问题?<br>(教师用手表为例,引导学生一步一步分析,假如要研究手表的结构,要把手表拆开,观察有什么零件,然后要研究这些零件是如何组装,最后研究组装后的手表有什么功能)<br>资料1:<br>呈现科学史料:1895 年,欧文顿(E. Overton)选用 500 多种化学物质对植物细胞膜的通透性进行上万次的研究。发现:凡是可溶于脂质的物质,比不溶于脂质的物质更容易穿过细胞膜。<br>已有的相关知识:相似相溶 | 以学生身边的事物为例,引导学生了解研究物体结构的一般方法。<br><br><br><br><br><br>学生领悟科学需要严谨推理和大胆想象。了解科学家的工作思路,学生演绎推理的能力得到训练。 | |

续表

| 教学环节与内容 | 教师组织与指导 | 学生活动 | 教学意图 |
|---|---|---|---|
|  | 引导学生依据 E.Overton 所观察到的实验现象,以及已有的相关知识,分析、提出假设 | 学生阅读,了解欧文顿的实验,尝试依据材料提供的已有知识对实验现象做出解释。 | 尝试科学探究。 |
| 二、探究细胞膜的组成成分 | 2. 对欧文顿假设的验证<br>**资料 2:**<br>20 年后,另外的科学家第一次将膜从哺乳动物红细胞提取出来,化学分析表明,膜的主要成分是由脂质(主要是磷脂)和蛋白质。<br>问题:<br>科学研究中是如何提出假设的? 提出假设后还需要做什么? | 学习提出假设的方法。了解科学研究中提出的假设还需要实验的验证。 | 学生领会科学探究的基本方法。认识科学认识活动是以实验事实为基础的。尝试科学探究。<br><br>体验实验技术在科学发展中的关键作用。 |
| 三、膜结构的探究 | 1. 朗姆瓦的实验<br>**资料 3:**<br>当时科学家已知的知识:膜的成分;磷脂分子的结构特点。<br><br>亲水头部——<br>疏水尾部——<br><br>**资料 4:**<br>1917 年,朗姆瓦(Langmuir)将磷脂溶于苯和水中,当苯挥发完以后,经过推挤,磷脂分子排列成了单层铺在了水面上。<br><br>固定挡板<br>移动挡板<br>水上脂单层<br>浅盘　标尺<br><br>问题:根据磷脂分子的特点,请推测:在水—空气界面,磷脂分子是如何排列的? | 看图,在教师的讲授下了解磷脂知识。<br><br><br><br><br>看图,思考问题。<br><br><br><br><br><br>根据磷脂分子的特点进行推测; | 识图、了解磷脂特点。<br><br><br><br><br>使抽象的描述具象化,了解科学家的工作方式,营造亲历其境的学习氛围。 |

续表

| 教学环节与内容 | 教师组织与指导 | 学生活动 | 教学意图 |
|---|---|---|---|
| 三、膜结构的探究 | 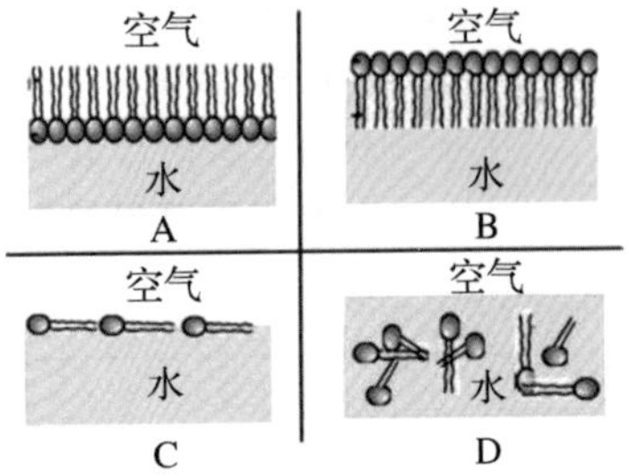 引导学生根据磷脂分子的特点选择答案A,并分析其他选项不符合推测结果的原因。 | 回答问题 | 让学生尝试依据已有的知识,进行推理、大胆的假设,尝试科学探究。 |
| | 2. 对生物膜磷脂分子排列方式的假设与验证<br>问题:细胞内外均为液体的环境,根据上述实验结果,请你设想一下,细胞膜上磷脂分子应怎样排列?<br>引导学生根据磷脂分子的特点分析排列方式,请2位同学在黑板上画出他们的推测简图。然后与下图相对照<br> | 学生分组讨论,依据已有的实验结果,进行推理与大胆的假设:细胞膜中的脂质分子排列为连续的两层。 | 分析现象,推测可能的结论。<br>尝试基于实证的逻辑推理的科学思维方式。<br><br>理解结构与功能相适应的基本观点。 |
| | 资料5:<br>　两位荷兰科学家的假设:1925年,两位荷兰科学家戈特(E. Gorter)和格伦德尔(F. Grendel)根据上述磷脂分子的特点提出,细胞膜是一种磷脂双分子层结构,其中磷脂分子的亲水性头部朝向两侧,疏水性的尾部相对朝向内侧,只有这种结构才可能稳定于细胞内外均为极性液体的环境中。<br>　他们用丙酮(一种有机溶剂,可以溶解脂质)提取人类红细胞质膜的脂类成分,将其铺展在水面,测出膜脂展开的面积二倍于细胞表面积。<br>　问题:该实验证实细胞膜是一种磷脂双分子层结构吗? | 阅读材料、思考,明白假设必须通过实验验证才能得到证实,结果支持假设,假设没有被推翻。<br><br>通过讨论明确,关于细胞膜脂质分子的排列方式依然属于理论推导与假设,并没有被观察证实。 | 理解科学探究的一般原理、方法。 |

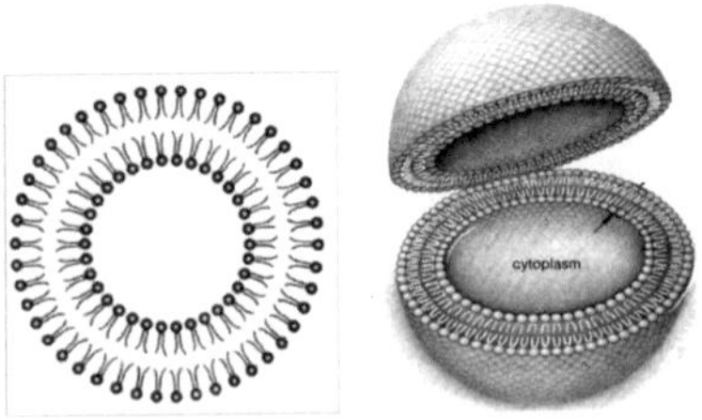

续表

| 教学环节与内容 | 教师组织与指导 | 学生活动 | 教学意图 |
|---|---|---|---|
| 三、膜结构的探究 | 3. 罗伯特森（J.D.Robertson）的模型：<br><br>**资料6：**<br>  1959年，罗伯特森在电镜下观察到细胞膜清晰的暗—明—暗三层结构。提出"蛋白质—脂质—蛋白质"模型（单位膜模型），蛋白质以肽链的厚度覆盖。他认为膜是静态的统一结构。<br><br><br><br><br>蛋白质<br>磷脂双分子层<br>蛋白质<br><br>问题：哪些实验支持罗伯特森假设？<br>  展示动画显示不支持罗伯特森假设的证据：白细胞吞噬病菌、人—鼠细胞融合实验（荧光标记法）<br><br><br><br>**白细胞吞噬病菌的过程** | 观看电子显微镜拍摄图片及罗伯特森单位膜模型图。<br><br><br><br><br><br>回顾此前学习过的科学史实，思考回答：<br>化学分析知道膜含有脂质、蛋白质的实验。<br>测出膜脂展开的面积二倍于细胞表面积实验。<br>电镜观察到膜呈暗—明—暗三层结构。<br><br><br><br><br>观看动画材料 | 感受科学家的工作方式。<br><br><br><br><br><br><br><br>理解科学家的假设是建立在实验基础上的推理。 |

续表

| 教学环节<br>与内容 | 教师组织与指导 | 学生活动 | 教学意图 |
|---|---|---|---|
| 三、膜结构<br>的探究 | 鼠细胞<br><br>问题:从白细胞吞噬细菌实验及人—鼠细胞融合实验可以得出什么结论?<br><br>**资料7:**<br>20世纪60年代,科学家用扫描电镜技术和冰冻蚀刻技术揭示了细胞膜结构中的蛋白颗粒。<br><br><br><br>磷脂分子层<br>膜蛋白<br><br>讨论:单位膜的模型存在什么问题? | 分析实验现象,作出判断:细胞膜具有流动性<br><br><br><br><br><br><br><br><br><br><br><br><br><br><br><br><br>分组讨论,分析新的研究结果与原有理论的矛盾,得出结论:单位膜模型的结构与发现的细胞膜功能不相适应;模型理论与电子显微镜新的观察结果不一致。 | 体验实验技术在科学发展中的关键作用。<br><br><br><br><br><br><br><br><br><br><br><br><br><br>培养批判性思维的能力。<br>理解新的实验证据与原有的理论发生矛盾时,理论将被完善甚至推翻。<br>理解结构与功能相适应的基本观点。<br>理解科学知识具有暂定性的特点。 |

续表

| 教学环节与内容 | 教师组织与指导 | 学生活动 | 教学意图 |
|---|---|---|---|
| 三、膜结构的探究 | 4.1972年,桑格和尼克森在继承与创新中提出流动镶嵌模型如下图所示 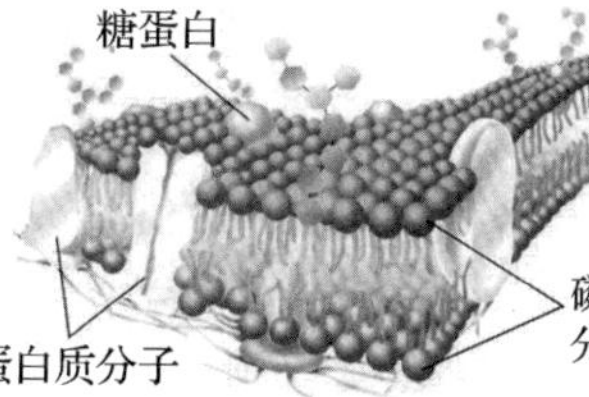<br><br><br>糖蛋白　磷脂分子　磷脂双分子层　蛋白质分子<br>细胞膜的结构示意图<br><br>从下列4个方面,引导学生分析得出流动镶嵌模型内容<br>(1)生物膜的化学成分<br>(2)磷脂分子的存在形式<br>(3)蛋白质分子存在形态<br>(4)生物膜的结构特点 | 学生归纳分析科学史料,得出:<br>生物膜的化学成分主要由蛋白质和脂质组成;<br>磷脂双分子层为基本骨架,其中磷脂分子的亲水性头部朝向两侧,疏水性的尾部相对朝向内侧;<br>蛋白质分子的位置有镶在表面、嵌入、横跨三种。在细胞膜的外侧,膜外有糖蛋白构成的糖被。<br>生物膜的结构特点是具有一定的流动性(磷脂分子和蛋白质分子是可以运动的) | 培养归纳能力、想象能力。 |
| 四、归纳 | 问题:<br>(1)生物膜的流动镶嵌模型的内容哪些是实验证明了的?<br>(2)哪些是科学家的推测?<br>(3)模型是不是就完美无缺了? | 讨论回答:<br>(1)生物膜的成分、流动性已得到证明<br>(2)磷脂的排列方式、蛋白质与脂质的关系还是科学家的推测<br>(3)模型还有不确定的推测因素,模型不是完美无缺的 | 理解科学研究的理论(假设)与客观规律的区别 |

【板书设计】

生物膜的流动镶嵌模型(第二节)

一、生物膜的成分的探究:脂质(主要是磷脂)、蛋白质、糖类(少)

二、模型构建

1.单位膜模型

2.流动镶嵌模型

关键词:磷脂双分子层　蛋白质镶嵌　糖被(外)　流动性

**【作业设计】**

结合生物膜的流动镶嵌模型的内容,利用生活上找得到的废弃物做一个细胞膜的流动镶嵌模型。

**【教学反思】**

《普通高中生物课程标准》明确指出:"提高生物科学素养、面向全体学生、倡导探究性学习、注重与社会生活的联系。"这是新课程生物学教学的基本理念,本节课试图让学生在课堂上领会科学家的探究思路和工作方法,掌握生物膜流动镶嵌模型的内容,对科学的本质有初步的理解。在这节课中,围绕学习主题,设置适宜的问题探究,让学生们充分思维,引导学生逐步建立生物膜的流动镶嵌模型,给学生留下深刻的印象。本节课立意较高、过程流畅、语言简约生动、主线清晰,受到听课老师的好评。

由于笔者有较长时间脱离一线课堂,转做教研工作,因而在课堂时间的把控上不太准确,前半段的时间把控较松,而使最后的讨论时间稍紧。

# 《基因是有遗传效应的 DNA 片段》教学设计
## ——基于论证式教学策略

厦门第一中学　许桂芬

**【教材分析和教学策略】**

本节为人教版高中《生物》必修 2《遗传与进化》第三章第四节内容,教材点明了基因与 DNA、基因与遗传信息的关系,是对本章《基因的本质》的概括和提升,也为第四章《基因的表达》作铺垫,起承上启下作用。基因的本质,基因的脱氧核苷酸序列与遗传信息多样性的关系比较抽象,不容易理解,是本节的重点和难点。需要先让学生认识到:一个 DNA 分子不等于一个基因,基因只是 DNA 片段;然后理解基因是有遗传效应的 DNA 片段;再通过学生活动,构建碱基排列方式的数学模型,帮助学生理解遗传信息的含义、DNA 分子的多样性和特异性。

本节课的设计思路是基于论证式教学策略,借助教材资料分析、探究平台和讨论题→引导学生思考和分析→指导学生总结和评价→最后得出基本概念(即主张)的论证式教学过程。

那什么是论证和论证式教学呢? 论证是班集体围绕某一论题利用科学的方法收集证据,运用一定的论证方式解释、评价自己及他人证据与观点之间的相关性,促进思维的共享与交锋,最终达成可接受结论的活动。论证式教学就是从分析"资料"得出"主张",再促成"主张"得到"认可"的教学过程(见图 1)。本节课开展论证式教学,重在科学方法和科学思维的训练。

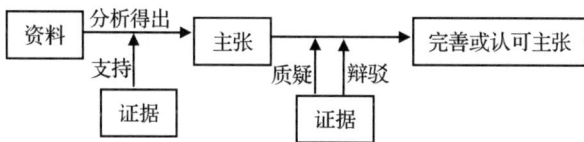

**图 1　改自 Toulmin 的论证模式**

**【教学目标】**

1. 知识目标　举例说明基因是有遗传效应的 DNA 片段;说明基因、DNA 和染色体三者之间的关系以及基因的本质;说明基因和遗传信息的关系。

2. 能力目标　学会分析材料得出主张的方法;学会运用数学方法说明 DNA 分子的多样性和特异性。

3. 情感态度与价值观目标　体验 DNA 理论知识的奇妙应用,激发对科学的热爱。

**【教学过程】**

1. 基因概念的论证式教学

提供各种资料(来自师生共同收集的已学、教材或课外等资料),让学生通过对资料的实例分析和讨论,理解"基因与 DNA 的关系",形成"基因概念"和"基因与遗传信息的关系"的主张,再列举更多的论据来支持主张。在推理过程,教师要随时关注学生探求问题的路径,引导学生确立事实、推理与主张之间的关系,以及知识之间的逻辑关系;引导学生循序渐进、步步深入地得出主张,并在质疑中守住主张。

(1)开门见山,导出课题

从已学的遗传物质基础知识导出要探究的问题:"摩尔根将基因定位在染色体上,又有科学家证明了染色体中只有 DNA 是遗传物质,那么,基因是不是 DNA? 基因与 DNA 有什么关系?"让学生明确要探究的目标。

(2)自主选取资料,启动论证活动

收集资料,如教材的四则资料分析:①大肠杆菌细胞的拟核有 1 个 DNA 分子,长度约为 4700000 个碱基对,在 DNA 分子上分布着 4400 个基因,每个基因的平均长度约为 1000 个碱基对。②某种海蜇 DNA 分子上有绿色荧光蛋白基因,转入海蜇该基因的转基因鼠,在紫外线的照射下也能像海蜇一样发光。③人类基因组计划在测定了 24 个 DNA 分子的碱基序列时,发现构成基因的碱基数占碱基总数的比例不超过 2%。④科学研究发现,具有 HMGIC 基因缺陷的实验鼠与作为对照的小鼠,吃同样多的高脂肪食物,一段时间后,对照组的小鼠变得十分肥胖,而实验鼠体重仍然保持正常。

通过课件切换设置,学生自主选取资料,分析讨论,思考每个资料分别从哪些方面说明基因与 DNA 的关系? 应用论证式教学策略分析不同"资料",得出各自的"初步主张",并做出合理解释。

引导学生仔细推敲不同资料之间的逻辑关系,分辨不同资料间是否存在相互支持关系,若甲资料支持乙资料所得出的主张,则甲资料即成为支持乙主张的论据。学生分析教材资料①③均得出主张 1——"基因是 DNA 片段",则两资料可互为主张 1 的论据;分析资料④得出主张 2——"基因有遗传效应,能控制生物性状";分析资料②,支持主张 2,成为主张 2 的论据。再整合归纳各自主张,逐步完善基因与 DNA 的关系,即可进一步得出主张 3"基因是遗传物质的结构单位,可以独立起作用"。

总结上述三个初步主张可得出"基因概念"的主张——"基因是具有遗传效应的 DNA 片段,是控制生物性状的遗传物质的结构单位和功能单位"。

(3)经过质疑和辩驳,捍卫主张

质疑 1:上述"基因是 DNA 片段"主张是由资料推导得出,缺乏直接证据,这样的主张不能被接受。

找到证据,支持主张:引导学生回忆已学资料进行辩驳,学生容易想到"基因在染色体上呈线性排列"的证据,即摩尔根和他的学生发明了测定基因位于染色体上相对位置的方法,并绘出位置图(见图 2),该证据支持了"基因是 DNA 片段"的主张,也说明了"基因在 DNA 上分布是不连续"。

再质疑:以上"基因定位法"也是通过计算推算得出的,证据还是不直接。

再找证据,坚守主张:现代分子生物学技术能够用特定的分子,与染色体上的某一个基因结合,这个分子又能被带有荧光标记的物质识别,通过荧光显示,就可以知道基因在染色体上的位置(见图3)。

质疑2:小鼠体内的 HMGIC 基因与肥胖直接相关,只是个案,怎能断言基因能控制生物性状?

其他论据驳斥:引导学生回忆许多转基因生物的例子。如,人的胰岛素基因拼接到细菌 DNA 上,也能合成胰岛素;细菌抗虫基因拼接到棉花细胞,棉花也能抗虫。转基因生物例子支持了"1 个基因就是 1 个独立的片段,能控制生物性状",从而支持上述主张。

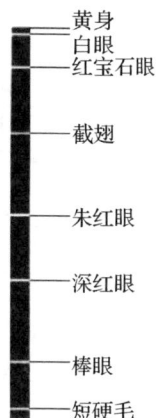

图2 果蝇的一条染色体上的基因

### 2. 遗传信息多样性的探究与论证式教学

"脱氧核苷酸序列与遗传信息多样性的关系"是教学难点,可按以下线索展开探究与论证教学:引出"遗传信息"→探寻"遗传信息是什么?"→探究"遗传信息的多样性"→推知"遗传信息的特异性"。

在探究"遗传信息多样性"环节,可组织学生尝试构建"脱氧核苷酸序列"的数学模型,领悟遗传信息的多样性和特异性,认同 DNA 分子结构的多样性和特异性。

(1)视频激疑,引出探究问题

通过播放视频——2011 年信阳汽车爆炸案后认尸骨,吸引学生,产生探究遗传信息的多样性的强烈欲望。学生疑问:"如何辨认遇难者身份?"老师引导学生思考"尸体已经烧焦,无法从外表容貌区分不同身份,需辨认不同人的 DNA。"引出新的问题"如何区分不同人的 DNA?"回忆旧知识"因为遗传物质 DNA 中蕴含决定性状的遗传信息,不同人的 DNA 的遗传信息不同。"

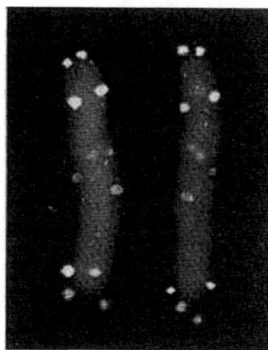

图3 现代分子生物学技术
将基因定位在染色体上

通过层层剥离,引出核心问题"遗传信息可能储存在 DNA 分子的哪一部分结构中?"

(2)开展活动探究,寻找证据,得出主张

开展小组合作探究活动:前后桌 4 人组成一个小组,每小组发一套脱氧核苷酸的组建模型,老师引导学生组装 5 对 4 种不同的脱氧核苷酸,再排排序。(见图4)

**探究问题1:5 对 4 种不同的脱氧核苷酸可以组合出多少种排列?若某基因由长度为 17 个碱基对的脱氧核苷酸序列组成,那么 17 个碱基对可以排列出多少种的基因?$n$ 对碱基呢?**

学生在动手组装过程中,发现脱氧核苷酸长链上每个脱氧核苷酸所含的含氮碱基都可变,可以是腺嘌呤、鸟嘌呤、胞嘧啶、胸腺嘧啶中的任意一种,则每对脱氧核苷酸的排列方式有 $4^1$ 种,2 对的排列方式有 $4^2$ 种……5 对或 5 对以上碱基对的排列顺序更是千变万化。教师引导学生推算并用数学方法准确描述不同碱基对排列数,建构"脱氧核苷酸序列与遗传信息多样性关系"的数学模型为:$N_{17}=4^{17}$,$N_n=4^n$($n$ 表示脱氧核苷酸对数,$N_n$ 表示 $n$ 对碱基

对的排列数)(见图5)

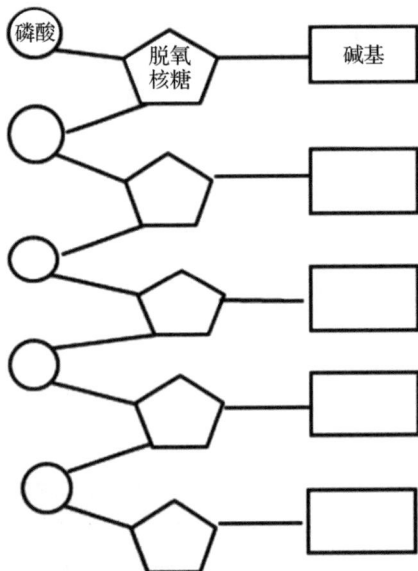

图 4　脱氧核苷酸片段　　　图 5　脱氧核苷酸中段

**探究问题 2：你或你同桌，这个基因的脱氧核苷酸序列是否特定？若你与你同桌相比，这个基因的脱氧核苷酸序列完全相同的可能性有多大？**

——该基因含 17 对脱氧核苷酸，其排列方式共有 $4^{17}$ 种，每个人该基因脱氧核苷酸序列均是 $1/4^{17}$，且是特定的。两个人之间该基因的脱氧核苷酸序列完全相同的可能性是 $4^{-17}$ · $4^{-17}$。

质疑：两个人完全相同的可能性应该不是 $4^{-17}$ · $4^{-17}$，而是 $4^{-17}$。

为"质疑"辩驳：根据碱基互补配对原则，序列中的每个碱基对都可能重复 1 次，$4^{17}$ 对碱基可能重复 $4^{17}$ 次，因此，完全相同的可能性应该是 $(4^{-17} · 4^{-17}) · 4^{17} = 4^{-17}$。

得出主张：不同个体的 DNA 分子中遗传信息具有多样性，每个人的该基因的碱基序列都是特定的，这就构成遗传信息的特异性。

(3)质疑和辩驳，捍卫主张

学生质疑：上例 17 个碱基对所有序列都有机会出现吗？为什么人类肤色只有 4 种，眼皮只有 2 种类型？……

教师引导学生思考与辩驳：理论上，每个基因的碱基对可以随机排列，但大量随机排列的核苷酸序列一般不能表达出某种适应环境的性状，这种序列在长期进化过程中会逐渐被淘汰掉。因此，事实上，基因碱基对的排列方式不可能都出现。

学生质问：基因的碱基对排列方式没有想象中的那么多，甚至由基因控制的许多种性状只有 2～4 种表现类型，那么，"遗传信息的多样性和特异性"还成立吗？上述信阳汽车爆炸案的尸骨还能准确认领吗？

析疑：不同个体的 DNA 分子存在相似和不相似部分。其中相似部分主要指能表达蛋白质的碱基对序列，不相似部分主要指不表达蛋白质的碱基对序列。因此，生物体表现出的性状没有想象中的那么多,如肤色只有 4 种。不表达性状部分的碱基对序列仍然多种多样,不同个体千差万别,因此,完全可以支持不同身份的识别。

学生再质问:识别不同的 DNA 分子的技术问题如何解决?

提供证据析疑:1984 年发明的 DNA 指纹技术可以破解该难题。DNA 指纹技术是指用合适的酶将待检测的样品 DNA 切成片段,经电泳将这些片段按大小分开,再经过一系列步骤,最后形成一系列带纹,这种带纹在个体之间具有显著的差异性,故称为"DNA 指纹"。英国遗传学家杰弗里斯对白种人的研究表明,两个随机个体具有完全相同的 DNA 指纹图的概率为 3000 亿分之一(即 $3×10^{-11}$),两个同胞个体具有相同图谱的概率也仅仅为 200 万分之一(即 $2×10^{-6}$)。故 DNA 指纹技术完全可把 DNA 作为像指纹那样的独特特征来识别不同的人。

**【教学反思】**

论证式教学非常注重论据,期待学生以提供理由或论据的方式来互动交流,捍卫或批驳某个立场或观点,是一种充满"理性"的教学方式。本节教学设计基于论证式教学策略,坚持两个理念:其一,观点是不能猜的,一定要说出得出观点的理由或证据;其二,知识不能直接灌输给学生,而要在具体的活动中建构起来。"基因的概念,基因与遗传信息的关系"的教学中,均在提供有效资料的基础上,在教师引导下,通过学生的一个一个的互动主动,构建起各自的观点,学生再通过证据来证明学生的观点或阐述自己的观点。由于论证式教学非常强调证据确凿,推理与论证严谨,思维交锋激烈,因此,使学生对科学概念和本质的认识更加深刻化,批评性思维等多种思维也得到发展。

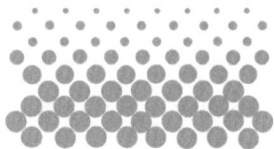

# 体 育

# "篮球课教学"设计与构想

龙岩第一中学 吴张宜

随着传统教育、教学观念的转变,随着新课程标准"体育与健康"的出台,实施真正意义上的"以教师为主导,以学生为主体"的课堂教学,已经进入一个崭新的阶段。关注学生如何通过体育实践活动,提高身体、心理和社会适应能力;如何掌握基本的体育与健康的知识和技能,形成坚持体育锻炼的习惯和生活方式,成为体育教学的主要目标。

一、指导思想

1. 强调在教师启发引导的基础上,让学生通过独立思考和实践,获得知识,技术和技能。

2. 充分重视教学过程中"学"的因素,即在充分发挥学生自主的基础上,教师采用各种灵活多样的教学手段,创造条件,积极引导,使学生主动探索,开发智力、发展体能,让学生成为学习的主人。

3. 重视"问题法",从青少年好奇、好问、好动的心理特点出发,以培养探究性思维的方法为目标,以基本教材为内容,使学生通过再发现的步骤进行学习。

二、教学目标

1. 培养学生积极参与的兴趣,并在练习中逐渐运用科学的锻炼方法。

2. 使大多数学生能初步了解所学技术的基础知识,并在实践中教好地运用能力。

3. 发展学生体能,形成正确的动作姿势,加深对技术动作的理解,注意安全保护。

4. 锻炼学生的意志品质,并根据自己的能力设置学习目标。

5. 师生情感融洽,积极主动、协作配合,在活动中得到满足。

教学目标在"三基"的基础上,重视学生在学习过程中对知识的理解和深化,在技术、技能上允许学生的个体差异;重视在实践活动中每个人的收获,学习进步的大小;情感教育使学生在良好的教育氛围中感受到集体的温暖、感受到教师的亲情、感受到同学之间的友情,从而激发学生对知识的求知欲望和兴趣的提高。

三、教学设想

1. 设计说明

本课在设计过程中,打破了以往先讲技术并示范,后让学生按教师要求进行学习、练习的常见教学程序,而是从学生的兴趣出发,根据学生自身发展的需要和学生对技术动作掌握情况为依据(如学生从篮球的运球、传、接球学起)来进行设计的。具体设计流程图如下:

$$
\begin{array}{l}
\left.\begin{array}{l}\text{自选游戏}\\\text{创编操}\end{array}\right] \!\!—\text{热身——激发学习兴趣}\\
\text{观察练习——展现自己的想象——发现问题}\\
\text{模仿练习——师生示范、模仿练习——解决问题}\\
\text{运动练习——自选练习——初步形成适合自己的方法}\\
\text{反馈学习——个别示范——找出自己的错误并改正}\\
\text{小组比赛——体验成功练习的喜悦}
\end{array}
$$

2. 创新说明

首先,是教案设计的"新款式",层次分明,一目了然,给人以耳目一新。

其次,打破了以教师为主体的传统教法,变以教师为主体的"教着学"和以学生兴趣活动为主体的"学着做",充分体现了现代体育教学的实用性。让学生在游戏中体验快乐生活,使整个课堂充满了生机和快乐,充分体现了快乐体育教学的魅力。

再次,通过多媒体、挂图、卡片等教学手段,让学生自己对技术的掌握情况自选练习方式,有利于激发学生学习兴趣,有利于学生对技术的发挥,这是本课创新教学的又一探讨。

第四,根据本课的教学进程,及时地发现解决问题、及时地做出阶段评价,来提高教学质量。

四、操作程序说明

本课进入基本部分主要采取"尝试—点拨—练习—交流"的教学模式,其4个步骤的程序如下:

1. 尝试

在学生对学习项目没有体验、没有概念的情况下,教师的讲解与示范能起到一定的作用,但由于体育学习是身体的练习,这个作用只有通过自身的体验,才能起到模仿的作用。可能本课中学生尝试时的动作会五花八门,但学生只要能通过身体各部分,包括对肌肉、关节等的运动有所体验,再经过教师的讲解、示范就容易学会。其次,学生五花八门的动作也能让教师从中观察到学生动作的存在问题与采取较为成功的教学方法起到积极的作用。

2. 点拨

本课中的第二步教学才采取讲解、示范的教法,比较容易让学生接受。由于学生在尝试中的动作技术没有掌握,导致成绩不理想,学生就有学习的欲望,希望教师的指导能改变学生不理想的现状。使"要我学"变"我要学"。同时,教师可以在第一步教学中发现学生技术动作的症结。从而有的放矢地点拨,并能因人而异地教学,改变眉毛、胡子一把抓的现象。

3. 练习

第三步的练习,是经过点拨后的练习,与尝试就有不同的体验,是在理解了动作技术原理后的较为有目的的练习,而且在教学中练习采取了一些辅助的方法,以解决普遍会产生的问题,这样的练习才是区别于"尝试"阶段有积极作用的练习。同时。练习不是仅在此环节中出现,而是会反复多次,如练习后,问题较多,还可再补"点拨"或在交流后,再反复练习,以达到掌握动作技能的同时,也让学生学会练习,自主练习的教学目标。

4. 交流

此环节是通过集体比赛的交流,既创造了一个让学生展示自己才能的舞台,起到发展个性、锻炼自己的作用。同时,也创设一个启发学生思维,充分参与讨论,分析问题,发表自己观点的研究性学习的氛围,教学中,最后通过教学比赛的形式,将学习推向高潮,也起到了评价教学效果的作用。通过竞争,提高学生锻炼的积极性,提高学生竞争意识,让学习气氛活泼,场面热烈,从而使教学效果达到较高水准。

五、场地器材

1. 篮球场 2 片。

2. 篮球若干个。

3. 放像设备一套或篮球挂图。

六、预计运动负荷

1. 以学生自选练习为主,给学生自由快乐的发挥技术空间。

2. 预计:练习密度约为 40％～50％。

3. 练习强度因学生掌握技术的不同而定,平均心率约为 130～140 次/分,强度指数:约 1.63,最高心率:150～160 次/分。

【教案】

任课教师:吴张宜

一、教学对象

高二(7)班。男:26 人;女:24 人。

二、课 例

水平五。

三、教 材

1. 行进间体前变向换手运球;传、接球与投篮。

2. 教学比赛

## 四、课 题

面向全体学生,营造发展学生个性和创造性学习环境。

## 五、教学主张

尝试、点拨、练习、交流。

## 六、教学目标

1. 培养学生积极参与的兴趣,并在练习中逐渐运用科学的锻炼方法。
2. 使大多数学生能初步了解所学技术的基础知识,并在实践中教好地运用能力。
3. 发展学生体能,形成正确的动作姿势,加深对技术动作的理解,注意安全保护。
4. 锻炼学生的意志品质,并根据自己现有的能力设置学习目标。
5. 师生情感融洽,积极主动、协作配合,在活动中得到满足。

## 七、教学过程

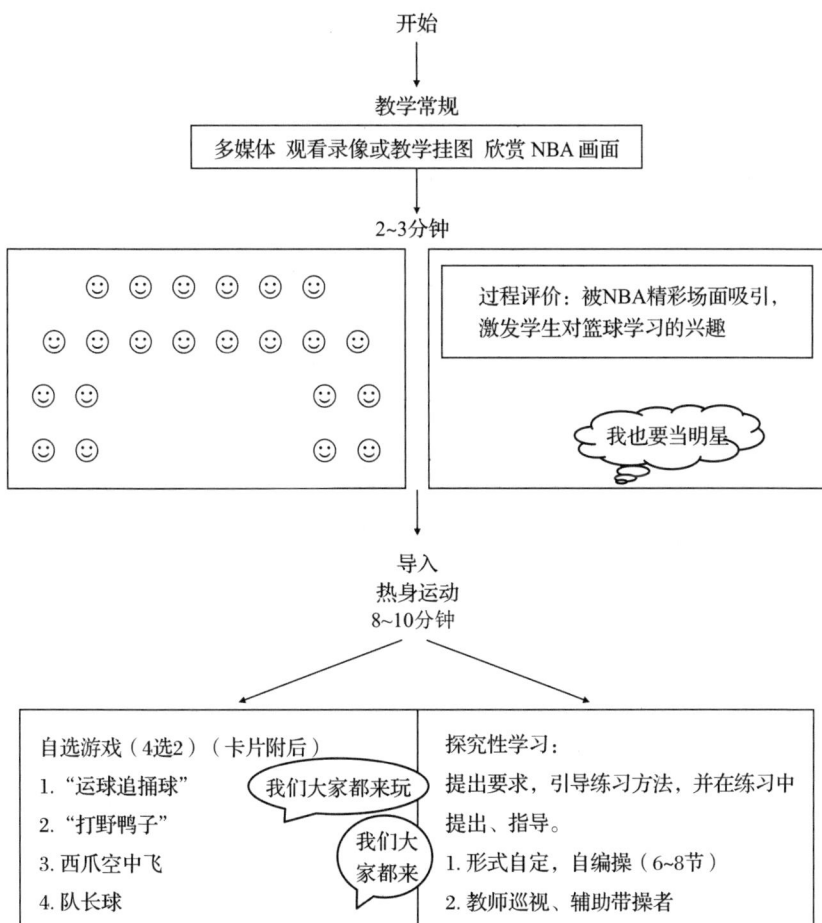

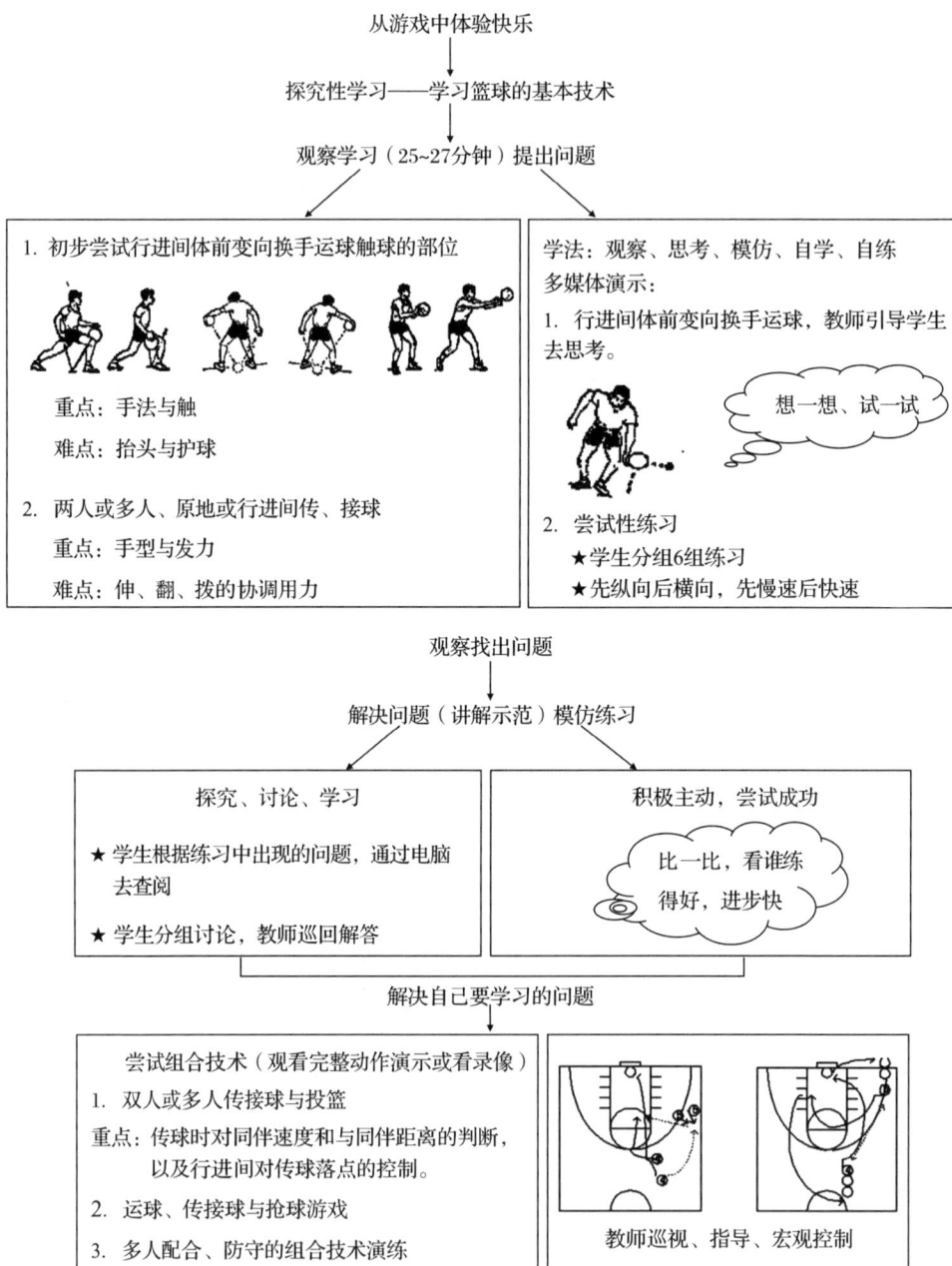

从游戏中体验快乐

探究性学习——学习篮球的基本技术

观察学习（25~27分钟）提出问题

1. 初步尝试行进间体前变向换手运球触球的部位

重点：手法与触

难点：抬头与护球

2. 两人或多人、原地或行进间传、接球

重点：手型与发力

难点：伸、翻、拨的协调用力

学法：观察、思考、模仿、自学、自练

多媒体演示：

1. 行进间体前变向换手运球，教师引导学生去思考。

想一想、试一试

2. 尝试性练习

★学生分组6组练习

★先纵向后横向，先慢速后快速

观察找出问题

解决问题（讲解示范）模仿练习

探究、讨论、学习

★学生根据练习中出现的问题，通过电脑去查阅

★学生分组讨论，教师巡回解答

积极主动，尝试成功

比一比，看谁练得好，进步快

解决自己要学习的问题

尝试组合技术（观看完整动作演示或看录像）

1. 双人或多人传接球与投篮

重点：传球时对同伴速度和与同伴距离的判断，以及行进间对传球落点的控制。

2. 运球、传接球与抢球游戏

3. 多人配合、防守的组合技术演练

教师巡视、指导、宏观控制

选择适合自己练习的内容　　　　掌握技巧
反馈学习　　　　　　　　　　找出不足

| 1. 集合个别练习　纠正错误　找出不足　2. 同学示范　教师指导纠正 | 用摄像机播放学生练习过程，进行矫正反馈，激发学生练习的兴趣和积极性 |

教学比赛　　　　　　　成功体验

| 学生自由组合小组比赛（让学生体验成功练习的喜悦）<br><br>★挑战自我　★延伸迁移<br>要求：尽可能采用已学过的相关技术与战术 | 教师巡回指导<br>关键：1. 引导学生认识到配合的关键性，以及整体"作战"的必要性<br>　　　2. 加强同学间的配合意识 |

快乐放松 ←→ 恢复原始状态
3~4分钟

| 跟教师一起随音乐放松或学生自己放松<br><br>谢谢老师！<br>祝你成功！ | 教学评价：<br>★ 教师帮助学生解惑，使每位学生看到自己的进步。<br>★ 通过学生自评、互评，增强自信心，感受到集体的温暖和情感的愉悦<br>★ 还器材 |

在轻松愉快中结束

**【教学反思】**

本节课对篮球教学手段进行了尝试：在教学指导思想上，主张以育人为出发点和归宿，面向终身体育，从情感教学入手，强调乐学、勤学，育体和育心相结合；在教与学的关系上，强调学生是主体，教师是主导，二者相结合；在教学结构上，主张教学活动是认知、情感、行为的统一。强调体育教学应是融知识、情感与身体发展为一体的三维结构；在教法上，主张启发式的创造教学，强调教法的多样性和学法的实效性；在教学组织上，主张严密的课堂纪律与生动活泼的教学氛围相结合，强调信息的多向交流与教学环境的优化。本堂课灵活运用多层次分组，充分利用体育干部、体育特长生及该项目掌握较好同学的传、帮、带作用，不但能够提高教学的有效性，还能够提高学生互帮互助的意识和能力，达到共同进步的目的。体育教学活动往往都以探究性较强的素材作为活动内容，因此，活动中给学生留有独立思考的时间，使之通过对问题的思考和探索，自主地构建知识，获得体育体验。同时，要尽可能地为学生开辟探索的渠道，使各个环节都能渗透过程与方法、情感与态度，拓展体育活动的空间。增强师生间、生生间的相互交流、相互沟通、相互启发、相互补充，构建起讨论交流、合作探究的模式。合作学习作为一种重要的学习方式，在体育教学活动中被普遍引用，教学活动是否有效，一定程度上取决于小组合作学习的有效性。

**【教师点评】**

吴张宜老师这节课的教学目标的定位和练习内容的选择有灵活度，整堂课的教学设计、首尾连贯、环环相扣、合理流畅,教师的篮球功底和教学经验可见一斑。在教学指导上,能发挥组织、启发等作用,克服单纯的竞技化教学,切实关注学生在学习过程中的主体地位,充分调动学生学习的自主性、能动性和创造性,在拓展教育内涵和追求学习效果的多样性的方面做了不少有益的尝试,确实是一节好课。课中不少新颖的手段值得借鉴。导课时,其"交流"活动能给学生一个展示自我的平台,所取得的教学效果充分体现了她的教学主张"尝试、点拨、练习、交流"全过程,学生的参与积极性相当的高,始终洋溢着热情与奔放,淋漓尽致地体现了新课程理念中提倡的学生主体地位以及教师的主导地位,特别是课的内容设计中穿插了学生间的互相探究,较好地解决了把探究内容融入常态课,取得了理想的效果,这也是这堂课最大的亮点,教师本身的上课激情、言语语调的把握以及教法手段的娴熟运用,充分地调动了学生的练习积极性与参与主动性,使课堂的气氛和谐生动,特别是课中的每一个环节练习,通过教学方法、手段的变化,使内容化枯燥为生动,学生练习变得十分积极主动。

(点评人:陈珏璐　龙岩市新罗区教师进修学校)

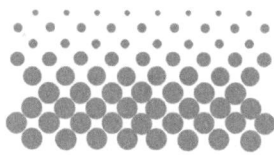

# 信息技术

## "剖析数据库"(第一课时)教学设计

厦门第一中学　吴旭日

**【设计意图】**

在上节课中,我们通过一些简单的数据库应用实例,让学生了解了数据库管理系统在信息管理中的优越性。在本节课中,由于涉及的概念及方法较多,内容较为抽象,不容易理解,采用案例学习与问题驱动相结合的教学策略,让学生通过对实例的探究与学习,逐步了解应用数据库进行信息管理的基本思想和方法,保证教学活动的紧凑有序。首先,我们通过一个Flash动画,形象地展示一个数据库应用系统从软件界面到基础数据表的层次结构,并将这些数据表与学生较为熟悉的Excel电子表格进行对比,引导学生认识数据库的组织方式和数据管理方法,完成数据库的剖析与认识过程。数据库的建库操作是本节课的难点。如果直接将操作步骤告诉学生,会显得单调和枯燥。为了突破这个难点,我们设置了一个主题活动——"往原有数据库中添加'通讯录'数据表"。该任务既可很好地与前面的内容相衔接,也可以让学生亲身体验数据库的建库过程。学生以小组探究为主,教师通过设问加以引导,学生的学习情况通过网络平台进行展示交流,充分激发学生学习的热情。最后,教师运用Access数据库管理系统,将学生的研究成果形成数据库文件,再次让学生体验数据库的组织形式和管理数据的方法。

1. 知识目标

(1)通过数据库实例,让学生认识数据库的基本结构,学会分析数据表间的关系;

(2)结合实例,了解数据库的建库方法与步骤;

(3)了解数据库进行信息管理的基本思想和方法,进一步认识数据库在存储、管理大量数据方面的优势,提高学生学习的积极性。

2. 能力目标

(1)培养学生收集信息和观察、分析、理解、归纳信息的能力;

(2)培养学生理论联系实际的能力,学会知识的迁移;

3. 情感,态度与价值观目标

(1)掌握探究式学习方法,让学生"学会学习";

(2)培养学生的协作学习能力,养成同学间团结互助,分工协作的团队精神;

(3)以"班级管理"数据库为例,培养学生热爱班集体,主动参与班级管理的精神。

**【教学内容分析】**

1. 教材分析

《剖析数据库》是广东省教育出版社《信息技术基础》第五章第三节中的内容。在上一节中,同学们运用数据库管理系统,对一些常见的信息管理系统进行操作实践,初步了解了数据库在数据存储、管理、检索等方面的优势,从而对"数据库是如何产生的? 以及如何利用数据库来组织和管理数据?"产生了浓厚的兴趣。本节内容正是为了解决同学们的上述疑问而设定的。教材选用的案例是"校本课程.mdb"数据库。为了激发学生的学习热情,我们对案例进行了重新设计,选用学生熟悉的"班级信息管理.mdb"数据库,将本班同学作为研究对象,通过小组讨论、实践探究等方式,让学生了解数据库管理信息的基本思路和方法,理解数据库的概念,并通过亲身经历,体验数据库的建立过程,学会建立数据库的方法,也为第四节综合活动做好充分的知识准备,同时对选修课"数据管理技术"的学习也将有所帮助。

2. 学情分析

在上一节中,学生对利用数据库进行信息存储和管理有了一定的了解,对"如何利用数据库来组织、管理和检索信息"产生了兴趣,并由此引发深入学习的欲望。但是,大部分学生对数据库的结构和数据的输入方法还是知之甚少,因此教学时,我们从学生最为熟悉的问题出发,通过层层剖析,让学生在探究和讨论中,逐渐认识和感受到数据库信息管理的优越性,激发学生对信息技术学科的学习兴趣。

3. 教学重点、教学难点、教学关键

教学重点:通过对简单数据库解剖和探究,了解数据库基本组成,了解数据库管理信息的基本方法。

教学难点:从实际需求出发,设计一个合适的数据库解决方案,达到方便快捷存储和管理数据目的。

教学关键:本节涉及的概念及专业术语较多,内容较为抽象,学生不容易理解和掌握。合理创设教学情境,通过问题探究,让学生在探究活动中亲身体验本节课的知识内容,是本节课教学成功的关键。

4. 课程安排

2课时,本节课为第一课时。

**【教学环境要求】**

1. 带有网络环境的多媒体教室;

2. "教学管理系统"网络交流和评价平台。

**【教学资源说明】**

本课中的案例"班级信息管理系统"是一个教师根据本校的实际情况设计的一个数据管

理软件,基础的数据库共有两张表,分别是:班级基本信息表(姓名,学号,性别,出生年月,户口,照片,初中毕业校);初中毕业校统计表(学校名称,地址,邮编,联系电话)。

【教学流程图】

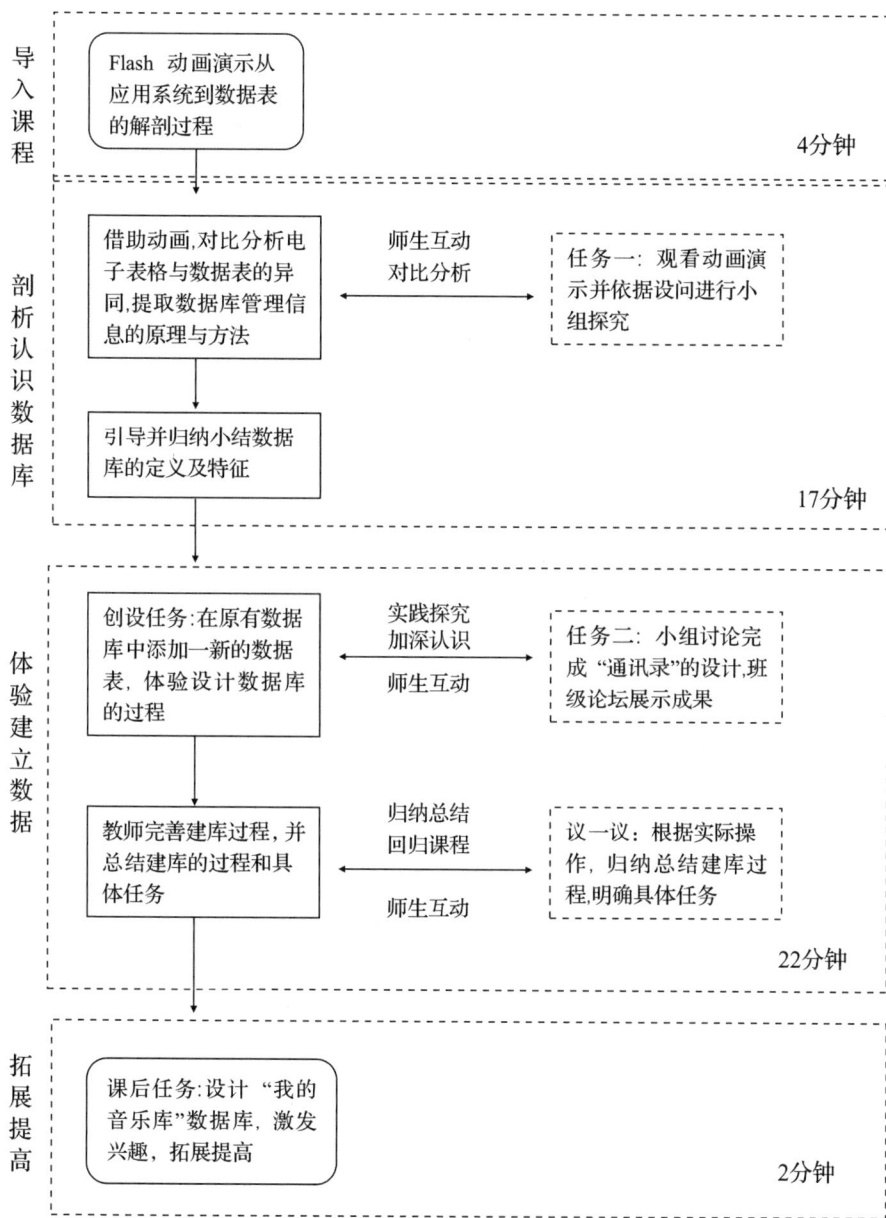

图 1

**【教学过程】**

表 1

| 教学环节 | 教师活动 | 学生活动 | 设计意图 |
|---|---|---|---|
| 创设情境，设疑激趣<br><br>4分钟 | 　　在上一节课中，我们分小组体验了一些常见的数据库应用系统，感受了数据库在存储、管理大量数据和检索信息等方面的优越性，下面我们一起来思考以下两个问题：<br>　　1. 数据库为什么会具备如此强大的功能？<br>　　2. 数据库是由什么构成的？<br>**【播放视频】**<br>通过 Flash 动画，形象展示数据库系统的创建过程：<br>　　1. 演示大家熟悉的应用系统操作界面；<br>　　2. 展示相关问题；<br>　　3. 打开一张 Access 基础数据库；<br>　　4. 打开数据库中的两张数据表，观察数据表中的内容。 | 在原有认知的基础上进行观察和思考，探究老师提出的问题。 | 利用 Flash 动画，形象地展示数据库应用系统从用户界面到数据表的层次模型，激发学生的兴趣。 |
| 分析、认识数据库<br><br>13分钟 | **【任务一】观看动画，小组探究**<br>　　1. 在 Flash 动画片中，数据库是如何存放数据的？<br>　　师：数据库是通过表格来存储相关数据信息。<br>　　2. 数据库与我们常见的 Excel 电子表格在存放数据方面有何不同？<br>　　师：两者从表面看似乎一样的，但实际上它们是不同的。Excel 表格中的各个数据表是独立的，而数据库中的数据表则可以通过关键字进行相互关联。<br>**【操作实践】**<br>　　打开两个 Excel 电子表格文件，并将工作表中的内容拼接在一起。<br>　　演示如何在工作表中查询"秦朗"同学初中毕业学校的信息。<br>　　观察与思考：如果将不同 Excel 文档中的多张工作表拼接成一张，是否可以像数据库一样实现快速检索？<br>　　师：不可以，因为相对来说数据库对数据的组织更严密，要求每一列（字段）的数据类型必须相同，如果只是进行简单的表格拼合，可能会造成大量的数据冗余，不利于数据的修改更新，以及其他数据库操作。<br>　　4. 观察与思考：在 Flash 动画演示中，如何运用据库查询"秦朗"同学的中学信息？<br>　　师：利用姓名匹配"基本信息表"，再通过关键字"毕业学校"与"初中毕业校信息表"中的相关字段进行关联，从而检索所需信息。 | 通过观察和小组探究，了解数据库的组成及实现过程。<br><br><br><br><br>在活动中提出质疑，学会分析问题和解决问题的方法，使学习能力得以提升。<br><br><br><br><br>主动思考，积极参与活动。 | 从学生最熟悉的电子表格出发，通过对比分析，了解不同软件对数据管理的不同方法，了解数据库的组织和管理方式。 |

续表

| 教学环节 | 教师活动 | 学生活动 | 设计意图 |
|---|---|---|---|
| 理解数据库的定义。<br><br>4分钟 | 通过前面的学习,同学们对数据库的基本内涵有了一些认识,对使用数据库管理信息的基本思路和方法有了一定的了解,下面哪位同学来归纳一下数据库的定义(具有哪些特征)?<br>**【片段小结】**<br>　　数据库是一个长期存储在计算机内的有组织、可共享、统一管理的数据集合,是一个按一定的数据结构存储和管理数据的计算机软件系统。<br>　　数据库的特点:有组织,可共享,具有一定的数据结构和相同的数据类型。 | 紧跟教师思路,理解数据库的定义。 | 这部分内容包含的专业名词较多,老师应用规范的语言加以引导归纳。 |
| 探究创建数据库的基本过程。<br><br>15分钟 | **【任务2】小组探究活动**<br>　　**活动背景:**<br>　　　　随着期末的临近,班上许多同学都在相互交换联系方式,以便更好地安排假期活动。这时,班主任李老师有一个新想法了:"能否将班级同学的通讯录加到班级原有的成绩数据库中",使班级的信息数据库更加完备。现在,他要在班级中找出能够完成这个任务的IT精英,你能帮老师完成这个任务吗?不过,在完成任务之前,你得准确回答李老师提出的以下问题:<br>　　　　问题1:你想如何规划、设计这个通讯录?<br>　　　　问题2:如何完备班级信息管理数据库?如何将通讯录加入到原有数据库中?<br>　　**活动安排:**<br>　　　　按预先安排好的小组,每组4~6人,讨论以上问题。小组讨论10分钟,小组间互评5分钟。<br>　　**活动方式:**<br>　　　　小组讨论,并将讨论结果提交到"教学管理系统"教学论坛的相应位置中,待全部小组讨论结束后可进行小组间互评,系统会将互评得分累加到各小组的积分榜中。<br>　　**评价方式:**<br>　　　　评价分为四个等级:非常好10分,好8分,较好5分,一般3分。 | 积极参与,为小组赚取尽可能多的积分。<br><br><br>待小组讨论结束后,进行小组间的互评交流。<br><br><br>根据互评结果统计各组的得分情况。 | 数据库的建库操作是本课的教学难点,此处采用认识→实践→再认识的方式,让学生在研究中完成相应任务。 |

续表

| 教学环节 | 教师活动 | 学生活动 | 设计意图 |
|---|---|---|---|
| 归纳总结数据库的建库过程<br><br>7分钟 | 【活动展示】<br>　　打开"教学管理系统"中的班级论坛,展示同学的讨论情况及评价得分。<br>　　议一议:<br>　　师:请得分较高的小组介绍一下你们的设计方案。<br>　　师:通过刚才的活动,我们可以对数据的处理过程有一个初步的认识,从而得出如下的结论。在现实世界中,事物的特征反映到人们的头脑中,经过识别、选择、分类等综合分析,可以形成了印象,产生认识。但是,计算机不可能直接处理现实世界中的事物,必须将具体事物的特征通过人脑进行加工和表达,转换成计算机能够处理的数据,再交由计算机处理。处理过程如下图: 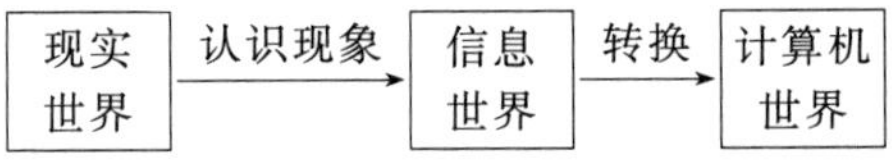<br><br>现实世界 →认识现象→ 信息世界 →转换→ 计算机世界<br><br>　　师:通讯录中包含有班级中每个同学的联系方式,每个学生的联系方式就是一个实体,所有实体的集合称为实体集。在本例中"班级通讯录"是一个实体集,不同实体具有的共同特征可能很多,例如,对于"班级通讯录"实体集,其特征包括学号、家庭电话、移动电话、邮箱、家庭地址、QQ(这些特征也可称为属性)等,我们可以将内容不重复出现的字段作为关键字,利用关键字(如"学号")将两张表关联起来,实现数据的快速查询。<br>　　【操作演示】将"通讯录"数据表添加到基础数据库中。<br>　　归纳出通讯录的数据特征,创建"通讯录"数据表的结构;<br>　　在"通讯录"数据表,将"学号"字段设定为关键字,便于与"学生基本信息表"相关联。<br>　　【总结提高】<br>　　从前面的实例操作中我们可以总结出创建数据库的方面与步骤:首先收集相关的信息资料;其次提取信息的特征(字段);再来确定特征间的关系;然后利用数据库管理系统创建相应的数据库;最后利用使用数据库管理系统对数据进行管理、更新和查询,具体过程如下: 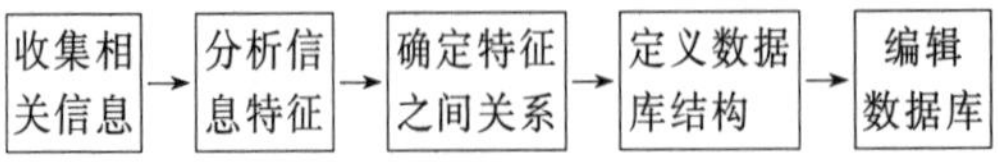<br><br>收集相关信息 →分析信息特征→ 确定特征之间关系 →定义数据库结构→ 编辑数据库 | 回顾数据库的设计过程,将实际应用进行理论归纳和提升。<br><br><br><br><br><br><br><br>列举一个具体案例进行讲解和分析。<br><br><br><br><br><br><br><br><br>总结提高,举一反三。 | 实践回归认识,总结促进理解。<br><br><br><br><br><br><br>这部分内容理论性较强,也比较枯燥,教师应尽可能将理论与实践联系起来,引导学生进行归纳和总结。 |

续表

| 教学环节 | 教师活动 | 学生活动 | 设计意图 |
|---|---|---|---|
| 课外探究<br>作业<br><br>2分钟 | 【课后任务】<br>　　创建"我喜欢的音乐库"。<br>　　**具体要求：**<br>　　每个小组成员分配一定的任务,各小组运用所学的建库方法,设计并创建一个"我喜欢的音乐库",用于存储和管理自己喜欢的音乐,以及与该音乐相关的数据。<br>　　**过程提示：**<br>　　• 讨论确定需要创建的数据库名称;<br>　　• 收集整理与音乐有关的相关信息,抽取出这些信息的特征;<br>　　• 分析不同特征间的关系;<br>　　• 设计数据表的结构,确定数据表的字段名、数据类型和关键字;<br>　　• 利用关键字将不同数据表关联起来;<br>　　• 将成果上传到"教学管理系统"论坛中,供其他同学观摩与评价。 | 动手实践,理论联系实际。<br><br><br><br><br><br>通过亲身的探究和实践,进一步加深巩固创建数据库的过程和方法。 | 将探究延伸到课外。 |

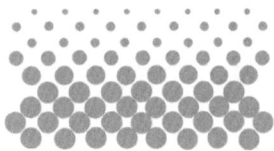

# 综合实践

# 综合实践活动案例

## ——闽江河口湿地生态研究

福州第一中学　张群林

### 一、研究背景

**1. 湿地的定义以及作用**

湿地是指不问其天然或人工、长久或暂时之沼泽地、湿原、泥炭地或水域地带，带有静止或流动、咸水或淡水、半咸水或咸水水体者，包括低潮时水深不超过 6 米的水域。因此，湿地不仅仅是我们传统认识上的沼泽、泥炭地、滩涂等，还包括河流、湖泊、水库、稻田以及退潮时水深超过 6 米的海水区。

湿地是人类最重要的环境资本之一，也是自然界富有生物多样性和较高生产力的生态系统。它不但具有丰富的资源，还有巨大的环境调节功能和生态效益。各类湿地在提供水资源、调节气候、涵养水源，均化洪水、促淤造陆、降解污染物，保护生物多样性和为人类提供生产、生活资源方面发挥了重要作用。

据联合国环境署的调查表明，湿地是全球价值最高的生态系统，每公顷湿地生态系统每年创造的价值高达 14000 美元，是相同面积热带雨林的 7 倍，是农田生态系统的 160 倍。

**2. 闽江口湿地资源**

闽江系福建省第一大河，发源于武夷山脉东侧建宁县均口乡，流经三明、南平两市和宁德地区古田县后，由水口镇入福州市境，流经闽清县、闽侯县，在侯官分为南、北两港，南港称乌龙江；北港称闽江，亦称白龙江。南、北港于马尾港域汇后折向东北进入通海河段。在亭江复分为南、北两支：南支（称梅花水道）绕过琅岐岛南侧，经浮岐、潭头至梅花入东海；北支绕过琅岐岛的北侧，称长门水道；出长门口后又被粗芦、川石、壶江诸岛分成乌猪水道、熨斗水道、壶江水道和川石水道分别入海。

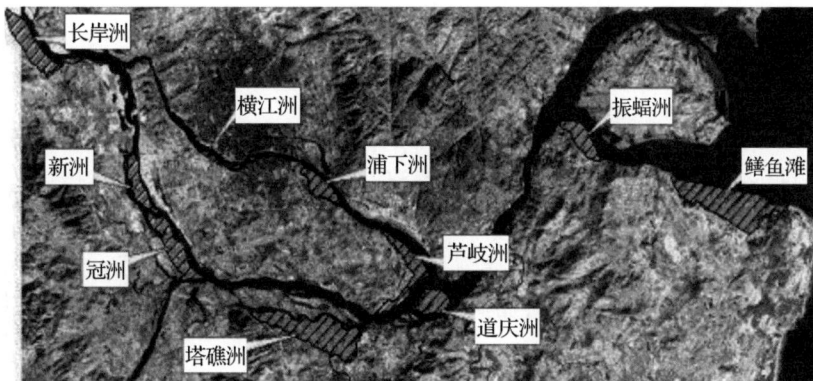

**图1　学生初步分析卫星影像上得到的闽江口重要湿地图像**

福州闽江口湿地西起福州的竹歧,一直到长乐梅花镇。专家已发现多块面积超过3000亩的大片湿地,分别是鳝鱼滩、马杭洲及其毗邻的滩洲(道庆洲、草洲)、蝙蝠洲、芦岐洲、浦下洲等,它们既是目前福建省最大的湿地,也是亚太地区候鸟迁徙途中重要的一处落脚站。闽江口外——南澳岛海区已被我国列为优先保护的17个生物多样性关键地区之一。

湿地的重要和长期价值没有得到充分的认识,许多有价值的湿地被当成廉价的普通土地用于短期工业开发和房地产开发,使得资源价值严重倒置,不仅造成不可挽回的生态环境破坏,也造成宝贵资源价值的浪费流失。随着城市建设的发展,闽江口湿地不断遭受人为的破坏。特别是在成片土地开发中,许多河汊和河浦被填埋利用,其中包括有保护价值的湿地。水域和湿地的减少,丧失了原先天然水域与湿地的生态环境和生物多样化,给福州气候、水文、生物以及城市生态等带来的负面影响日益显现。对于闽江口湿地现状,有专家惊呼:"再不保护的话,闽江口的重要湿地不到10年就没有了!"这个问题已经引起了福州市乃至福建省上上下下的关注。

闽江口湿地资源总量到底有多少?动植物的种类有多少?近年来丧失的湿地面积有多大?对于这些问题,省内的生态学家告诉我们:关于这些湿地资源的家底大家还知之甚少,尚未有较为完整的统计数字。因此开展这方面的研究工作有很重要的意义。

二、活动目标

通过同学们对闽江口湿地资源的研究,了解闽江口湿地资源的现状,呼吁全社会来关注闽江口湿地生态问题。为政府有关部门制定保护闽江口湿地资源的政策提供参考依据。并以此活动为载体,扩大学生的知识视野,启迪他们的智力,让学生在体验中学到知识,培养了创新意识、创造能力、实践能力,并且实践中提高道德认知能力,全面提高学生的整体素质。

三、活动对象及人数

以福州一中高一学生为主体,同时邀请生态专家参加给予指导。人数大约40人左右,总共分为6个小组,每组6～7人。每个小组既有独立的研究课题,各个小组有所分工,但更强调小组间的合作。通过小组成员的宣传扩大活动的影响,将活动向全校、全市推广,并使之成为全省知名的环境科学实践活动。

四、活动方案的主体部分

1. 活动内容

包括课题研究动员、课题研究经验介绍、本学科领域前沿介绍、子课题的选定、研究计划的制订、开题报告、课题研究的实施、结题与答辩、课题评定、课题汇总及宣传等。

2. 重点、难点

重点在指导学生详尽地制订研究计划,并帮助他们一步步地去完成。

难点在于指导多个课题小组时,如何有效地协调、合理分配时间。

3. 活动过程和步骤

(1)课题研究动员

由教师对参与实验的学生进行动员,主要阐明本次活动的目的与意义,特别强调本课程在培养学生创新精神与实践能力、培养学生团体意识与合作能力方面的价值。

(2)课题研究经验介绍

①向学生介绍国内外学生课题研究的成功经验。

②在课题研究方面已取得较好成绩的学生介绍他们各自的经验,比如,如何选题、如何研究、如何写研究报告等。

③研究方法介绍,如"创造思维在课题研究中的作用"、"科技情报资料检索"、"网络查询"等。

(3)本学科领域前沿介绍

聘请在本学科领域中作出突出成就的专家学者、教授介绍当前国内外研究的最新成就,目的是及时地将学生推向科学发展的前沿,不仅使学生开阔研究视野,而且使学生了解当前亟待研究的问题有哪些,为学生顺利开展课题研究做好准备。

(4)子课题的选定

学生在"闽江口湿地生态研究"大课题的框架下,选定适合自身能力水平和知识结构的子课题。最终形成了6个子课题小组。

(5)研究计划的制订

子课题确立后,要求研究小组认真讨论,共同拟定整个研究活动的计划,形成具体完整的研究方案。以下为6个子课题小组的研究方向:

**第一小组:闽江口湿地资源卫星遥感监测**

遥感技术是环境与灾害监测预报的强有力手段,用卫星遥感监测湿地资源状况及动态变化,省时、省力,具有其他手段不可替代的优越性。可以为遏制湿地资源生态破坏与环境污染提供科学的决策依据。

遥感技术具有宏观概括、动态、快速的特点,成为现代资源勘查科学研究中最有效的手段之一。在目前可行的诸多信息获取与分析方法中,遥感资料的应用可谓是既省时,又省钱,而且效率极高,因而很有发展前景。生态环境综合调查具有面积广、动态变化和跨学科领域的性质。

先通过代理方中科院中国遥感卫星地面站购买 SPOT 商用卫星关于闽江口高分辨率图像的光盘。根据光盘上的卫星遥感信息,通过专用软件对闽江口湿地的面积、植被的分布、赤潮等环境污染情况进行分析。小组成员采用分析遥感信息与地面实地考察相结合的调查的办法,对闽江口湿地进行动态监测。

表 1　闽江口重要湿地图像及面积表(面积/km²)

| 湿地名称 | 遥感图像 | 面积 | 湿地名称 | 遥感图像 | 面积 |
|---|---|---|---|---|---|
| 鳝鱼滩湿地 | | 16.512 3 | 长岸洲湿地 | | 3.839 1 |
| 横江洲湿地 | | 0.408 8 | 蝙蝠洲湿地 | | 3.111 7 |
| 芦岐洲湿地 | | 3.192 1 | 道庆洲湿地 | | 3.066 3 |
| 浦下洲湿地 | | 2.738 5 | 马杭洲—草洲湿地 | | 1.283 9 |
| 新洲湿地 | | 3.022 9 | 塔礁洲湿地 | | 11.432 4 |
| 冠洲湿地 | | 5.289 3 | | | |

（小组初步分析结果）

**第二小组：闽江口江水水质分析**

闽江口江水水质对于闽江口湿地生物的生存和周边地区人们的生活状况有很大的影响。小组成员每周在闽江口进行一次江水采样。结合卫星遥感图像，主要对于水质中的水温、色度、悬浮物、总磷、总氮、BOD、COD等指标实施监测。找出河流中主要无机、有机污染物质对河流的影响，并研究河流的污染负荷和自净规律。

**第三小组：闽江口红树林资源调查研究**

红树林分布于中国南方的海南、广西、广东、福建4省区约9000公里长的海岸线上。海岸的红树林是一个高生产力的生态系统。由于红树植物的存在，红树林生态系统呈现出物种丰富、生机勃勃而又稳定平衡的状态。

红树植物与其群落内的其他生物和非生物环境构成了一个特殊的红树林生态系统。该系统是一个开放的系统，主要由红树植物、其下的土壤及水体三个子系统组成，其中红树植物是主体。它不仅因温和的自然环境为众多的海洋生物和鸟类提供了一个理想的栖息、避害的场所，而且作为生态系统中的生产者，其大量的凋落物造就的有机物质为林中生物提供了丰富的饵料，构成了一个复杂的食物链，形成了一个理想的觅食和繁衍的环境。红树林生态系统是世界上生物物种最丰富、初级生产力最高的生态系统之一。

闽江口红树林主要分布在粗芦岛，以秋茄树为优势种。闽江口红树林湿地生态系统正面临严重的破坏。红树林分布面积的减少和生态系统的退化，使海洋生物多样性和沿海渔业资源受到破坏，海岸防治海洋灾害的能力降低，经济持续发展受到威胁。

小组成员将实地调查粗芦岛的红树林，对植物的数量和种类做大体的统计，并对其中的各种动物进行考察，全面评估红树林生态系统中各种因素的影响。

**第四小组：闽江口湿地鸟类调查研究**

自古以来，闽江口湿地上不仅到处芳草萋萋、鱼翔浅底，而且更是鸟儿们的天堂。每年都有上千万只的越冬候鸟飞临此地栖息，"数丛莎草群鸥落，万顷江田一鹭飞"。这里是亚太地区候鸟迁徙途中的一处重要中转站。

据野外调查记录，闽江河口区内共有鸟类100多种，隶属11目23科。其中有世界级濒危鸟类——黑脸琵鹭（Platalea minor）、国家一级保护鸟类——遗鸥（Relict gull）、国家二级保护鸟类——鹗（Pandion haliaetus）、黑翅鸢（Elanus caeruleus）、红隼（Falco tinnunculus）、斑嘴鹈鹕（Pelecanus philippensis）等14种。其中最著名的就是朱鹮，现存于日本博物馆中日本国鸟朱鹮的标本活体，就是当年日军在侵占福州时从这里捕捉到的。近几十年来，由于人为干扰、环境的变化和污染、围滩造地、资源管理不当等原因，湿地面积日益减小，对湿地鸟类的生存造成了严重的威胁。

小组成员主要完成重要湿地的候鸟群落组成的调查，评估人类的经济活动对湿地候鸟负载力以及对候鸟的影响，提出有关候鸟保护的建设规划。

在进行湿地候鸟调查时，一般有3类调查方法，即航空调查、水路调查和步行调查。其中，航空调查和水路调查由于受调查设备的限制，虽有调查范围广等优点，但不太实用。迄今为止，步行调查仍是候鸟调查的最实用方法。在进行候鸟数量统计时，由于候鸟分布的不均匀性,因此可采用样方统计法、路线统计法及直接计数法。

研究将采用线路法调查和水路调查相结合的调查方法及直接计数法进行候鸟种类和数量的调查。对面积较小的水域采用步行调查法,对面积较大水域采用岸边步与水路调查相结合的方法。调查的路线的重点在鸟类种类和数量分布较密集的水域。

使用单筒望远镜和双筒望远镜,观察并记录所见到的候鸟种类、数量、活动状态及生境概况。在迁徙季节,每隔3天对定点观察区域调查一次。

研究小组将在深入研究的基础上,合理规划闽江河口湿地,构建候鸟进入闽江河口腹地的通道,使其成为候鸟的良好栖息场所。由于福州市区在闽江边上,与入海口距离不远,通过对这些湿地的保护,就有可能将这些候鸟逐步引入福州市区,这样不但可扩展候鸟生存空间,还可以为福州市容增添亮色,从而提高城市的环境质量,提升城市的整体形象,不但可以有效地保护候鸟,还保护了宝贵的湿地资源。

### 第五小组:闽江口湿地降解污染物效果的研究

随着工农业生产和人类其他活动以及径流等自然过程带来农药、工业污染物、有毒物质进入湿地,湿地的生物和化学过程可使有毒物质降解和转化,湿地有降解污染的功能,湿地的土壤结构、微生物、植物等都有分解、转化、滞纳污染源的功能,如果没了湿地的过滤,闽江污染指数将急剧上升。

小组成员主要设计闽江口湿地对几种无机、有机污染物的降解实验,通过定量分析,了解闽江口湿地降解污染物的具体效果,并且对其机理做初步的探讨。

### 第六小组:闽江口湿地的观光与旅游前景探讨

湿地具有自然观光、旅游、娱乐等美学方面的功能,滨海的沙滩、海水是重要的旅游资源,中国有许多重要的旅游风景区都分布在湿地区域。湿地生态系统中多样的动植物群落、濒危物种等,在科研中都有重要地位,它们为教育和科学研究提供了对象、材料和试验基地。湿地中保留着过去和现在的生物、地理等方面演化进程的信息,在研究环境演化、获取古地理信息方面有着重要价值。

小组成员在全面了解闽江口湿地资源的基础上,对于湿地的保护和项目规划提出合理化的建议,主要对闽江口湿地的旅游资源进行以下几个方面研究:

①潜力分析

小组成员将对闽江口湿地资源转化为海滨湿地生态旅游可能性的一次关于经济价值的科学评价,通过发展海滨湿地旅游所需的各个方面条件,包括区位条件、自然环境条件,经济条件、资源条件等综合能力的评价,进而对其开发的经济价值做出分析。

②资源评价

小组成员将在旅游综合调查的基础上,以资源为中心进行综合研究和科学论证。包括两个方面的工作,一是通过对旅游资源数量、质量、规模、分布和条件的分析,为地区旅游开发、建设提供参考依据。二是通过综合评价为合理利用资源、发挥区位优势提供规划,提出旅游发展思路。

③模式选择

小组成员将在以生态安全理论为指导的前提下,针对闽江口湿地自然旅游资源属性、特色,对旅游区做出大体的安排和总体部署,包括开发模式的选择、生态旅游的设计等。

小组成员将通过他们的研究成果,呼吁将更多的资金投入到闽江口尚未受破坏的湿地恢复建设,使之成为风光秀丽的生态旅游区。

(6)开题报告

学生选定课题、拟定研究方案后,便可组织开题报告。开题报告由子课题研究小组选派一位代表向指导教师和整个大课题组成员汇报。指导教师和大课题组成员均可提出问题,小组内各成员均可参与回答。指导教师根据全班讨论的情况,对研究方案进行评价,或提出研究方案建议和修改意见。

(7)课题研究的实施

子课题小组的研究方案在开题报告获准通过后,立即按计划进行研究。小组成员在研究过程中,根据计划,既分工负责各自的任务,又相互配合,体现分工与合作的统一。

(8)可能出现的问题和解决预案

在整个研究过程中,指导教师既要为研究小组内的各成员提供咨询与研究指导,又要负责对整个研究过程的监控。由于这是一门完全以学生研究为中心的实践活动,指导教师的监控体现在依据小组所制定的研究方案定期检查研究进展情况,掌握和了解各小组的活动情况,及时解决发生的偏差和问题。

在闽江河口湿地的研究中,要多次到野外调查,因此学生的安全问题值得高度重视。每次外出教师都应全程参与,每次出发前都要不厌其烦地对学生进行安全教育,准备好药物、救生设备、通信工具等必备品。

(9)课题评价

各子课题小组在按计划完成课题研究之后,需要写出课题研究报告,详细叙述研究思路、研究过程与研究所取得的成果。指导教师对学生课题研究的成果报告进行初步的评审,符合基本要求的准备参加答辩,不符合要求的重新修改。

在答辩过程中,各子课题小组推选一至两名学生为主陈述人,在所限制的时间内,向大课题组全体成员和评委简要汇报开题报告通过后方案的实施过程,主要分工情况,介绍取得的成果,以及研究过程中的主要收获。评委和其他同学就有关问题进行提问,子课题小组成员给予回答。

在完成答辩后,指导教师将根据各子课题小组的论文质量、各成员研究过程的表现、答辩的水平对他们分别打分,给予每个同学一个总体评定。挑选总评较好的子课题参加创新大赛的选拔。

(10)课题汇总及宣传

将各个子课题的成果汇总,由几位小组长将其整理汇编成册,并将成果通过展板、宣传册在全校范围进行宣传,使广大学生更深入了解湿地,给湿地保护更多的关心。

五、活动对学生的教育作用

通过闽江口湿地生态研究这个研究性学习的良好平台,让学生自己运用所掌握的知识和科学的思维方法对客观事物进行观察、分析、综合,发表自己感受、看法和创见,提出具有针对性的思路与方案。在闽江口湿地生态研究活动过程中培养学生良好的思维品质,重点是思维的深刻性、发散性、流畅性和灵活性;培养学生实事求是的科学态度和初步学会研究客观事物或现象的方法;培养学生获取信息和处理信息的能力,分析问题、解决问题的能力,与人合作交流的能力,独立学习的能力及动手实践的能力;培养学生尊重科学、尊重知识、尊重实践、勇于创新的优良品质。并且让学生在实践活动切身体会环境保护的重要性,提高道德认知能力,促进个人素质的全面提高。

### 六、活动方案对青少年科技教育整体的提高可能具备的积极作用

通过此次活动,能培养同学们仔细观察事物的能力,通过观察、分析揭示事物本质,探索大自然的种种奥秘,使同学们拓展知识,培养掌握和应用科学思维方法,以达到全面提高学生的整体素质的目的。

通过课题展示,用宣传册、展板、小报等方式向全校同学宣传闽江口湿地,使他们了解闽江口湿地资源的现状,了解保护闽江口湿地资源的重要性。通过电视、报纸等媒体将此次活动进行宣传,以唤起人们的湿地保护意识,向广大青少年倡导人与自然和谐相处的时代精神,以实际行动保护生态平衡,维护生物多样性,营造绿色文明。

通过课题组成员今后的研究活动能引起全社会对湿地乃至环境保护的关注,让全社会共同努力,营造和维护美丽的闽江口湿地生态环境,为自身创造良好的生活空间;同时让社会各界将更多的精力投向青少年科技教育活动,提高青少年学生的科学素养和环保意识,这将对福州的发展起到促进作用,将为繁荣海峡西岸经济带起到推动作用。

**图书在版编目(CIP)数据**

福建省中学名师典型教学案例/郭春芳主编.—厦门:厦门大学出版社,2016.11
(中小学教师专业发展丛书)
ISBN 978-7-5615-6236-9

Ⅰ.①福…　Ⅱ.①郭…　Ⅲ.①中学-教学研究　Ⅳ.①G632.0

中国版本图书馆 CIP 数据核字(2016)第 227917 号

| | |
|---|---|
| **出 版 人** | 蒋东明 |
| **责任编辑** | 郑　丹 |
| **装帧设计** | 李嘉彬 |
| **责任印制** | 许克华 |

**出版发行**　厦门大学出版社

| | |
|---|---|
| **社　　址** | 厦门市软件园二期望海路 39 号 |
| **邮政编码** | 361008 |
| **总 编 办** | 0592-2182177　0592-2181406(传真) |
| **营销中心** | 0592-2184458　0592-2181365 |
| **网　　址** | http://www.xmupress.com |
| **邮　　箱** | xmupress@126.com |
| **印　　刷** | 厦门市金玺彩印有限公司 |

| | |
|---|---|
| **开本** | 787mm×1092mm　1/16 |
| **印张** | 18.25 |
| **插页** | 2 |
| **字数** | 433 千字 |
| **版次** | 2016 年 11 月第 1 版 |
| **印次** | 2016 年 11 月第 1 次印刷 |
| **定价** | 49.00 元 |

本书如有印装质量问题请直接寄承印厂调换

厦门大学出版社
微信二维码

厦门大学出版社
微博二维码